Stollreiter/Völgyfy/Jencius · Stress-Management

Konzept und Beratung der Reihe Beltz Weiterbildung:

Prof. Dr. *Karlheinz A. Geißler*, Schlechinger Weg 13, D-81699 München.
Prof. Dr. *Bernd Weidenmann*, Weidmoosweg 5, D-83626 Valley.

Ihnen gewidmet.
Wem sonst!

Marc Stollreiter/Johannes Völgyfy/Thomas Jencius

Stress-Management

Das WAAGE-Programm®:
Mehr Erfolg mit weniger Stress

Beltz Verlag · Weinheim und Basel

Über die Autoren:

Marc Stollreiter, Diplom-Psychologe, arbeitet als Indoor- und Outdoortrainer mit den Schwerpunkten, Stress- und Zeitmanagement, Selbstdisziplin, Teamentwicklung.
Johannes Völgyfy, ist seit über 20 Jahren Managementtrainer, Führungscoach, Bildungsberater und Wirtschaftsmediator in Deutschland und Österreich.
Thomas Jencius, Studium der Psychologie, Philosophie und Soziologie in den USA, wissenschaftlicher Mitarbeiter an der Universität Wien.

Bei Anfragen und Feedback erreichen Sie das Autorenteam wie folgt:
Marc Stollreiter und Thomas Jencius
stollreiter@prorelatio.com
jencius@prorelatio.com
www.prorelatio.com
Johannes Völgyfy
mail@voelgyfy.com
www.voelgyfy.com

Gesetzt nach den neuen Rechtschreibregeln
Lektorat: Ingeborg Sachsenmeier

© 2000 Beltz Verlag · Weinheim und Basel
http://www.beltz.de
Herstellung: Ute Jöst, Publikations-Service, Birkenau
Satz: Satz- und Reprotechnik GmbH, Hemsbach
Druck: Druckhaus Beltz, Hemsbach
Umschlaggestaltung und Grafiken auf den Seiten 3, 25, 43, 59, 125, 183, 263:
Bernhard Zerwann, Bad Dürkheim

ISBN 3-407-36367-2

Inhaltsverzeichnis

Einführung

Überblick – Was Sie erwartet

Wer von uns hatte noch nie Stress? Stress ist eben Teil unseres Lebens. Helfer und Gefahr, Chance und Risiko zugleich. Stress mobilisiert Kräfte, die uns Berge versetzen lassen, genauso wie er uns auch die letzten Energiereserven rauben kann. Der Preis für berufliche Siege wird oft mit privaten Lebensproblemen und Niederlagen bezahlt. Vorsicht also vor der Erwartung, dieses Buch sei geschrieben worden, damit Sie nie wieder Stress haben. Nein, dieses Buch ist dazu da, Sie vor einem gefährlichen Übermaß an Stress und seinen verheerenden Auswirkungen zu bewahren. Ein gewisses Maß an Stress gehört zu unserem Leben einfach dazu.

Nie wieder Stress? – Eine Illusion

Bedauerlicherweise wird beim Thema Stressbewältigung häufig ein Gegensatz zwischen Erfolg und Entspannung konstruiert: Die (indirekte) Botschaft lautet dann etwa »Arbeite weniger!« oder »Erfolg ist nicht so wichtig! Steig einfach aus!«. Stress-Management dieser Sorte lässt sich auf die Formel bringen: »Fahre weniger Auto, dann wirst du weniger Sprit verbrauchen.« Doch beruht nicht unsere Existenz auf beruflichem Erfolg? Und gründet sich dieser Erfolg nicht zu einem Großteil auf Arbeit? Dazu zählt auch die Arbeit an uns selbst. Offensichtlich haben Sie diesen Zusammenhang erkannt und sich entschlossen, Ihre Lebensqualität zu erhöhen, indem Sie dieses Buch lesen und durcharbeiten.

Das Geheimnis des erfolgreichen Meisterns der Stressfaktoren des dritten Jahrtausends besteht in der Herausforderung, Kräfte raubenden persönlichen Erfolg mit Entspannung, Ruhe und Gelassenheit auf einen gemeinsamen Nenner zu bringen. Denn wer nicht mehr genießen kann, wird mit der Zeit ungenießbar.

Nicht mehr genießen können, heißt ungenießbar werden!

Das Ziel der Autoren Marc Stollreiter, Johannes Völgyfy und Thomas Jencius ist es daher, Ihnen anhand der fünf Schritte des WAAGE-Programms® geeignete Mittel und gangbare Wege anzubieten, wie Sie Ihr privates und berufliches Leben auf dem Weg zu noch mehr beruflichem Erfolg in ausgewogener und geglückter Balance halten.

Alle Techniken in diesem Buch kommen aus der Praxis. Es wird Ihnen daher möglich sein, diese auch wieder in Ihre Praxis zu übertragen

Dieses Buch basiert auf den Erkenntnissen der modernen Stressforschung. Es beruht zudem auf den durch viele Jahre eingebrachten Erfahrungsberichten und Beiträgen von rund 10.000 SeminarteilnehmerInnen aus dreißig unterschiedlichen Branchen. Ergänzende Erfahrungswerte stammen aus dem Coaching und der Beratung von Führungskräften. Alle hier beschriebenen Techniken des Stress-Managements sind daher bestens praxiserprobt.

Sie können sie damit gut und einfach in Ihr Leben integrieren und hilfreiche Gewohnheiten daraus machen. So, und nun freuen wir uns darauf, die fünf Schritte des WAAGE-Programms® gemeinsam mit Ihnen zu gehen.

Das WAAGE-Programm®

Die fünf Schritte zur Stressbewältigung für Körper, Seele und Geist.

W – Wahrnehmen

Der erste grundlegende Schritt zur Bewältigung von Stress ist, ihn überhaupt erst einmal wahrzunehmen. Oftmals fällt uns nämlich erst im Nachhinein auf, dass die Pferde wieder mit uns durchgegangen sind. Ziel ist es daher, für die körperlichen und psychischen Alarmsignale von Stress sensibel zu werden. Sie merken dann schon sehr früh, wenn Sie in Stress geraten und können Sofortmaßnahmen ergreifen.

Berg- und Talfahrt inklusive: Rechnen Sie mit Zwischentiefs

Ein Zwischentief ist eng mit dieser Sensibilisierung verbunden: Anfänglich müssen Sie mit einer *scheinbaren Verschlechterung* Ihrer Befindlichkeit rechnen. Denn: Sie schenken den Anzeichen von Stress noch mehr Aufmerksamkeit als bisher und werden sich Ihrer Belastung erst so richtig bewusst. In diesem Stadium sollten Sie nicht den Mut verlieren. Stellen Sie sich auf eine *vorübergehende Talfahrt* ein – es geht anschließend dafür umso steiler bergauf. Dieser Schritt kann nicht übersprungen werden: Wer sich auf die Reise begeben will, sollte zunächst einmal wissen, wo sein Augangspunkt ist.

A – Annehmen

Stress annehmen senkt Ihren Stresspegel

Schon mit diesem Schritt geht es wieder aufwärts. Kämpfen Sie nicht länger gegen Ihren Stress an. Nehmen Sie ihn so hin, wie er ist: Er will Ihnen Wichtiges sagen. Stress stellt nämlich eine Chance dar, sich selbst besser kennen zu lernen. Eine Chance herauszufinden, was gut und was weniger gut für Sie ist. Zudem werden Sie feststellen, dass sich Ihr Stresspegel bereits durch die einfache Maßnahme, Ihren Stress anzunehmen, ganz erheblich senken wird.

A – Abkühlen und aktivieren

Dieses Kapitel beruht auf der wissenschaftlichen Erkenntnis, dass ein Grad mittlerer Aktivierung/physiologischer Erregung die Voraussetzung für optimale Leistung bildet. Daher ist es unser Anliegen, Ihnen in diesem Kapitel zu zeigen, wie Sie sich selbst in diesen Wunschzustand versetzen können. Sie werden also Bekanntschaft mit Soforthilfen für akute Belastungssituationen machen. In diesem Zusammenhang lernen Sie mehr als zwei Dutzend Maßnahmen kennen, die Ihnen auf der Stelle zu mehr Ruhe und Gelassenheit verhelfen. Als Zugabe machen wir Sie mit Konzentrationsübungen und Techniken zur Steigerung Ihrer momentanen Aktivierung bekannt.

Vom roten Kopf zum kühlen Kopf

Bei der Auswahl der Übungen zum Abkühlen und Aktivieren haben wir folgende Kriterien herangezogen:

❖ Leichte Erlernbarkeit, das heißt geringer Übungsaufwand.
❖ Nach Möglichkeit kein zusätzlicher Zeitaufwand für Sie als Leser.
❖ Geringer organisatorischer Aufwand: Eine gute Technik muss jederzeit einsetzbar sein, am besten unbemerkt von der Öffentlichkeit.
❖ Hoher Zusatznutzen: etwa durch Übungen, mit denen Sie sich gleichzeitig Bewegung verschaffen.

G – Gewohnheiten aufbauen

Soforthilfen nutzen Ihnen unmittelbar in der jeweils belastenden Situation. Damit sind allerdings die *Ursachen* von Stress noch längst nicht behoben. Um der Entstehung von Stress vorzubeugen, ist es wichtig, dass Sie noch mehr Struktur in Ihr Leben bringen. Denn oft genug ist Stress hausgemacht und geht auf »schlechte Angewohnheiten« zurück. Unrealistische Zeitplanung beispielsweise ist eine der häufigsten Ursachen von Stress und zeigt sich in Hektik. Es geht hier also um den Aufbau von hilfreichen Gewohnheiten. Das wichtigste Werkzeug dazu werden Sie ebenfalls kennen lernen: Selbstdisziplin.

Gewohnheiten »wohnen« in uns

E – Einstellungen entwickeln

Einstellungen ändern ist eine hohe Kunst

Entwicklung – dieser Schritt bildet nicht umsonst den Abschluss des WAA-GE-Programms®. Etwas ganz Neues zu lernen, das an den Grundfesten unserer Persönlichkeit rüttelt, fällt uns meist schwer. Zwar bringen auch die übrigen Schritte viel Neues mit sich. Einstellungen zu entwickeln beinhaltet jedoch vor allem längerfristige Maßnahmen, die mit unserer Art zu denken und zu fühlen in Zusammenhang stehen. So können Sie schon dem Entstehen von Stress frühzeitig entgegenwirken.

Wie dieses Buch ein Erfolg für Sie wird

Durch die gezielte und sorgfältige Auswahl der Übungen ist der Grundstein für Ihren persönlichen Erfolg gelegt. Die Devise lautet: Noch mehr Erfolg und Lebensqualität bei weniger Stress. Jetzt liegt es an Ihnen, dieses Buch zu einem persönlichem Triumph werden zu lassen.

- ❖ **Nehmen Sie sich unbedingt Zeit für die Übungen:** Erliegen Sie nicht dem Irrglauben, ein bloßes Durchlesen reiche aus. In diesem Fall wird sich wenig ändern, Sie müssen im Gegenteil sogar mit einem Bumerang-Effekt rechnen: Sie wissen, was zu tun wäre, tun jedoch nichts davon. Die Verantwortung für den Erfolg dieses Buches liegt bei uns und Ihnen gemeinsam. Wir haben unseren Teil zum Erfolg bereits beigetragen. Nun liegt die Verantwortung bei Ihnen! Es ist an Ihnen, die notwendige Zeit in Ihr Wohlbefinden zu investieren. Bei den Übungen finden Sie daher eine Zeitangabe in Klammern, beispielsweise: (Fünf Minuten).
- ❖ **Heben Sie sich offene Fragen für den Schluss auf:** Das WAAGE-Programm® ist ein durchdachtes Gesamtkonzept zur Verringerung von Stress. Seien Sie also bitte nicht ungeduldig, wenn wir Ihnen nicht alle Fragen auf einmal beantworten können. Vieles wird sich zu guter Letzt von alleine geklärt haben.
- ❖ **Dieses Buch ist zum Arbeiten da:** Benutzen Sie einen Textmarker, um Kerninformationen hervorzuheben. Wenn Sie es später immer wieder einmal in die Hand nehmen, erleichtert es Ihnen das Wiederfinden von Informationen erheblich. Das Herausarbeiten der wichtigsten Informationen erlaubt gleichzeitig ein vertieftes Verarbeiten und besseres Verinnerlichen des Inhalts. In dieselbe Richtung zielt die Empfehlung,

sich Notizen und »Bemerkungen am Rande« zu machen. Später werden Sie sich selbst für das jetzige Beachten dieser Kleinigkeiten dankbar sein. Die Chinesen sagen: »Selbst die schwächste Tinte ist besser als das stärkste Gedächtnis.«

❖ **Lesen Sie dieses Buch in Etappen:** Geben Sie sich selbst die Gelegenheit, das Gelernte zu verdauen. Jedes Mal, wenn Sie dieses Buch zur Seite legen, machen Sie sich konkrete Gedanken, wann Sie es wieder zur Hand nehmen werden. Am besten Sie tragen sich einen Termin ein.

❖ **Nutzen Sie die Macht der Gewohnheit:** Der Mensch ist bekanntlich ein »Gewohnheitstier«. Diese Erkenntnis können Sie gegen sich arbeiten lassen, indem Sie versuchen, alles auf einmal zu verändern. Sie werden dann sehr bald in Ihre alten Gewohnheiten zurückfallen. Oder Sie können die Macht der Gewohnheit für sich arbeiten lassen, indem Sie in kleinen Schritten eine neue Gewohnheit nach der anderen aufbauen – das aber braucht Zeit.

❖ **Konzentrieren Sie Ihre Kräfte:** Der Grund, weshalb die Vorhaben zahlloser Menschen im Sande verlaufen, ist unter anderem darin zu suchen, dass sie sich viel zu viel auf einmal vornehmen. Und je besser das Buch, desto größer dieses Dilemma! Sie aber können dem entgegenwirken, indem Sie sich Ihrer *wichtigsten* Erkenntnisse bewusst werden und mit diesen Perlen und Goldstücken fortlaufend Ihre persönliche »Ideen-Schatztruhe« (siehe nachstehende Abbildung) befüllen. Jeweils am Ende eines Kapitels werden wir dazu auffordern. Zum Abschluss dieses Arbeitsbuches werden wir Ihre Schatztruhe dann öffnen, um aus wertvollsten Goldstücken *konkrete Vorhaben* zu schmieden.

Die Ideen-Schatztruhe dient dem Sammeln Ihrer wichtigsten Erkenntnisse

Die Ideen-Schatztruhe

Ideen sind die Vorboten unserer Fähigkeiten!

....

....

....

....

....

....

....

....

....

....

....

....

....

....

Der WAAGE-Test

»Im Stress sein« ist heutzutage schon beinahe gleichzusetzen mit »keine Zeit haben«. Deswegen haben wir uns darüber Gedanken gemacht, wie Sie bei der Lektüre dieses Buches Ihre Zeit optimal einsetzen können. Finden Sie anhand des WAAGE-Tests heraus, welche Kapitel für Sie besonders hilfreich sein werden, und erstellen Sie sich Ihr eigenes maßgeschneidertes Lernprogramm.

Entgegen den meisten sonstigen Testanweisungen raten wir Ihnen hierbei nicht, »spontan« zu antworten, sondern ehrlich zu sich selbst zu sein! Diese Ehrlichkeit müssen wir uns alle richtiggehend abringen – was etwas Zeit in Anspruch nimmt.

Bedenken Sie: Sie sind der einzige Mensch, der Ihr Testergebnis zu Gesicht bekommt. Sie sind der einzige Mensch, der Sie kontrolliert. Wenn Sie sich nicht selbst über die Schulter schauen, tut es niemand.

Ehrlichkeit gegenüber sich selbst bildet einen wichtigen Erfolgsfaktor. Denn wer nicht weiß, wo er steht, kann auch nicht den richtigen Weg einschlagen. Um sich selbst diese Ehrlichkeit zu erleichtern, nehmen Sie am besten ein DIN-A4-Blatt zur Hand, mit dem Sie die Spalte ja/nein zudecken und Antwort für Antwort frei geben.

Seien Sie aufrichtig zu sich selbst

Der WAAGE-Test

W – Wahrnehmen

Zutreffendes bitte ankreuzen

		ja	nein
1.	Häufig merke ich erst im Nachhinein (zum Beispiel am Ende des Arbeitstages), dass ich noch immer unter Strom stehe.	☐	☐
2.	Oft bin ich müde und erschöpft, obwohl ich gar nicht das Gefühl habe, so hart gearbeitet zu haben.	☐	☐
3.	Wenn ich in Stress gerate, weiß ich sofort weshalb.	☐	☐
4.	Ich merke frühzeitig, wenn ich eine Pause brauche.	☐	☐
5.	Ich weiß genau, zu welcher Tageszeit ich wie leistungsfähig bin.	☐	☐
6.	Unter Stress arbeite ich am besten.	☐	☐
7.	Ich kann auf Anhieb fünf Anlässe nennen, bei denen ich regelmäßig in Stress gerate.	☐	☐

_____

_____

_____

8.	Ich kann spontan drei Gedanken nennen, die bei mir unter Stress auftauchen.	☐	☐

_____

_____

_____

9.	Ich kann exakt beschreiben, welche körperlichen Gefühle bei mir in Belastungssituationen auftreten.	☐	☐

_____

_____

_____

10.	Ich kann spontan drei für mich unter Stress typische Handlungen benennen.	☐	☐

_____

_____

_____

A – Annehmen

		ja	nein
11.	Wenn ich merke, dass ich in Stress gerate, versuche ich ihn so rasch wie möglich abzuschütteln.	☐	☐
12.	Stress ist eine sinnvolle Einrichtung der Natur. Mir fallen spontan mindestens drei positive Aspekte von Stress ein.	☐	☐

_____

_____

_____

		ja	nein
13.	Ich versuche meine Nervosität vor anderen zu verbergen. Stress ist ein Anzeichen persönlicher Unzulänglichkeit und Schwäche und könnte dementsprechend ausgenutzt werden.	☐	☐
14.	Wenn ich in Stress gerate, befürchte ich, nicht mehr meine normale Leistung bringen zu können.	☐	☐
15.	Ich hoffe, eines Tages keiner belastenden Situation mehr ausgesetzt zu sein.	☐	☐
16.	Ich umgebe mich nicht gerne mit unruhigen, hektischen Menschen, da sie mich nervös machen.	☐	☐
17.	Wenn ich auf Belastung mit Stress reagiere, ärgere ich mich über mich selbst.	☐	☐
18.	Während der Arbeitszeit trinke ich mehr Kaffee als in der Freizeit.	☐	☐
19.	Während der Arbeitszeit rauche ich mehr als sonst oder esse mehr Süßigkeiten.	☐	☐
20.	Zur abendlichen Entspannung trinke ich Alkohol oder nehme eine Tablette.	☐	☐

A – Abkühlen und aktivieren

		ja	nein
21.	Oft versuche ich vergeblich, ruhig zu bleiben bzw. mich zu beruhigen.	☐	☐
22.	Nach der Arbeit kann ich schlecht abschalten.	☐	☐
23.	Hektische Personen stecken mich mit ihrer Nervosität an.	☐	☐

		ja	nein
24.	Unter Zeitdruck verfalle ich in Hektik.	☐	☐
25.	Bei fast allen Tätigkeiten muss ich mich beeilen, wenn ich rechtzeitig fertig werden möchte.	☐	☐
26.	Ich mache mir viel zu viele Sorgen über meine berufliche wie private Zukunft.	☐	☐
27.	In belastenden Situationen kann ich keinen klaren Gedanken fassen, so sehr ich mich auch bemühe.	☐	☐
28.	Ich kenne mindestens eine Atemtechnik, die mir zu mehr Gelassenheit verhilft.	☐	☐
29.	Ich kenne mindestens eine Bewegungsübung zu meiner Entspannung und gegen Müdigkeit.	☐	☐
30.	Ich kenne mindestens eine Übung zur Verbesserung meiner Konzentration.	☐	☐

G – Gewohnheiten aufbauen

		ja	nein
31.	Ich beginne Arbeiten grundsätzlich so frühzeitig, dass ich nicht unter Zeitdruck gerate.	☐	☐
32.	Bevor ich etwas Neues beginne, bringe ich in aller Regel Angefangenes zu Ende.	☐	☐
33.	Oft stellt sich im Nachhinein heraus, dass ich mir zu hohe Ziele gesteckt habe.	☐	☐
34.	Ich erledige ständig dringende Angelegenheiten, trotzdem wächst mir die Arbeit über den Kopf.	☐	☐
35.	Unangenehme Aufgaben schiebe ich häufig über längere Zeit vor mir her (beziehungsweise vergesse ich, sie termingerecht zu erledigen).	☐	☐
36.	Ich plane meinen Arbeitstag selten bis nie.	☐	☐
37.	Ich treibe nur sehr unregelmäßig Sport (beziehungsweise betätige mich körperlich so gut wie gar nicht).	☐	☐
38.	Mir ist bewusst, dass ich mich ungesund ernähre.	☐	☐

		ja	nein
39.	Häufig arbeite ich mehrere Stunden hindurch ohne Pausen.	☐	☐
40.	Ich beschäftige mich häufig mit mehreren Dingen zur gleichen Zeit (Lesen während des Telefonierens, Essen während der Arbeit …).	☐	☐

E – Einstellungen entwickeln

		ja	nein
41.	Ich liebe meine Arbeit.	☐	☐
42.	Viele Dinge tue ich nur deswegen, weil mir nichts anderes übrig bleibt.	☐	☐
43.	Oft komme ich darauf, dass ich mir eine Sache viel einfacher (angenehmer, weniger anstrengend) vorgestellt habe (z.B. gewählter Beruf, Kindererziehung …).	☐	☐
44.	Ich bin ein optimistischer Mensch und sehe auch dort noch das Positive, wo andere jammern (ohne dabei blauäugig zu sein).	☐	☐
45.	Es gibt eine ganze Menge Dinge, die einfach ärgerlich sind, und ich habe ein Recht, mich darüber aufzuregen.	☐	☐
46.	Vorsichtshalber rechne ich lieber mit dem Schlimmsten.	☐	☐
47.	Begangene Fehler belasten mich häufig noch lange.	☐	☐
48.	Mir fallen spontan drei Dinge ein, die mich schon seit Jahren belasten/ärgern/aufregen.	☐	☐

_____

_____

_____

		ja	nein
49.	Unerledigte Arbeiten liegen mir schwer im Magen.	☐	☐
50.	Der Redensart »Jeder ist seines Glückes Schmied« kann ich nur zustimmen.	☐	☐

Der WAAGE-Test

Auswertung

Sie hatten je Frage die Möglichkeit, mit »ja« oder »nein« zu antworten. Jedes Mal, wenn Sie eine **fett gedruckte** Antwort angekreuzt haben, ergibt das einen Stresspunkt.

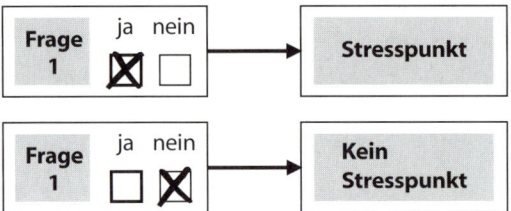

Zählen Sie nun die Anzahl der Stresspunkte zusammen – und zwar getrennt für jeden Stressbereich. Auf diese Weise erhalten Sie in der Spalte »Stresspunkte« zu jedem der fünf Schritte des WAAGE-Programms® einen eigenen Wert.

Bereich	**W** Wahrnehmen	**A** Annehmen	**A** Abkühlen und aktivieren	**G** Gewohnheiten verändern	**E** Einstellungen entwickeln
Stresspunkte					

Ermitteln Sie Ihre Gesamtpunktzahl, indem Sie Ihre Stresspunkte zusammenaddieren.

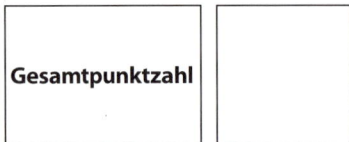

Die folgende Tabelle gibt Auskunft über Ihre derzeitige Gesamtbelastung.

Stufe 1	0–9 Punkte	Gratulation! Sie haben Ihre Belastungen gut im Griff
Stufe 2	10–17 Punkte	Wenig Stress vorhanden
Stufe 3	18–25 Punkte	Mittlere Stressbelastung, Handlungsbedarf gegeben
Stufe 4	26–33 Punkte	Hohe Stressbelastung
Stufe 5	34–50 Punkte	Äußerst hohe Stressbelastung

Zur Anzahl Ihrer Stresspunkte in den fünf WAAGE-Bereichen

In welchen Bereichen haben Sie die höchsten Summenwerte erzielt? Eine Auseinandersetzung mit den dazugehörigen Kapiteln rentiert sich für Sie ganz besonders. Ab einer Gesamtpunktzahl von 26, empfehlen wir Ihnen, dieses Buch in jedem Fall *komplett* durchzuarbeiten. Handlungsbedarf besteht vor allem bei einer Kombination aus einem *niedrigem* Wert im Bereich »W – Wahrnehmen« (kleiner oder gleich vier Punkte) und mindestens zwei anderen *erhöhten* Werten (ab sieben Punkte). Und zwar deshalb, weil Sie sich zwar Ihrer Belastung voll bewusst sind, aber derzeit wenig Ressourcen zur Verfügung haben, um mit dieser Belastung fertig zu werden.

Vorsatz

Dieses Buch ist eine Gebrauchsanweisung für den Umgang mit Ihrem Stress. Eine Gebrauchsanweisung funktioniert allerdings nur, wenn Sie tatsächlich von Ihr Gebrauch machen. In unseren Trainings gehen wir von drei Lernstufen aus: Wissen erweitern – Überzeugungen gewinnen – Gelerntes anwenden. Im Sinne der höchsten Lernstufe, dem konkreten Anwenden, ist dieses Buch über das Lesen hinaus in erster Linie zum *Handeln* gedacht!

Lernen heißt anwenden!

Entschließen Sie sich daher, *jede der angeführten Übungen mindestens einmal* durchzuführen. Die für Sie persönlich wertvollsten Techniken behalten Sie dann als Gewohnheit bei. Wenn Sie glauben, Ihr Leben ändere sich durch Lesen allein, droht Ihnen ein Misserfolg, den wir niemandem wünschen: Sie wissen, was *eigentlich* zu tun wäre – und tun es doch nicht! In diesem Fall legen Sie dieses Buch sogar besser rasch zur Seite und geben es an jemanden weiter, der *tat*-sächlich seinen Stress in den Griff bekommen will.

Motivierend formuliert: Sie haben die Chance, ein echter Ausnahmeleser zu werden, indem Sie die angebotenen Übungen absolvieren. Unserer Meinung nach halten viel zu wenige Leser dieser Herausforderung stand. Es wäre jedoch schade um Ihre Zeit und um Ihr Geld.

Was bringt so viele Leser von ihren Zielen ab? Es ist die Illusion, schneller vorwärts zu kommen, indem wir uns gewisse – scheinbar unwesentliche – Programmpunkte »sparen«. In Wirklichkeit jedoch bringt Sie jede einzelne Übung Ihrem großen Ziel »Mehr Erfolg bei weniger Stress« ein gutes Stück näher. Wollen Sie nun etwas gegen Ihren Stress unternehmen? Dann vollziehen Sie gleich jetzt den ersten Schritt, indem Sie einen Vertrag mit sich selbst unterzeichnen.

> »Es gibt nichts Gutes – außer man tut es.«
> *(Erich Kästner)*

Übung 1: Vertrag mit mir selbst

Wir haben Ihnen die Zeit für ein langatmiges Vorwort erspart. Nutzen Sie diese Zeit für Ihren Vorsatz. Natürlich können wir nicht von Ihnen erwarten, dass Sie geloben, dieses Buch *komplett* durchzuarbeiten – Sie ahnen zu diesem Zeitpunkt ja noch nicht einmal, welche immensen Erfolge Sie mit Hilfe dieses Arbeitsbuches erzielen werden. Was Sie aber versprechen können, ist, dass Sie, so lange Sie weiterlesen, keine der Übungen auslassen. Abgemacht?

Ziel: Bitte definieren Sie ein realistisches Ziel, welche Kapitel dieses Buches Sie in jedem Fall durcharbeiten wollen. Als wichtigen Anhaltspunkt mag Ihnen das Ergebnis aus dem WAAGE-Test dienen. Und damit Sie wissen, worauf Sie sich einlassen: Für die Absolvierung des kompletten WAAGE-Programms® benötigen Sie etwa zwölf bis zwanzig Stunden (davon sechs bis zehn Stunden reine Lesezeit).

....

....

....

....

Termine mit sich selbst: Welche Tageszeiten/Wochentage reservieren Sie sich für das WAAGE-Programm® und damit für Ihr persönliches Stress-Management? Legen Sie gleich jetzt entsprechende Termine in Ihrem Kalender fest.

....

....

....

....

Endtermin: Aus dem obigen Schritt ergibt sich automatisch ein Endtermin. Bis wann werden Sie dieses Buch durchgearbeitet haben und weniger Stress, dafür aber mehr Erfolg haben? Veranschlagen Sie zusätzlich einen Zeitpuffer, sodass Sie nicht unter Zeitdruck geraten, falls Ihnen etwas Unvorhergesehenes dazwischenkommt. Tragen Sie diesen Termin unbedingt in Ihrem Kalender ein.

....

....

....

Selbstbelohnung: Wie werden Sie sich belohnen, nachdem Sie Ihr Ziel erreicht haben? (Bitte eine große Belohnung, denn es handelt sich schließlich um ein wertvolles Ziel! Zum Beispiel ein Musicalbesuch, der Kauf eines neuen Fotoapparates usw.)

....

....

....

....

Selbstbestrafung: Wie werden Sie sich bestrafen, wenn Sie innerhalb der von Ihnen definierten Grenzen nicht jede der Übungen in dieser Gebrauchsanweisung absolvieren sollten? (Die Strafe darf nicht anderen Personen zugute kommen, wie etwa im Fall von Geldspenden. Es bestünde sonst die Gefahr, dass Sie sich nachträglich sagen »Na ja, ich habe zwar meinen Vertrag nicht eingehalten, aber dafür freuen sich jetzt die Kinder in Wo-auch-immer.«)

....

....

....

....

Zeugen: Wem werden Sie von Ihrem Vorhaben erzählen (mindestens drei Personen Ihres Vertrauens)?

1. Person: ....

2. Person: ....

3. Person: ....

....

Unterschrift

Anmerkung: Wenn Sie heimlich Zweifel an Ihrem Ziel hegen sollten, empfehlen wir Ihnen eine Lernpartnerschaft. Welcher Ihrer Bekannten möchte ebenfalls mehr Erfolg bei weniger Stress haben? Empfehlen Sie ihm oder ihr den Kauf eines zweiten Exemplars und Sie können sich fortan untereinander austauschen, bereichern, helfen und – vor allem – kontrollieren.

Wenn Sie zu diesem Zeitpunkt den Vertrag nicht unterzeichnet haben (und damit die erste Übung ausgelassen haben), könnte dies folgende Gründe haben:

❖ Sie meinen, keine Zeit für die Übungen zu haben. Sie sollten dringend umdenken: Besser Sie lesen nur ein einziges Kapitel, absolvieren aber dafür die entsprechenden Übungen, als Sie lesen das gesamte Buch, ohne eine einzige Übung ausprobiert zu haben.

❖ Sie hätten den Vertrag ja gerne ausgefüllt. Aber irgendwie konnten Sie sich nicht durchringen, das Lesen zu unterbrechen und sich einen Stift zu organisieren. Eine Hauptursache für Ihren Stress liegt wahrscheinlich in Ihrer mangelnden Selbstdisziplin. Darin bilden Sie natürlich absolut keine Ausnahme. Wir haben damit gerechnet.

❖ Sie wollen natürlich wissen, was Sie für Ihr Geld erwartet. Geben Sie uns Gelegenheit Sie mit einer Kostprobe von der Güte dieses Arbeitsbuches zu überzeugen. Dazu haben wir den folgenden Abschnitt für Sie verfasst.

Von inneren Schweinehunden und Selbststartern

Stress-Management verlangt nach Selbstdisziplin. Dazu eine Angenommen-dass …-Frage aus dem Coaching: Angenommen, Sie hätten schon immer das getan, wovon Sie instinktiv wussten, dass es Ihnen gut getan hätte. Wie viel Stress hätten Sie sich damit erspart?

Folgen Sie Ihrer inneren Weisheit

Wir haben uns eine Menge für Sie einfallen lassen, um Ihren inneren Schweinehund zu überlisten. Ist es nicht so: Während Sie den Vertrag mit sich selbst nur so überflogen haben, hat Ihnen da nicht eine innere Stimme zugeflüstert: »*Eigentlich* sollte ich diesen Vertrag besser ausfüllen!« Dieses »Eigentlich« stammt von der Stimme Ihrer *inneren Weisheit*. Diese Stimme der inneren Weisheit ist auf Ihrer Lebens-Diskette enthalten, wo von Geburt an alle Ihre Lebenserfahrungen gespeichert werden. Sie wissen also in Wirklichkeit ziemlich genau, was gut für Sie ist. Bloß kläfft die Stimme des Schweinehundes gleich darauf »Aber ich habe jetzt gerade keine Lust, später vielleicht.« Oder: »Das dauert mir viel zu lange, alles durchzulesen – ich will jetzt sofort wissen, worauf das WAAGE-Programm® hinausläuft …«, oder etwas Ähnliches.

Wo liegt der Knackpunkt? Weshalb gewinnt der innere Schweinehund? Bei genauer Betrachtung gewinnt *auf der Ebene unserer Gedanken* weder der Schweinehund noch die innere Weisheit: Beide *kommentieren* bloß unsere derzeitigen Handlungen. Eine *Diskussion* entsteht im Grunde gar nicht erst und es geschieht nichts. Vergleichen Sie: Welche konkreten Maßnahmen werden in einer Besprechung beschlossen, bei der jedes Teammitglied lediglich seinen Standpunkt zu dem aktuellen Problem darlegt – und dann ist die Zeit auch schon wieder um? Eben nichts wird beschlossen! Oder etwa doch?

> **Keine Entscheidung ist auch eine Entscheidung!**

Und keine Entscheidung zur Lösung eines Problems zu treffen kann nur darin enden, auf gewohnten Wege weiter zu stapfen oder eben *nichts zu tun*. Zahlreiche psychologische Untersuchungen zeigen übrigens – und Sie werden es sicher nachfühlen können –, dass in der Luft zu hängen, nicht zu wissen, was Sache ist, als weitaus quälender empfunden wird, als eine Enttäuschung. Wozu müssten Liebende wohl sonst die Gänseblümchen bemühen?

Anhand dieses Vergleichs – Ihre inneren Stimmen sind ja auch nichts anderes als Mitglieder Ihres *inneren* Teams – lässt sich auch schon die Lösung erkennen: Wir sind gewohnt, unsere Rolle als Teamleiter nicht konsequent genug wahrzunehmen. Der innere Schweinehund hat leichtes Spiel, denn er muss uns ja nur dazu verleiten, *nichts* zu tun.

Stopp! – Entscheidung – Start!

Das Wörtchen »Eigentlich« (oder eine verwandte Formulierung) wird ab heute automatisch den folgenden Dreischritt bei Ihnen auslösen:

1. Stopp!
Gedanken wie »Eigentlich«, »An und für sich«, »Ich sollte« und dergleichen signalisieren Ihnen die Stimme Ihrer inneren Weisheit. Übergehen Sie diese Stimme nicht länger, sondern sagen Sie bewusst »Stopp!«.

2. Entscheidung
Wägen Sie kurz ab, ob es derzeit möglich ist, Ihrer inneren Weisheit gemäß zu handeln. Dazu bedarf es *nicht mehr als fünf bis zehn Sekunden!* Wir empfehlen Ihnen, zugunsten Ihrer inneren Weisheit zu entscheiden, wo immer

dies möglich ist (ganz besonders in Zweifelsfällen). Das garantiert Ihnen langfristig ein reines Gewissen und *ein Leben im Einklang mit sich selbst – was* natürlich ganz maßgeblich zur Stressbewältigung beiträgt.

3. Start!

*Übernehmen Sie die
Führungsrolle in Ihrem
inneren Team*

Wenn Sie erkannt haben, dass Ihre innere Weisheit *eigentlich* im Recht ist, verhängen Sie als *Leiter* Ihres inneren Teams einen Gedanken-Stopp. Beginnen Sie augenblicklich zu handeln, ohne weiter nachzudenken! Wenn Sie gerade mit etwas anderem beschäftigt sind, lassen Sie alles stehen und liegen und *handeln* Sie. Absolvieren Sie die Übungen, von denen Sie doch zu Recht vermuten, dass Sie Ihnen von großem Nutzen sein werden. Der Schlüssel zur Überlistung des inneren Schweinehundes liegt in dem Gebot *Handeln statt Denken!* Wie stellt sich demgemäß der allgemeine Umgang mit dem inneren Schweinehund dar?

> **Unterdrücke den inneren Schweinehund nicht,
> aber gib ihm auch nicht nach!**

*Hier gilt:
Handeln statt denken!*

Wenn Sie danach trachten, den inneren Schweinehund gänzlich zum Schweigen zu bringen, stärken Sie ihn ungewollt – der Schweinehund beginnt dann, immer lauter zu bellen. Durch Handeln statt Denken aber lassen wir uns auf einen Kampf gar nicht erst ein. Sie sagen zu sich selbst: »3, 2,1 und los!«

Der entscheidende Verdienst des Selbststarters »Eigentlich« besteht in der Bewusstmachung der *ungeregelten* Diskussion der verschiedenen inneren Stimmen, die automatisch von den destruktiven gewonnen wird, sofern wir nicht innehalten. Verinnerlichen Sie daher noch einmal den Dreischritt Stopp – Entscheidung – Start. Nehmen Sie sich dazu zwei Minuten Zeit. Die Investition lohnt sich.

Sie sind nun bestens für die Stressbewältigung gerüstet. Füllen Sie den Vertrag spätestens *jetzt* aus, falls Sie es bis jetzt noch nicht getan haben. Und genießen Sie anschließend das gute Gefühl, Ihrer inneren Weisheit gefolgt zu sein.

W – Wahrnehmen!

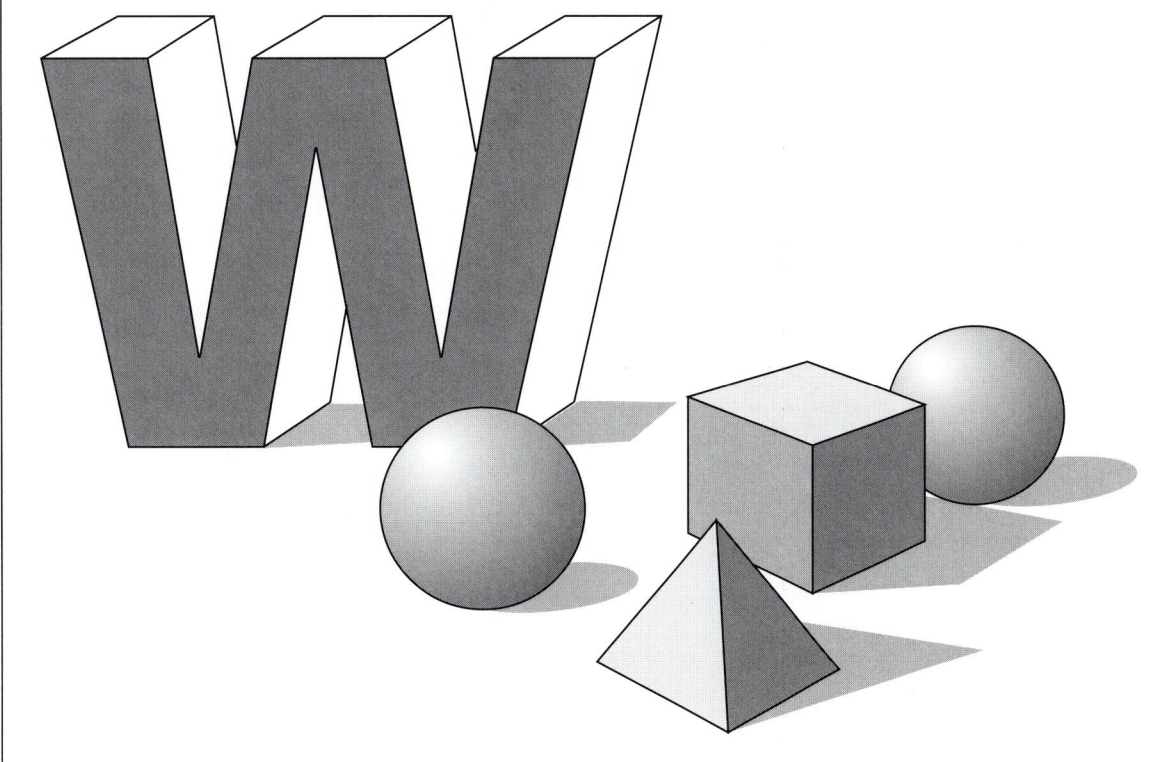

Wie Stress und Wohlbefinden entstehen

Bevor wir uns an die Bewältigung von Stress machen, sollten Sie sich vor Augen führen, wie Stress zustande kommt. Dieses Wissen bietet uns nämlich wichtige Ansatzpunkte für eine erfolgreiche Stressbewältigung. Es wird Ihnen außerdem verdeutlichen, weshalb Sie den Schneeball frühzeitig abfangen müssen, bevor er ins Rollen kommt und eine Lawine auslöst.

Negativer Stress entsteht zum Teil durch ungünstige Umwelteinflüsse (»Stressoren«) wie beispielsweise Schlafmangel, Lärm, schlechte Luft, zu wenig Tageslicht, körperliche Verletzungen und anderes mehr. Für uns von besonderem Interesse ist aber das Zustandekommen von psychischem Stress durch unser eigenes Zutun. Daher wollen wir die Reiz-Antwort-Kette bei Stress anhand solcher Fälle darstellen. Das entscheidende Moment bildet hier die *Interpretation*, dass wir etwas als unangenehm empfinden oder aber annehmen, einer Gefahrensituation ausgesetzt zu sein. Welche Rolle unseren Gedanken dabei zukommt, lässt sich leicht beweisen: Ein Kleinkind, das auf eine viel befahrene Straße rennt, verknüpft mit dieser Situation noch keinerlei Erfahrungen oder Vorwissen. Es wird demzufolge auch nicht mit Angst reagieren, wenn ihm ein Auto entgegenkommt (Eine Ausnahme wäre das Hupen des Autos. Lärm löst von Natur aus eine Schreckreaktion aus). Entscheidend sind demnach vergangene Erfahrungen und Vorwissen.

Ob eine Situation als »gefährlich« empfunden wird, hängt zusätzlich davon ab, ob sie für mich persönlich von Bedeutung ist. Wenn ich beispielsweise arbeitslos zu werden drohe, aber nur ein Jahr vor der Pensionierung stehe, wird diese Gefahr für mich wenig *bedeutsam* sein. Ein weiterer Faktor ist die Kontrollierbarkeit. Wenn ich überzeugt bin, das bedrohliche Ereignis leicht *kontrollieren* zu können (»Wenn ich mich nur ein wenig anstrenge, behalte ich meinen Job«), wird der Stress wesentlich geringer ausfallen.

> »Stress ist die Antwort des Körpers auf Reize.«
> *(Hans Selge)*

Als *Vorbedingungen* für psychisch bedingten Stress können demgemäß gelten (vgl. Lazarus 1991):

❖ Bedeutsamkeit der Gefahr.
❖ Unzureichende Kontrolle der Gefahr.

Sind diese Voraussetzungen erfüllt und lautet die Interpretation »Gefahr im Verzug«, kommt automatisch ein Notfallprogramm des Organismus in Gang. Für unsere Zwecke reicht es aus, dieses Notfallprogramm in groben Zügen darzustellen. Der interessierte Leser sei auf die leicht verständliche Darstellung von Frederic Vester (1986) verwiesen.

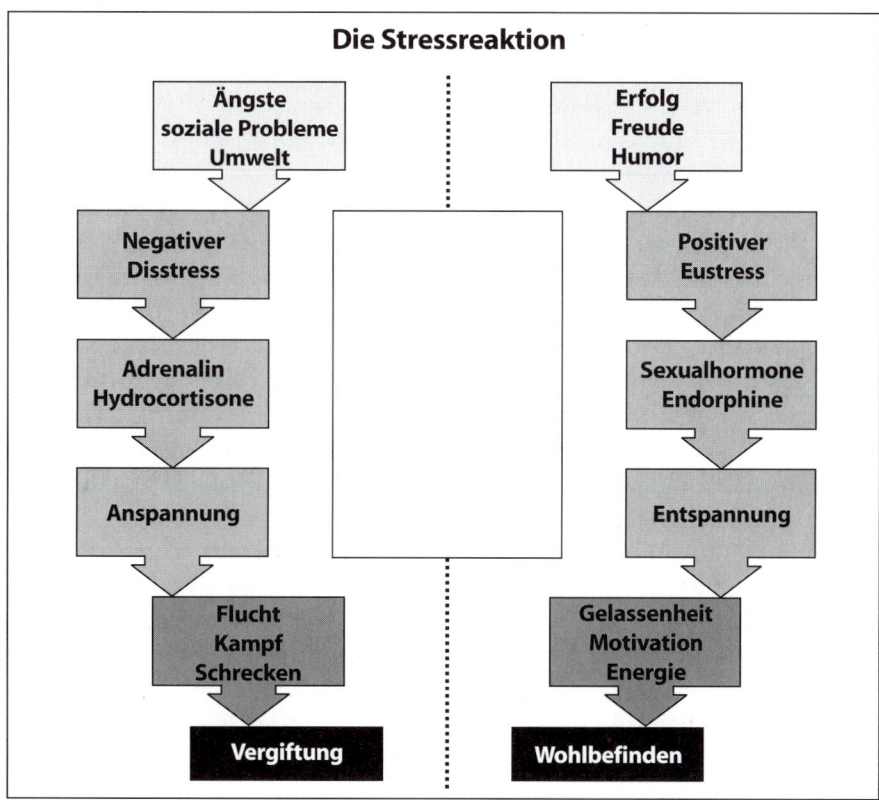

Die Stressreaktion: Stress ist die Antwort unseres Körpers auf Reize. In Abhängigkeit von der Qualität dieser Reize und unserer Bewertung dieser Reize kommt es zu positivem Stress, dem so genannten »Eustress« (rechte Route), oder negativem Stress, »Disstress« (linke Route).

Bei Ängsten, sozialen Problemen oder ungünstigen Umwelteinflüssen kommt eine Stressreaktion in Gang, durch die unser Gehirn auf Minimalfunktion heruntergefahren wird. Aus der Nebenniere gelangen Stresshormone, die den Körper in Alarmbereitschaft versetzen, in die Blutbahn: Adrenalin, das so genannte »Fluchthormon«, mobilisiert die Zucker- und Fettreserven des Körpers. Die daraus bezogene Energie wird in erster Linie dem Muskelapparat zur Verfügung gestellt. Der Körper ist so auf »Kampf oder Flucht« (»fight-or-flight-syndrome«) eingestellt (Cannon 1929). Der Informationsfluss von Nervenzelle zu Nervenzelle wird gebremst, was uns subjektiv als »Denkblockade« zu Bewusstsein kommt. Wir sprechen aufgrund der eingeschränkten Wahrnehmung auch von einem »Tunnel-« oder »Neandertalereffekt«, der uns auch heute noch zu schaffen macht, obwohl wir nicht mehr wie in grauer Vorzeit mit Keule und Lendenschurz unterwegs sind. Hydrocortisone schließlich bewirken bei kurz andauernder Belastung eine verbesserte Anpassungsfähigkeit des Organismus, bei lang andauernder Belastung jedoch eine Verringerung der Abwehrkräfte.

Negativer Stress führt zu Kampf oder Flucht

In einem solchen angespannten Alarmzustand ist es uns nicht möglich, auch nur einen klaren Gedanken zu fassen. Wir sind nicht mehr Herr oder Frau unserer Sinne. Unser Denken, Fühlen und Handeln sind durch den Hormon-Cocktail förmlich vergiftet. Wir sind nicht mehr im Bilde und fallen daher leicht aus dem Rahmen. Statt zu agieren, reagieren wir bloß noch. Das Stammhirn gewinnt den Kampf gegen das Denkhirn oder, um es mit Christian Morgenstern auszudrücken: »Die Rinde schweigt, es spricht der Stamm.« So ist es zu erklären, dass wir häufig erst dann, wenn wir wieder etwas zur Ruhe gekommen sind, bemerken: »Ich war heute den ganzen Tag auf 180!« oder nach einem Streitgespräch die Türe zuschlagen und erst danach genau wissen, was zu sagen gewesen wäre.

Stammhirn schlägt Denkhirn

Der beschriebene Mechanismus dient der Selbsterhaltung, dem nackten Überleben in »freier Wildbahn«. Steht unsere Existenz auf dem Spiel, müssen Entscheidungen in Sekundenbruchteilen getroffen werden. Langwieriges Abwägen der Handlungsmöglichkeiten »Soll ich vor dem Urvieh davonlaufen, es angreifen oder mit ihm diskutieren« wäre verfehlt. Jedoch haben sich die Lebensumstände der Menschen im Laufe der Zeit drastisch geändert. Leider haben wir nur noch in den seltensten Fällen die Möglichkeit, die ausgeschütteten Stresshormone abzubauen, indem wir kämpfen oder flüchten.

Überleben wollen heißt: Sofort handeln!

Daher stellt sich die bange Frage: Wie kann ich einerseits negativen Stress reduzieren und andererseits noch mehr Wohlbefinden aufbauen. Richtungsweisende Antworten auf diese Frage sind die Hauptthemen dieses Buches. Bestimmte Umweltfaktoren begünstigen Ihr persönliches Wohlbefinden (beispielsweise Sonnenlicht, Naturerlebnisse, Luftfeuchtigkeit zwischen vierzig Prozent und siebzig Prozent und Sexualität usw.). Auch hier spielt unsere Bewertung der verschiedenen Umweltereignisse eine entscheidende Rolle. Vor allem Erfolg, Freude und Humor ziehen eine positive Reaktionskette nach sich. Dieses Mal werden Glückshormone (»Endorphine«) und Sexualhormone in die Blutbahn ausgeschüttet. Wobei besonders interessant ist, das Sexualhormone eben auch bei *nicht sexuellen* Ereignissen freigesetzt werden. Wir gehen davon aus, dass Sie, geschätzte Leserinnen und Leser, dagegen nichts einzuwenden haben. Denn diese Hormone bewirken allgemeine Gelassenheit, Motivation und positive Energie – eben Wohlbefinden. Sowohl Stress als auch Wohlbefinden machen sich auf *drei Ebenen* bemerkbar:

❖ Gedanken,
❖ Gefühle,
❖ Handlungen.

Um die negative Stressreaktion auf allen drei Stressebenen geschickt zu umschiffen, wurde das WAAGE-Programm® entwickelt. Wie Sie vielleicht wissen, verstärkt die menschliche Wahrnehmung Unterschiede, während Gleichartiges abgeschwächt wird. Dies gilt umso mehr, wenn wir die zeitliche Dimension berücksichtigen. Sie kennen das: Man gewöhnt sich an einen Geruch, nimmt Lärm oder Schmerz irgendwann gar nicht mehr wahr. Wenn Sie also im Dauerstress stehen, würde das einem Dritten, wenn er in Ihren Körper schlüpfen könnte, sofort auffallen – Ihnen nicht mehr. Man gewöhnt sich eben an alles. Aus diesem Grund sieht unsere allgemeine Marschroute wie folgt aus:

Man gewöhnt sich an alles. – Auch an Stress!

Maßnahmen zum Stressabbau werden an Veränderungen Ihrer Gefühle, Gedanken und Handlungen gekoppelt.

Für diese Veränderungen werden Sie in den folgenden Kapiteln besonders sensibilisiert.

Wahrnehmen bei anderen

Sie denken jetzt vielleicht: »Wozu soll ich meinen Stress besser wahrnehmen? Ich weiß doch längst, dass ich zu viel im Stress bin. Ich will wissen, was ich dagegen *tun* kann!« Nun, wenn Sie das *möchten,* dann *müssen* Sie Ihre Reaktion in und auf belastende Situationen genau kennen und: er-kennen. Das ist deshalb so extrem wichtig, weil Sie nur dann frühzeitig für sich sorgen können. Andernfalls merken Sie erst im Nachhinein, dass Sie unter Strom gestanden haben.

Lernen Sie von Ihren Mitmenschen. Wie reagieren andere auf Stress?

Lassen Sie uns zunächst mit dem Wahrnehmen von Stress bei anderen Personen beginnen. Im Allgemeinen fällt es uns nämlich erheblich leichter, unliebsame Dinge an anderen zu beobachten, als an uns selbst. Wir sind gefühlsmäßig weniger betroffen und dadurch objektiver in unserer Beurteilung. Wir neigen auch nicht dazu, aus dieser Situation davonzulaufen, da sie uns doch nicht betrifft.

Übung 2: Drei Hitzköpfe (fünf Minuten)

Gehen Sie einmal in Gedanken die Reaktionen auf Stress durch, die bei Ihren Bekannten oder Geschäftskollegen zu beobachten sind. Wählen Sie drei »Hitzköpfe« aus. Wie reagieren diese drei Personen in konkreten schwierigen Situationen (Streitgespräch, Zeitdruck aufgrund eines Abgabetermins usw.)? Wenn Sie um die Gedankengänge und Gefühle dieser Personen nicht »wissen«, nehmen Sie bitte einen Rollentausch vor: Versetzen Sie sich in diese Person hinein.

1. Was denken/sagen diese Personen? (mindestens drei Aussagen)

  ....

  ....

2. Was fühlen diese Personen? (mindestens drei Gefühle)

  ....

  ....

3. Wie handeln diese Personen? (mindestens drei Handlungen)

  ....

  ....

Übung 3: Andere Menschen beobachten (fünf Minuten)

Wann werden Sie das nächste Mal Gelegenheit haben, andere Personen einfach nur zu beobachten? Das könnte in der U-Bahn, in der Kantine oder im Straßenverkehr sein. Entscheiden Sie sich jetzt für eine konkrete Situation (zum Beispiel Flughafen, nächstes Meeting, Einkaufen, Straßenverkehr):

  ....

  ....

Woran werden Sie erkennen, dass jemand unter Hochspannung steht?

  ....

  ....

Stellen Sie sich eine Minute lang vor, wie Sie das nächste Mal in der betreffenden Situation alles beiseite legen und sich ganz der Beobachtung widmen. Mit dieser Methode stellen Sie sicher, dass Sie Ihr Vorhaben nicht vergessen werden.

Wahrnehmen bei sich selbst

Stress-Prophylaxe durch Selbst-Beobachtung

Jetzt sind also Sie selbst mit Ihrer ganz persönlichen Bestandsaufnahme an der Reihe. Der Verbesserung Ihrer bewussten Wahrnehmung kommt eine entscheidende Rolle im erfolgreichen Umgang mit Stress zu. Meichenbaum (1985), einer der Pioniere in Sachen systematischer Stressbewältigung, entwickelte ein dreistufiges Programm zur »Stressimpfung«. Wie in unserem Fall, so sind auch bei Donald Meichenbaum in der Anfangsphase die Fragen

❖ »Was versetzt mich in Stress?«
❖ »Wie reagiere ich auf diesen Stress?«
❖ »Zu welchen Ergebnissen führt diese Reaktion?«

von zentraler Bedeutung. Es ist mit anderen Worten wichtig, dass Sie sich über Zusammenhänge von Ursachen und Wirkungen noch bewusster werden. Mit der nun folgenden Übung geht es um die erste der drei Fragen im Bereich des Wahrnehmens.

> **Übung 4: Immer wenn … (zehn Minuten)**
>
> Was versetzt Sie in Stress und lässt Sie zum »Neandertaler« werden? Tragen Sie zu den verschiedenen Bereichen insgesamt mindestens zehn Situationen zusammen, die
>
> ❖ Ihnen die Laune verderben,
> ❖ Angst machen oder Sorgen bereiten,
> ❖ Sie auf die Palme bringen.
>
> Je regelmäßiger eine Situation auftritt, desto mehr lohnt es sich, daran zu arbeiten. Wir werden im weiteren Verlauf dieses Buches noch mehrfach auf diese von Ihnen zusammengetragenen Belastungssituationen zurückgreifen.

Bereich	Situation
Beruf ❖ Vorgesetzte ❖ Mitarbeiter ❖ Kollegen ❖ Kunden	Immer wenn …
Straßenverkehr ❖ Verkehrsrowdys ❖ Trödler ❖ Beifahrer ❖ LKW	Immer wenn …
Partnerschaft ❖ Sexualität ❖ Tagesrhythmus ❖ Ansichten ❖ Angewohnheiten	Immer wenn …
Kindererziehung ❖ Zu wenig Zeit ❖ Bestrafung ❖ »Dumme« Fragen ❖ Trotz ❖ Streitigkeiten	Immer wenn …
Hobbys/Freizeit ❖ Verein/Ehrenamt ❖ Fernsehen ❖ Lesen/Musik ❖ Sport ❖ Wetter	Immer wenn …
Organisatorisches ❖ Haushalt ❖ Wohnung ❖ Garten ❖ Erledigungen ❖ Versicherung	Immer wenn …
Politik ❖ Zeitung lesen ❖ Fernsehen ❖ Diskussionen	Immer wenn …
Sonstiges	Immer wenn …

Durch diese einfache Auflistung von belastenden Situationen sind diese Situationen noch stärker in Ihrem Bewusstsein verankert. Sie sind damit in Zukunft vorgewarnt, werden also schon im Vorfeld etwas unternehmen können.

Erkannte Gefahr ist nur noch halbe Gefahr

Um jedoch etwas für sich tun zu können, müssen Sie Ihre Stressreaktion frühzeitig erkennen. Sie müssen herausfinden, welche *Veränderungen* in Bezug auf Gefühle, Gedanken und Handlungen bei Ihnen auftreten. Dazu bieten wir Ihnen eine hervorragende Übung an: Die »Abenteuerreise«.

Übung 5: Abenteuerreise (sieben Minuten)

Bevor Sie loslegen, lesen Sie die Anleitung komplett durch. Setzen oder legen Sie sich sodann bequem hin und schließen Sie die Augen.

Erinnern Sie sich an ein besonders **erfreuliches Ereignis**. Stellen Sie sich die Situation in allen Einzelheiten vor (Welche Person ist anwesend? Welche Lichtverhältnisse herrschen? Welche Geräusche nehmen Sie wahr? usw.). Achten Sie darauf, dass Sie sich nicht von außen beobachten, sondern die Situation aus Ihren eigenen Augen heraus erleben.

Wie verhalten Sie sich?
- ❖ Was sagen Sie?
- ❖ Mit welcher Geschwindigkeit handeln Sie?

Was denken Sie?
- ❖ Was denken Sie über Ihre eigene Person?
- ❖ Wie nehmen Sie die Personen um sich herum wahr?
- ❖ Wie nehmen Sie die übrige Umwelt wahr?

Was spüren Sie?
- ❖ Lenken Sie Ihre Aufmerksamkeit auf Ihr körperliches Befinden.
- ❖ Wie fühlen sich Ihre Füße an?
- ❖ Wie fühlen sich Ihre Unterschenkel an?

So durchkämmen Sie am besten Schritt für Schritt Ihren ganzen Körper aufwärts bis zu den Haarspitzen. Achten Sie besonders auf die Magengegend, Augen und Stirn, Mund und Kiefer sowie die Schulterpartie. Sie haben viel Zeit. Beenden Sie diesen ersten Teil der Abenteuerreise, indem Sie von Ihrem Gesamtzustand eine Art innere Blitzlichtaufnahme (»mentale Fotografie«) machen. Prägen Sie sich diese Aufnahme gut ein.

Erinnern Sie sich an ein für Sie besonders **belastendes Ereignis**. Stellen Sie sich die Situation in allen Einzelheiten vor: **Wie verhalten Sie sich? Was denken Sie? Was spüren Sie?**

Gehen Sie vor, wie oben geschildet. Fertigen Sie auch hier eine innere Fotografie Ihres körperlich-geistigen Gesamtzustandes an.

Erinnern Sie sich wieder an das **erfreuliche Ereignis**. Stellen Sie sich dieses vor, um sich den Kontrast zwischen positiver und negativer Situation besser einzuprägen und damit Sie mit einer positiven Stimmung zum Text zurückkehren können.

Was macht diese Vorstellungsübung (»Imagination«) so wertvoll?

❖ Wahrnehmung aus sicherer Entfernung: Während vieler belastender Situationen haben wir kaum die Möglichkeit (und auch nicht die Nerven!) auszusteigen und zu sagen »Einen Moment bitte – ich muss mal rasch meinen Stress-Symptomen nachspüren!«

❖ Vollständigkeit der Wahrnehmung: Ohne systematische Anleitung der Imagination nehmen wir höchstwahrscheinlich nur einen kleinen Ausschnitt unserer Stressreaktion wahr.

❖ Entspannung inklusive: Obwohl Entspannungstechniken an dieser Stelle noch nicht unser Thema sind, haben Sie in der Abenteuerreise bereits eine wertvolle Entspannungs- oder auch Aktivierungsmethode kennen gelernt: Wahrscheinlich haben Sie beobachten können, dass es Ihnen bei der Rückkehr zu dem erfreulichen Ereignis schon viel schneller gelungen ist, in den entsprechenden Zustand hineinzuschlüpfen. Mit ein wenig Übung gelingt Ihnen dies immer rascher.

Die Vorstellung eines angenehmen Erlebnisses ist Balsam für die Seele

Sie haben nun einige Veränderungen im Denken, Handeln und Fühlen deutlich vor Augen. Den nächsten Arbeitsschritt vollziehen Sie deswegen bitte gleich jetzt, solange Sie »Ihre persönliche Stressreaktion« noch gegenwärtig haben.

Übung 6: Meine persönliche Stressreaktion (zehn Minuten)

Die nun folgende Checkliste ist ebenfalls entsprechend der drei Bereiche

- ❖ »Was tue ich?«,
- ❖ »Was denke ich?«,
- ❖ »Was fühle ich?«

aufgebaut. Gehen Sie die Checkliste Schritt für Schritt durch, wobei Sie sich erstens an die Gedankenreise und zweitens an die Situationen aus der Übung 4 »Immer wenn …« (s. Seite 32) erinnern.

Kreuzen Sie die für Sie zutreffenden Aussagen an (helle Spalte). Falls Ihnen zusätzliche Stressanzeichen einfallen, die in unserer Checkliste vielleicht nicht aufgeführt sind, Sie aber ganz persönlich betreffen, dann können Sie die in der Randspalte in Stichpunkten notieren.

Verhalten – Was tue ich?		
Ich werde hektisch, planlos, kopflos, fahrig.		
Ich werde körperlich aggressiv (zum Beispiel Türknallen).		
Ich werde verbal aggressiv (laut werden, schimpfen).		
Ich beschuldige andere.		
Ich greife zu Alkohol.		
Ich trinke Kaffee.		
Ich rauche.		
Ich gerate in einen Kaufrausch.		
Ich esse zu viel.		
Ich nehme ein Schmerz-/Schlaf-/Beruhigungsmittel.		
Ich ergreife radikale Maßnahmen/treffe vorschnelle Entscheidungen (zum Beispiel Beziehung beenden).		
Ich werde ungeduldig/rege mich über Kleinigkeiten auf.		
Ich gebe auf oder flüchte aus der Situation.		
Ich bekomme einen ungeheuren Bewegungsdrang (zappelig, ruhelos).		
Ich ziehe mich zurück/sage gar nichts mehr.		

Übung 6 (Fortsetzung) Gedanken – Was denke ich?		
Meine Gedanken sind angstvoll.		
Konzentration/Gedächtnis lassen nach.		
Ich fixiere mich auf das Problem (grübeln/sich sorgen).		
Ich bemitleide mich selbst (»Warum passiert das immer mir?«).		
Ich resigniere (»Da kann man halt nichts machen.«).		
Ich empfinde meine Umwelt als feindlich (»Die wollen mich fertig machen!«).		
Ich mache mich selbst schlecht/sehe mich als »Versager«.		
Ich dramatisiere/male schwarz (»Das wird eine Katastrophe!«).		
Ich verallgemeinere (»Das passiert mir jedes Mal!«).		
Ich wünschte, ich wäre woanders/jemand anderer.		
Ich sage mir »Du musst!«.		
Ich langweile mich.		
Mir wird alles egal.		
Ich fühle mich hilflos/verlassen/überfordert.		
Ich werde neidisch/eifersüchtig.		
Ich ärgere mich.		
Ich stelle Entscheidungen infrage/möchte sie rückgängig machen (»Hätte ich doch …«).		
Ich entwickle Rachegedanken.		
Ich fühle mich schuldig.		

Vielleicht haben Sie sich gewundert, weshalb »Ich fühle mich hilflos/verlassen/überfordert« in einer Checkliste für Gedanken auftaucht. Das liegt daran, dass Gefühle von Hilflosigkeit, Einsamkeit oder Überforderung erst aufgrund von Interpretation zustande kommen. Das dadurch aufkommende körperliche Gefühl bezeichnen wir dann als »Gefühl der Hilflosigkeit«. Wichtig für die folgende Checkliste: Tragen Sie nur solche Symptome in die Checkliste »Körper – Was fühle ich?« ein, anhand derer Sie eine *Veränderung* Ihrer Befindlichkeit ablesen können. Das gilt insbesondere für *chronisch* verspannte oder schmerzende Körperteile. Wenn Sie beispielsweise ständig Rückenschmerzen haben, lässt sich daran schlecht Ihr derzeitiger Stresspegel ablesen. Vielleicht kommen Sie aber auch durch Beobachtung darauf, dass diese Rückenschmerzen in bestimmten Situation intensiver sind als in anderen?

Übung 6 (Fortsetzung) **Körper – Was fühle ich?**		
Ich presse die Zähne oder Lippen zusammen.		
Meine Augenmuskeln verspannen sich.		
Ich ziehe die Schultern hoch.		
Mein Nacken verspannt sich.		
Mein Rücken schmerzt.		
Ich bekomme Herzstechen oder Brustschmerzen.		
Mir bricht der Schweiß aus (besonders Stirn oder Hände).		
Mein Puls beschleunigt oder ich kriege Herzrasen.		
Ich bekomme Atemnot.		
Ich atme flach.		
Ich atme schnell.		
Ich halte die Luft an.		
Ich bekomme Schmerzen im Magen-Darm-Bereich.		
Ich bekomme Durchfall, Verstopfung, Harndrang.		
Ich bekomme Kopfschmerzen.		
Meine Stimme ist belegt oder mein Hals ist trocken (Schluckbeschwerden, Räuspern usw.).		
Ich spüre einen starken Bewegungsdrang (mit den Beinen wackeln, Fingertrommeln usw.).		
Ich bekomme Kreislaufprobleme (Schwindel, weiche Knie usw.).		
Ich bin ganz benommen.		
Ich zittere.		
Mir wird kalt.		
Ich habe ein Gefühl der Enge (besonders in Brust und Kehle).		
Ich bekomme Hitze- oder Kältewallungen.		
Ich erröte.		
Mir wird übel.		
Ich sehe nur verschwommen.		
In meinen Ohren pfeift es.		
Es juckt mich.		

Die in der Checkliste enthaltenen Aussagen beziehen sich auf die *akute* Stressreaktion. Weitere Stress-Erscheinungen wie Müdigkeit, sexuelle Appetitlosigkeit, Schlaflosigkeit, Erhöhung des Cholesterinspiegels etc. treten ebenfalls bei

Dauerbelastung auf. Wahrscheinlich sind es sogar eher solche Probleme, die Sie dazu bewogen haben, dieses Buch zu kaufen. Für unsere Zwecke sind diese langfristigen Entwicklungen allerdings weniger von Interesse. Denn wenn Sie beispielsweise abends im Bett wach liegen, weil Sie noch immer auf 180 sind, dann haben Sie es wahrscheinlich schon im Verlauf des Tages versäumt, für die nötige Entspannung zu sorgen. Unser Ziel ist es daher, Sie für die akute Stressreaktion zu sensibilisieren, damit Sie *sofort* etwas für sich tun können.

Übung 7: Sieben-Tage-Tagebuch

Kopieren Sie die Checkliste und tragen Sie diese während der kommenden Woche bei sich. Unmittelbar nach Stress-Situationen tragen Sie anhand der Checkliste ein, welche Signale für Stress tatsächlich bei Ihnen aufgetreten sind. Legen Sie in der letzten, dunklen Spalte eine entsprechende Strichliste an. Ein Beispiel für eine solche Strichliste:

Körper – Was fühle ich?		
Ich presse die Zähne oder Lippen zusammen.	✗	IIII III
Meine Augenmuskeln verspannen sich.		
Ich ziehe die Schultern hoch		
Mein Nacken verspannt sich.	✗	IIII
Mein Rücken schmerzt.	✗	III

Diese Übung sollten Sie, müssen Sie aber nicht absolvieren. Wir sind uns des organisatorischen Aufwands bewusst und gewähren Ihnen daher diese eine Ausnahme. Wir wollen Ihren »Vertrag mit sich« selbst, den Sie im Einleitungsteil ausgefüllt haben, schließlich nicht überstrapazieren. Wenn Sie der Ansicht sind, dass dieses Sieben-Tage-Tagebuch für Sie zu aufwendig ist, folgt nun eine »abgespeckte« Version: Tragen Sie sich für jeden einzelnen Tag der kommenden Woche folgende Frage in Ihren Terminkalender ein:

»Welche Anzeichen von Stress nehme ich heute auf den Ebenen Körper/Gedanken/Verhalten wahr?«

Damit ist gewährleistet, dass Sie zumindest am Beginn eines jeden Tages Ihre Wahrnehmung für das Registrieren von Stress-Signalen schärfen. Werfen Sie nicht regelmäßig einen Blick in Ihren Kalender, so hängen Sie alternativ ein DIN-A4-Blatt mit dieser Frage an einem für Sie gut sichtbaren Ort auf.

Übung 8: 3 x 3 Stress-Signale (fünfzehn Minuten)

1. Schritt: Aufgrund der Gedankenreise (und des Sieben-Tage-Tagebuchs) können Sie nun drei Gefühle, drei Handlungen und drei Gedanken festmachen, die Sie in Zukunft auf Stress aufmerksam machen werden. Wählen Sie diejenigen Anzeichen, die am häufigsten auftreten und von Ihnen am leichtesten identifiziert werden können. Bitte beschreiben Sie die jeweiligen Gedanken, Gefühle und Handlungen so präzise und so konkret wie möglich. Erstes Beispiel: Auf der gedanklichen Ebene reicht »Ich mache mir Selbstvorwürfe« bei weitem noch nicht aus. Fragen Sie sich, was *genau* Sie zu sich selbst sagen. Welches sind die Schlüsselwörter, anhand derer Sie sich bei den Selbstvorwürfen »ertappen« können? Zweites Beispiel: Sich bewusst zu sein »Bei Stress werde ich wütend« ist ein erster wichtiger Schritt. Aber woran werden Sie Ihre Wut ganz konkret erkennen? Erheben Sie Ihre Stimme? Schlagen Sie Türen zu? Notieren Sie nun Ihre konkreten Gedanken, Gefühle und Handlungen.

Drei Gedanken:

1. ....

2. ....

3. ....

Drei Gefühle:

1. ....

2. ....

3. ....

Drei Handlungen:

1. ....

2. ....

3. ....

2. Schritt: Drei mal drei ist neun. Sie verbringen nun bitte mindestens neun Minuten damit, sich die drei Handlungen, die drei Gedanken und die drei Gefühle genau einzuprägen. Sie beenden diese Übung, sobald Sie sicher sein können, dass das Auftreten der Signale Ihnen in Zukunft sofort auffallen wird.

Auf einen bestimmten Gedanken aufmerksam zu werden, das ist einfach (aber nur *relativ*!). Das liegt wohl daran, dass wir immer nur *einen* Gedanken auf einmal haben können. Der Gedankenstrom lässt sich bestens überwachen – vorausgesetzt, Sie haben entsprechende Schlüsselwörter definiert, über die Sie automatisch »fallen« (ansonsten bitte nachholen). Etwas anspruchsvoller stellt sich die Aufgabe dar, auf bestimmte Verhaltensweisen aufmerksam zu werden. Aber auch hier können Sie sich helfen, indem Sie aus einem globalen Verhalten (beispielsweise ungeduldig sein) eine *typische* Handlung heraus greifen (zum Beispiel mit den Fingern trommeln). Auf beiden Ebenen (Gedanken, Verhalten) wird es darauf ankommen, die Stress-Signale so konkret wie möglich vor Augen zu haben. Eine Unmenge von Körperteilen macht es uns indessen schwer, Anspannung zu registrieren. Kleine *körperliche* Veränderungen, wie etwa das Hochziehen der Schultern, werden im Eifer des Gefechts leicht übersehen. Ziel der nächsten Übung ist es daher, Sie für den Unterschied zwischen körperlicher Anspannung und Entspannung zu sensibilisieren, und zwar bezogen auf Ihre »Lieblingsverspannungen«.

Viele Stress-Signale sind wie alte Bekannte, die Sie nie nach ihrem Namen gefragt haben

Übung 9: Anspannung – Entspannung (zehn Minuten)

Diese Übung leitet sich aus der progressiven Muskelentspannung (PME) nach Jacobson (erstmals 1924) ab, die sich bis in den heutigen Leistungssport hinein durchgesetzt hat. Die Grundüberlegung der progressiven Muskelentspannung ist, dass wir das Loslassen der Muskelspannung am leichtesten erlernen, wenn wir zuvor für mehrere Sekunden eine Anspannung unserer Muskeln deutlich wahrnehmen konnten.

1. Anspannung (sieben Sekunden)
Wählen Sie einen Körperteil aus – möglichst einen, der Ihnen als sicheres Anzeichen für Stress dient (zum Beispiel der Kiefer). Spannen Sie das betreffende Körperteil fünf Sekunden lang an (beispielsweise Ober- und Unterkiefer aufeinander beißen). Vergessen Sie dabei das Atmen nicht. Verstärken Sie die Spannung noch etwas mehr.

2. Entspannung (sieben Sekunden)
Lassen Sie nun los. Spüren Sie den Unterschied zwischen der jetzigen Entspannung und der vorangegangenen Anspannung.

3. Vertiefung (sieben Sekunden)
Mit jedem Ausatmen fällt zusätzlich Spannung von diesem Körperteil ab. Verweilen Sie mit Ihrer Aufmerksamkeit bei der Entspannung und prägen Sie sich dieses Gefühl genau ein.

Absolvieren Sie insgesamt mindestens drei Durchgänge.

Führen Sie diese Übung getrennt für jedes Ihrer drei körperlichen Warnsignale durch.

Sicherung der Lernergebnisse (fünf Minuten)

Welche persönlichen Erfahrungen haben Sie in diesem Kapitel für sich gesammelt?

1. ....

....

2. ....

....

3. ....

....

4. ....

....

5. ....

....

Welche konkreten Ziele leiten Sie aus diesen Erkenntnissen ab?

....

....

....

....

....

....

....

Übertragen Sie die Ihre wichtigsten Ziele in Ihre Ideen-Schatztruhe im Einleitungskapitel (s. Seite 12).

A – Annehmen!

Der erste Schritt in der Bewältigung von Stress besteht darin, den eigenen Stress als eine schlichte Tatsache zu akzeptieren. Diese fundamentale Erkenntnis mag im ersten Augenblick paradox klingen, ist aber leicht anhand der Stress-Spirale zu erklären.

Die wirkungsvollste Methode, Stress zu bekämpfen? Ihn nicht bekämpfen!

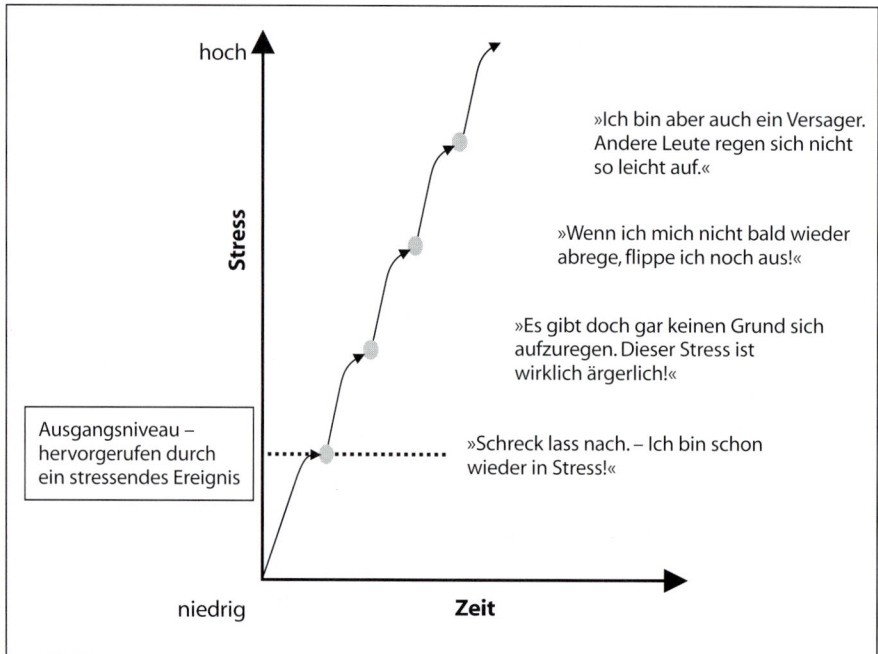

Die Stress-Spirale: Der »Stress mit dem Stress« führt dazu, dass Sie das ursprüngliche Stressniveau (siehe gestrichelte Linie) verlassen und Ihr Stress sich aufschaukelt – hier veranschaulicht durch eine Aufwärtsbewegung.

Befreien Sie sich von der Angst vor der Angst!

In der Psychotherapie ist die so genannte »Angstspirale« seit längerem bekannt. Durch die »Angst vor der Angst« entsteht ein Teufelskreislauf – die Angst schaukelt sich auf – mitunter bis hin zur Panikattacke. Wenn Sie Ihre Gefühle nicht akzeptieren wollen, sondern dagegen ankämpfen, verschlimmern Sie Ihre Lage nur noch. Sie verlassen das ursprüngliche Stressniveau und geraten in einen Teufelskreis.

Beliebte Fehler in dieser Hinsicht sind Kaffeetrinken und Rauchen. Beide signalisieren Entspannung, da sie in der Vergangenheit häufig in Kombination mit Pausen und anderen angenehmen Situationen aufgetreten sind. Und doch bleibt die Sachlage paradox: Die *aktivierende* Wirkung von Kaffee und

Nikotin sind medizinisch belegt. Wozu trinken wir dann Kaffee, wenn wir ohnehin überreizt sind? Alles eine Frage der Selbstüberlistung, denn nun dürfen wir (fälschlich) behaupten: »Ich bin nervös, *weil* ich Kaffee getrunken habe!« Sie können sich Ihre Nervosität nun erklären, Ihre innere Angespanntheit auf den Kaffee zurückführen – statt auf den wahren Auslöser! Nicht wenige Menschen haben Angst vor Ihren eigenen negativen Gefühlen!

Der weitaus gesündere Weg besteht darin, »Ja« zu seinem Stress zu sagen, ihn nicht zu verleugnen oder (vor sich oder anderen) zu vertuschen.

Der Stress sagt zu Ihnen: »*So* geht's nicht!« Hilfreich ist es, wenn Sie sich kreative Gedanken machen, wie es *eben doch* gehen könnte. Es gibt (fast) immer eine Lösung. Stress bietet demnach die Möglichkeit zum Lernen. Jede Art von Flucht blockiert derartige Lernprozesse. Sie werden sich daher im Annehmen von Anspannung oder unangenehmen Gefühlen üben. Der Ausdruck »annehmen« wird von unseren Seminarteilnehmern übrigens oft missverstanden und mit »gutheißen« verwechselt.

Doch empfehlen wir Ihnen vielmehr, den Stress als gegeben hinzunehmen, als eine Tatsache. Wehren Sie sich nicht länger dagegen. Lassen Sie ihn unbewertet stehen.

Außerdem: Was, glauben Sie, passiert, wenn Sie ständig denken: »Nur keinen Stress!«?

Stellen Sie schlicht und ergreifend fest: »Aha, ich bin im Stress.«

❖ Sie denken an etwas *Unangenehmes*. Allein die Verwendung des Wortes »Stress« ruft blitzartig entsprechende Bilder und Vorstellungen hervor. »*Keinen* Stress« kann man sich leider schlecht vorstellen. Wie sollte dieser »Unstress« denn aussehen? Vorstellen können Sie sich nur Ruhe und Gelassenheit. Achten Sie also auf positive Formulierungen, wie zum Beispiel »Ich bin ruhig, gelassen und gelöst«.

❖ Sie versuchen vor dem Stress zu flüchten. Ein aussichtsloses Unterfangen, denn der Stress ist ein Teil von Ihnen. Sie können nicht vor sich selbst davonlaufen. Dazu ist Ihr Schatten zu lang.

Hilfreich ist der Satz »Nur kein Stress!« also nur dann, wenn er dazu beiträgt, dass Sie bestimmte *äußere* Situationen vermeiden, die *unnötigen* Stress verursachen oder Sie heillos überfordern würden. In den allermeisten Fällen ist Vermeidung jedoch eine denkbar schlechte Strategie, die Sie davon abhält, die zur Stressbewältigung nötigen Fähigkeiten zu erwerben.

Vermeiden bedeutet, dem Stress ausgeliefert bleiben!

Annehmen auf der Gedankenebene

Sie reduzieren Ihren Stress also ganz erheblich, indem Sie ihn annehmen. Noch einmal: »Annehmen« bedeutet nicht »Gutheißen«. Sie müssen Stress nicht lieben, sondern ihn lediglich als eine Tatsache anerkennen. Das ist wichtig, denn wie gesagt: Wer nicht wahr haben will, wo er steht, der wird Schwierigkeiten haben, den Weg zu seinem Ziel zu finden. Die richtige Einstellung ist demnach zweiteilig:

1. Es ist in Ordnung, wo ich jetzt stehe.
2. Ich möchte mich weiter entwickeln.

Vom guten Stress

> »Stress ist die unspezifische Reaktion des Organismus auf jede an ihn gerichtete Anforderung.«
> (Hans Selye)

Stress ist nicht gleich Stress. Selye (1983), der Begründer der Stressforschung, unterschied erstmals zwischen *Eustress* (als *angenehm* empfundene Aktivierung) und *Disstress* (als *unangenehm* empfundene Aktivierung). Die Unterscheidung von Eustress und Disstress ist heute in der Wissenschaft nur noch wenig gebräuchlich. Wir greifen auf sie zurück, um zu unterstreichen, dass Stress nicht ausschließlich negativ zu bewerten ist. Eine gewisse Portion Stress ist sogar unbedingte Voraussetzung für Ihre Leistungsfähigkeit: Das Yerkes-Dodson-Gesetz besagt, dass das menschliche Leistungsvermögen bei einem mittleren Grad an Aktivierung optimal ist.

Das Yerkes-Dodson-Gesetz ist eines der bestbelegten Gesetze der psychologischen Forschung. Nur selten gelingt es der Wissenschaft, einen derart engen Zusammenhang zwischen zwei Messgrößen festzustellen, der sich tatsächlich als Gesetzmäßigkeit formulieren lässt. Das Yerkes-Dodson-Gesetz versetzt uns in die Lage zu erklären, weshalb einige Menschen unter normalen Bedingungen hohe Leistungen erbringen und in Belastungssituationen abbauen, während andere Menschen erst unter einer gewissen Belastung zu Bestform auflaufen: Jeder Mensch besitzt sein gewohnheitsmäßiges (»habituelles«) Aktivierungsniveau. Dieses habituelle Aktivierungsniveau bezeichnet seinen Wachheitszustand unter weitgehend neutralen Bedingungen. Ziehen wir als anschauliches Beispiel eine bevorstehende Prüfung heran. Jede Prüfungssituation steigert die Aktivierung, unabhängig vom Ausgangsniveau. Der für gewöhnlich niedrig Aktivierte wird durch die Belastungssituation in seinen Optimalzustand versetzt. Der habituell hoch Aktivierte hingegen verlässt diesen Optimalbereich und gerät in den roten Bereich. Die Leistungen solcher Menschen sind unter normalen Bedingungen ausgesprochen gut, fallen jedoch unter Belastung dramatisch ab. Jeder von uns kennt wahrscheinlich solch einen »Trainingsweltmeister«.

All diese Personen haben gemeinsam, dass sich ein mittlerer Grad an Aktivierung positiv auf ihre Leistungsfähigkeit auswirkt. Die richtige Dosis Stress »verleiht Flügel«, während zu viel oder zu wenig Stress zum Leistungsabfall bis hin zur »Abfall-Leistung« führt.

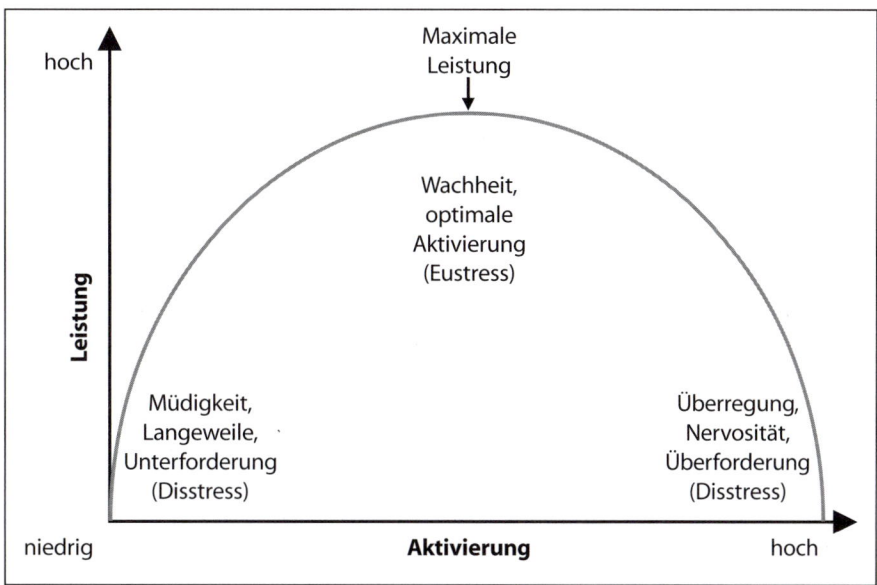

Das Yerkes-Dodson-Gesetz besagt, dass zwischen der physiologischen Aktivierung und der Leistungsfähigkeit ein umgekehrt u-förmiger Zusammenhang besteht. Ihr Leistungsoptimum erreichen Sie demnach bei einem Grad mittlerer Aktivierung.

Wie Zimbardo (1999) betont, gilt das Yerkes-Dodson-Gesetz für die Bewältigung der meisten Aufgaben. Mittlere Aktivierung ist jedoch nicht für jede Tätigkeit optimal. Bei gut trainierten und sehr leichten Aufgaben (einfache manuelle Aufgaben wie Unterschriften leisten, Post sortieren etc.) wirkt sich eine vergleichsweise höhere Aktivierung positiv aus. Je komplexer und einzigartiger die Aufgaben jedoch werden (anspruchsvolle intellektuelle Leistungen wie

Problemlösen, Entscheidungen treffen etc.), desto wichtiger wird die Fähigkeit, hellwach und dennoch entspannt zu sein. Fakt bleibt, dass die Extrembereiche physiologischer Erregung in jedem Fall eine denkbar schlechte Voraussetzung für Spitzenleistungen sind.

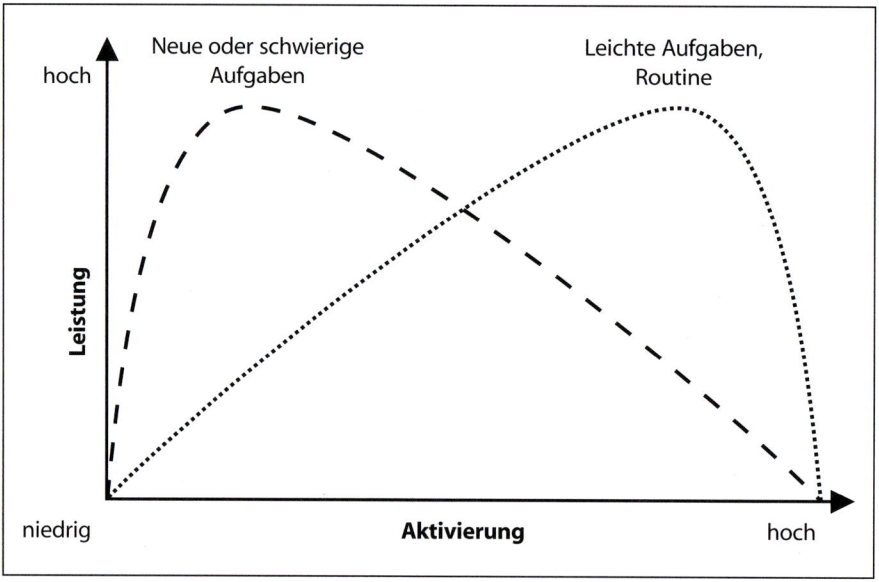

Bei Routinetätigkeiten oder sehr leichten Aufgaben verschiebt sich der Bereich optimaler Leistung in Richtung hoher Aktivierung. Bei schwierigen oder neuen Aufgaben hingegen, wird Ihre Leistung genau dann hundertprozentig sein, wenn Sie wach und dennoch ruhig sind.

Flow ist ein Glücksspender

Vielleicht ist vielen von uns das Yerkes-Dodson-Gesetz intuitiv bewusst. Denn in ähnlicher Weise hat man festgestellt, dass Menschen Aufgaben *mittlerer Schwierigkeit* bevorzugen. Von derartigen Aufgaben fühlen wir uns weder über- noch unterfordert. Kennen Sie das? Wenn Ihre Fähigkeiten und die Herausforderung der Aufgabe in perfektem Einklang stehen, kann es zum so genannten Flow-Erlebnis nach Csikszentmihalyi (1975, 1997) kommen. Im Zustand des Flow verbrauchen Sie bewusst keinerlei Energie. Sie strengen sich nicht an, verschmelzen mit der Situation und vergessen Raum und Zeit und alles übrige um sich herum. Die Tätigkeit selbst wirkt als Belohnung, sie ist »autotelisch«, das heißt Selbstzweck. Flow ist demnach eine besonders ausgeprägte Form der viel zitierten »intrinsischen« (von der Beschäftigung selbst ausgehenden) Motivation und wird als Glück spendend erlebt.

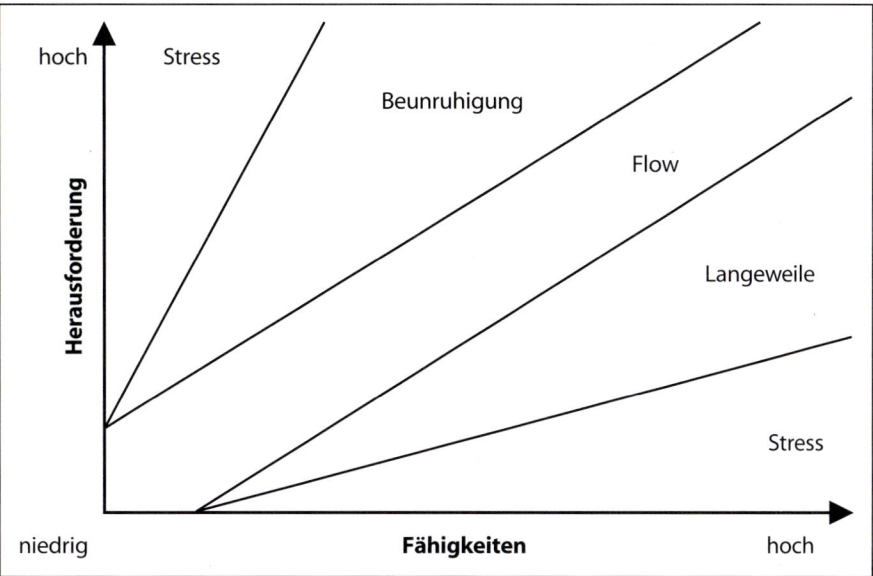

Nehmen Sie die gestellte Aufgabe als persönliche Herausforderung wahr, kann Sie dies in den Flow-Zustand versetzen. Sie vergessen Raum und Zeit. Die Erfüllung der Aufgabe wird als Belohnung erlebt und bedarf keiner bewussten Anstrengung.

Sie sehen: Eine gewisse Stressbelastung ist für Höchstleistungen gleich welcher Art unerlässlich. Erst ein Übermaß an Stress wirkt schädigend auf unseren Organismus.

Praxistipps: Vom guten Stress

Welchen praktischen Nutzen können Sie sowohl aus der Kenntnis des Yerkes-Dodson-Gesetzes als auch des Flow-Modells ziehen?

❖ Die objektive (Arbeits-)Belastung ist nicht mit Ihrem Aktivierungsgrad zu verwechseln. Je nach Persönlichkeit, körperlicher Kondition, Tagesverfassung, habituellem Aktivierungsniveau etc. wirkt sich dieselbe Beanspruchung unterschiedlich auf Ihr Aktivierungsniveau aus. Lernen Sie, Ihr Aktivierungsniveau willentlich zu regulieren. Versetzen Sie sich in einen Zustand optimaler Leistungsfähigkeit. Wie? Das zeigt Ihnen das Kapitel A – Abkühlen und aktivieren.

Lernen Sie, willentlich Ihre Aktivierung steuern

Realistische Ziele sind die beste Schutzimpfung gegen Stress

❖ Setzen Sie sich Ihre persönlichen Ziele in Zukunft noch bewusster. Sowohl Überforderung als auch Unterforderung katapultieren Sie in den roten Bereich. Durch das Setzen realistischer Ziele haben Sie Ihr Stressniveau selbst in der Hand!

Die Funktion von Stress

Fassen wir noch einmal die positiven Aspekte von Stress zusammen:

❖ *Stress ermöglicht schnelle (wenngleich wenig reflektierte) Entscheidungen.* In Gefahrensituationen können blitzartig Handlungen eingeleitet werden. Langwieriges Nachdenken hingegen könnte fatal sein.
❖ *Stress mobilisiert die letzten Kraftreserven.* Niemand läuft schneller, als wenn er vom Löwen verfolgt wird.
❖ *Stress schützt vor Überbelastung.* Ein Übermaß an Stress führt zu Ermüdung/Erschöpfung und gemahnt uns, eine Pause einzulegen. Ob wir dieser Mahnung Folge leisten oder nicht, ist unsere persönliche Verantwortung.
❖ *Stress ermöglicht Selbsterkenntnis.* Stellen Sie sich vor, Sie würden niemals Lust oder Unlust empfinden. Dann wüssten Sie auch nicht, was gut oder schlecht für Sie ist.
❖ *Stress kurbelt Lernprozesse an.* Wenn niemals ein Mensch auf diesem Planeten unzufrieden gewesen wäre (Stress), würden wir wohl noch heute unser Jäger- und Sammlerdasein fristen. Napoleon Hill (1998) schuf bereits 1960 dafür den Ausdruck »Inspiration der Unzufriedenheit«. Damit wollte er deutlich machen, dass auch Unzufriedenheit seine positiven Seiten hat, indem sie unter anderem Veränderungswillen erzeugt. Wichtig ist, dass diese Unzufriedenheit in Handlungen und nicht in Jammern mündet.

Stress sichert Ihr Überleben

Unabhängig davon, ob Sie eine Belastungssituation nun als Eustress oder Distress erleben, hat Stress diese biologische Funktion. Kommen wir zum Übungsteil. Was für das *Wahrnehmen* von Stress galt, gilt auch hier beim *Annehmen* von Stress: Das Annehmen von Stressreaktionen fällt uns bei *anderen* Personen vergleichsweise leichter als bei uns selbst.

Übung 10: Verständnis für andere (zehn Minuten)

1. Gehen Sie in Gedanken Ihren Freundes- und Bekanntenkreis durch. Wer von ihnen wird leicht zum »Neandertaler«?

   ....

   ....

2. Entwickeln Sie Verständnis für die Situation des Gestressten. Überlegen Sie sich selbst die möglichen Ursachen. Oder Sie greifen gleich zum Telefonhörer und sprechen mit dem Betreffenden. Ob Sie sich nun für das eine oder das andere entscheiden: Zeigen Sie Verständnis für die Situation Ihres Gesprächspartners. Nehmen Sie ihn (nötigenfalls auch vor sich selbst) in Schutz.

   ....

   ....

3. Wie werden Sie das nächste Mal auf die Stressreaktionen Ihrer Bekannten reagieren? Das heißt, was werden Sie sagen? Was werden Sie denken? Was werden Sie tun?

   ....

   ....

Achtung: Sollte bei Ihnen der Gedanke »Der-/diejenige ist ja selbst *schuld*!« auftauchen, wagen wir folgende Interpretation: Sie fühlen sich vom Schicksal Ihres Mitmenschen betroffen, möchten diese Betroffenheit aber von sich wegschieben (da Betroffenheit ebenfalls als spannungsgeladen und daher stressig empfunden werden kann). Vielleicht würden Sie am liebsten helfen, können es aber aus irgendeinem Grund nicht (Stress). Schuldzuweisungen erweisen sich in diesem Licht als Fluchtversuch vor den eigenen Gefühlen der Betroffenheit und Hilflosigkeit. Oftmals werden Sie mit der Vermutung richtig liegen, dass der Stress Ihrer Mitmenschen tatsächlich hausgemacht ist. Dennoch möchten wir auf den feinen Unterschied zwischen Schuld und Verantwortung hinweisen. Wohl kaum jemand hat sich seinen Stress freiwillig ausgesucht. Und nur die wenigsten wissen, wie Sie mit Stress zurechtkommen könnten. Wenn sich eine Person also nicht helfen lassen möchte (ein Ratschlag kann bekanntlich auch ein Schlag sein!), ist es besser, Sie sagen sich »Der/diejenige ist selbst *verantwortlich*!«. Verantwortlich, sein Leben zu ändern.

Schuld und Verantwortung sind zwei Paar Schuhe!

Kombinieren Sie die letzte Übung mit den Übungen 2 und 3 »Drei Hitzköpfe« und »Andere Menschen beobachten« (s. Seite 31): Wenn Sie Stress bei anderen diagnostizieren, machen Sie sich bitte Gedanken über die möglichen Ursachen und entwickeln Sie Verständnis. Die Verantwortung für diesen Stress bleibt dennoch bei den Betroffenen.

Kehren wir nun zu Ihnen und Ihrem Stress zurück. Wir beginnen mit einer Übung aus der Reihe »Manchmal bin ich ein kleiner Stressler!« Es gibt Dinge, die andere auf die höchste Palme bringen, über die Sie vielleicht nur müde lächeln können. Die Betonung liegt auf »manchmal«. Wir werden Ihnen beweisen, dass diese Einschränkung auch gerechtfertigt ist:

Übung 11: »*Manchmal* bin ich ein kleiner Stressler« (zehn Minuten)

Welche Kleinigkeiten fallen Ihnen ein, über die sich andere ungeheuer aufregen können (zum Beispiel in Büro, Haushalt, Urlaub, beim Einkaufsbummel, Autofahren, Fernsehen, Sport usw.)? Welche dieser Kleinigkeiten (mindestens fünf bis zehn) lassen Sie selbst völlig kalt?

. . . .

. . . .

. . . .

. . . .

. . . .

. . . .

Halten Sie auch in der nächsten Zeit Ausschau nach solchen winzigen Anlässen für viel Aufregung.

Hüten Sie sich also vor unzulässigen, negativen Verallgemeinerungen hinsichtlich Ihrer eigenen Person, wie etwa: »Ich bin immer gleich auf 180!«, oder: »Mich macht das alles fertig!« – Sie legen sich dadurch selbst fest und zementieren Ihre derzeitige Situation. Sie schmälern Ihre Erfolge bezüglich Ihrer intuitiven Bewältigung von Stress und werden so Ihres Unglücks Schmied.

Sie können das gedankliche Annehmen noch vertiefen, indem Sie sich die folgenden zwei Fragen stellen.

Übung 12: Ich mag Stress, weil … (fünf Minuten)

Bei welcher Gelegenheit hat Stress mir schon einmal geholfen?

....

....

....

....

....

....

....

Warum sollten andere Menschen froh sein, dass es Stress gibt?

....

....

....

....

....

Eine mögliche Antwort könnte etwa lauten: »Mein Stress hat mich schon oft vor einer Dummheit bewahrt.« Oder auch: »Wenn es keinen Stress gäbe, würden manche Menschen nur noch arbeiten und gar nicht merken, wenn Sie dringend Erholung bräuchten.« Oder »Wenn ich nie unzufrieden wäre, würde ich mir immer alles gefallen lassen.«

Eine spezielle Technik, die sich auch für das Annehmen von Stress einsetzen lässt, ist die positive Selbstanweisung. Die Bedeutung solcher »Selbstinstruktionen« wird von Donald Meichenbaum (1985) besonders hervorgehoben. Selbstinstruktionen müssen kurz und einprägsam formuliert sein. In unserem Fall spiegeln sie Ihre wohlwollende Haltung gegenüber Ihrer Stressanfälligkeit wieder.

Der persönliche Zauberspruch gegen Stress

Übung 13: Mein persönlicher Zauberspruch (fünf Minuten)

1. Lesen Sie die folgenden Sätze bitte aufmerksam durch, und entscheiden Sie sich für einen, der Ihnen besonders sympathisch ist. Sie können auch kleine Änderungen vornehmen oder Sie erfinden einen eigenen Satz, der Ihnen hilft.

   »Ich stehe zu meinem Stress. Das ist ein Zeichen von Stärke.« ☐

   »Stress gehört zu mir.« ☐

   »Durch Stress lerne ich mich selbst besser kennen.« ☐

   Mein persönlicher Satz:

   ....

   ....

   ....

   ....

   ....

2. Sagen Sie sich den von Ihnen ausgewählten Satz mindestens zwei Minuten lang in Gedanken vor. Legen Sie viel Gefühl und Überzeugung in Ihre Worte. Andernfalls wird Ihr Unterbewusstsein den Satz nicht annehmen, sondern ihn vielmehr als versuchten Selbstbetrug auslegen.

3. Versetzen Sie sich in Gedanken in eine schwierige Situation, die Ihnen unlängst widerfahren ist und wahrscheinlich wieder auftreten wird (siehe Übung 4, Seite 32f.). Stellen Sie sich vor, wie Sie sich in dieser Situation Ihren Zauberspruch mehrfach aufsagen.

Dieser positive Satz – Ihr Zauberspruch – wird Sie davor beschützen, in die Stress-Spirale zu geraten.

Nehmen Sie es also mit Humor, verstecken Sie sich nicht länger. Stress ist keine Schande. Falls Ihnen keiner der Sätze zusagt und Sie auch keine Alternative gefunden haben, können Sie sich auch sagen »Stress gehört nun einmal zum Leben« oder »Stress ist normal«. Aber vergessen Sie nicht: Auch Zahnschmerzen sind »normal« – dennoch sollte man etwas dagegen unternehmen. Etwas annehmen oder akzeptieren heißt eben nicht, es als Optimalzustand gutzuheißen.

Annehmen auf der Körperebene

Absolvieren Sie die folgende Übung, ohne sich gegen den dabei auftretenden Stress zu wehren.

Übung 14: Die Höllenlärm-Übung (fünf bis zehn Minuten)

Die Situation: Versammeln Sie möglichst viele Elektrogeräte um sich herum. Schalten Sie das Radio und den Fernseher ein, lassen Sie den Staubsauger laufen: Was immer in Ihrer Wohnung Getöse machen kann, ist herzlich willkommen. Zugegeben: Eine Übung für Leute mit toleranten Nachbarn. Es eignet sich aber auch nervtötende Musik über Kopfhörer.

Nachspüren: Spüren Sie in Ihrem Körper nach: Wo macht sich der Stress bemerkbar? Dabei kann Ihnen die Checkliste aus Übung 6 (s. Seite 36ff.) behilflich sein.

Annehmen: Lassen Sie den Stress zu. Es ist Ihr ganz persönlicher Stress! Sie können sich auch sagen, dass Stress zu spüren besser ist, als gar nichts zu spüren. Stress ist ein Zeichen von Lebendigkeit. Verweilen Sie so lange in der Situation, bis es Ihnen gelingt, den Stress anzunehmen.

Wie ist es Ihnen ergangen? Sie werden bemerkt haben, dass der Stress etwa auf die Hälfte seiner gewöhnlichen bzw. zu erwartenden Stärke abgesunken ist. Erzählen Sie einem Ihnen nahe stehenden Menschen von Ihrer Erfahrung.

Übung 15: Stressige Situationen aufsuchen

Die Situation: Halten Sie Ausschau nach weiteren stressigen Situationen. Begeben Sie sich vorsätzlich in eine dieser Situationen. Bevor Sie sich allerdings zu einem solchen Schritt entscheiden, beachten Sie die folgenden Kriterien.

Selbstbeobachtung: Handelt es sich um eine Situation, in der Sie weitgehend *passiv* bleiben können? Das Einzige, was Sie in dieser Situation zu tun haben dürfen, ist, sich selbst in Ihrer Reaktion zu beobachten. Daher scheidet etwa ein Anruf bei Ihrem Chef aus.

Bewältigung: Horchen Sie in sich hinein. Glauben Sie, dieser Situation gewachsen zu sein? Bitte überfordern Sie sich nicht! Fangen Sie klein an. Die Bewältigung ist dann erfolgreich, wenn Sie so lange in der Situation verbleiben können, bis Sie Ihren Stress angenommen haben.

Haben Sie eine der beiden Fragen mit »nein« beantwortet? Dann wählen Sie eine andere Situation aus, die Sie in Stress versetzt (je nach Geschmack und persönlichen Möglichkeiten: überfüllter Supermarkt, stark befahrene Hauptstraße, Diskothek etc.). Für welche Situation entscheiden Sie sich?

Achten Sie im Verlauf der kommenden Woche nur auf eine einzige Sache – den Stress anzunehmen. Wenn die Verbindung von auftauchendem Stress und dem Gedanken »Ich akzeptiere meinen Stress« zur Gewohnheit geworden ist, können Sie mit einer dauerhaften Verbesserung rechnen. Wir empfehlen Ihnen, sich viel Zeit für diesen Schritt zu nehmen, denn er ist sehr wichtig auf Ihrem Weg zur Stressbewältigung.

Annehmen auf der Verhaltensebene

Weiter in unserer Reihe »Manchmal bin ich ein kleiner Stressler«. Das Wörtchen »Stressler« haben wir natürlich bewusst gewählt. Durch Humor und eine Portion Selbstironie gewinnen Sie Abstand zur Situation und verlieren den tierischen Ernst. Lachen ist eines der besten Mittel zum Stressabbau und deshalb so gesund.

Übung 16: »Manchmal bin ein kleiner Stressler« II (zehn bis fünfzehn Minuten) Erzählen Sie Ihren Freunden, dass Sie ein »Stressler« sind. Sprechen Sie verständnisvoll und mit Wohlwollen von sich selbst. Mit diesem Schritt stehen Sie zu Ihrem Stress, Sie laufen nicht länger davon. Vielleicht ergibt sich daraus eine Diskussion. Dann können auch Ihre Freunde von Ihrem Wissen über den richtigen Umgang mit Stress profitieren. Legen Sie gleich jetzt eine Arbeitspause ein: Greifen Sie zum Telefonhörer und führen Sie ein fröhliches Gespräch mit Ihrer besten Freundin oder Ihrem besten Freund oder gehen Sie rasch hinüber zu Ihrem Nachbarn, um einen Plausch zu halten.

Im Umgang mit Stress gilt eben: Keine Verteidigung ist die beste Verteidigung

Mit dieser Übung lassen Sie Ihren Gedanken Taten folgen. Durch Ihr Bekenntnis als »Stressler« verlieren Sie den falschen Respekt vor Stress.

Sicherung der Lernergebnisse (Fünf Minuten)

1. Welche persönlichen Erkenntnisse in Bezug auf das Annehmen von Stress konnten Sie in diesem Kapitel für sich gewinnen?

    ....

    ....

    ....

    ....

    ....

2. Welche konkreten Ziele leiten Sie aus diesen Erkenntnissen ab?

    ....

    ....

    ....

    ....

    ....

3. Übertragen Sie Ihre wichtigsten Ziele in die Ideen-Schatztruhe (s. Seite 12).

    ....

    ....

    ....

    ....

    ....

A – Abkühlen und aktivieren!

Sie erinnern sich an das Yerkes-Dodson-Gesetz (s. Seite 48), welches besagt, dass das menschliche Leistungsvermögen bei mittlerer körperlicher Aktivierung sein Maximum erreicht. Ausgehend von diesem Gesetz unterscheiden wir zwei mögliche Stressquellen:

❖ *Zu hohe Aktivierung*, erkennbar an Nervosität, Hektik und Konzentrationsschwäche, welche einen Abfall der Leistungsfähigkeit zur Folge hat.
❖ *Zu niedrige Aktivierung* zeigt sich in Form von Müdigkeit oder als Langeweile, wenn die jeweilige Tätigkeit als Unterforderung erlebt wird.

Demgemäß unterteilt sich dieses Kapitel in zwei Abschnitte.

Abkühlen und aktivieren sind das Yin und Yang des Stress-Managements

❖ **Abkühlen:** Im ersten Schritt lernen Sie Maßnahmen zur Stressbewältigung kennen, die Ihnen *unmittelbar in einer Belastungssituation* helfen werden. Dieser Schritt verhindert zwar noch nicht das Entstehen von Stress – er wird Ihnen aber dabei helfen, entspannt zu reagieren. Darüber hinaus verhilft Ihnen das bloße Wissen, dass Sie über zahlreiche Mittel zur Stressbewältigung verfügen, zu mehr Gelassenheit. Denn – wie Sie bereits wissen – hängt Ihr Stresspegel davon ab, was Sie als »Gefahr« interpretieren und wie sehr Sie sich die Kontrolle über die Situation zutrauen. Die Macht des Schicksals halten Sie demzufolge selbst in Händen. Seien Sie sich dessen bewusst!
❖ **Aktivieren:** Mit Sicherheit decken die Prinzipien des Abkühlens das Hauptanliegen der meisten Leser ab. Doch wenn es um mehr Erfolg geht, ist es damit nicht getan. Wir müssen umgekehrt auch in der Lage sein, Müdigkeit zu überwinden. Um Missverständnisse zu vermeiden: Hier ist nicht von *Ermüdung* im Sinne von Erschöpfungszuständen die Rede. Diese Erschöpfung tritt als Folge von Dauerbelastung auf. In diesem Fall gilt es, tatsächlich eine Pause einzulegen oder anderweitig für Erholung zu sorgen. Nein, wir befassen uns hier mit *Müdigkeit* im Sinne von »nicht in die Gänge kommen«, mit Unterforderung und Langeweile. In diesem Zusammenhang stellen wir Ihnen auch Techniken vor, mit deren Hilfe Sie mangelnde Konzentration überwinden.

Es gibt aber einen weiteren Grund, weshalb abkühlen und aktivieren in einem Atemzug genannt werden: Viele der angebotenen Techniken stellen Ihr körperliches Gleichgewicht her, indem Sie nicht nur beruhigend wirken, sondern auch neue Energiereserven mobilisieren (zum Beispiel Atemtechniken).

Eigene Ressourcen nutzen

A wie »Abkühlen«, das bedeutet vom erhitzten Kopf zurück zum kühlen Kopf. Denn unter massiver Stresseinwirkung hat blinder Aktionismus Vorfahrt und operative Hektik ersetzt geistige Windstille. Wir empfehlen Ihnen: Versuchen Sie erst gar nicht, einen klaren Gedanken zu fassen, während Sie »auf 180« sind. Besinnen Sie sich zuallererst auf die Wiederherstellung Ihres körperlichen Gleichgewichts. Dieses oberste Prinzip kann gar nicht oft genug betont werden.

Der erste Schritt erfolgreicher Stressbewältigung besteht darin, Ihr körperliches Gleichgewicht wiederherzustellen

Bevor wir allerdings zu neuen Ufern aufbrechen, sollten Sie sich darüber bewusst werden, über welche Bewältigungsstrategien Sie bereits verfügen. Das ist sicherlich der einfachste Schritt auf dem Weg zu mehr Erfolg bei weniger Stress. Dazu brauchen Sie im Moment nichts grundsätzlich Neues zu lernen. Sie brauchen eigentlich nur noch zuzugreifen.

Es folgt eine Checkliste. Sie enthält Selbsthilfen, die von unseren Seminarteilnehmern häufig als entlastend genannt werden.

Übung 17: Meine Hilfen in schwierigen Situationen (fünf Minuten)

Ziel dieser Übung ist es, dass Sie sich Ihrer Möglichkeiten und Ihrer bereits vorhandenen Kompetenzen in Sachen Stressbewältigung noch bewusster werden.

❖ Versehen Sie alle Selbsthilfen mit einem Kreuz, die Sie – unter Berücksichtigung Ihrer derzeitigen Lebensumstände – anwenden könnten. Machen Sie Ihr Kreuzchen (graue Spalte) selbst dann, wenn Sie die Selbsthilfe derzeit (noch) nicht nutzen oder auch in Zukunft nicht zu nutzen gedenken!

❖ Ergänzen Sie die Liste durch weitere Ihnen bekannte Selbsthilfen. Welche zusätzlichen Techniken setzen Sie persönlich ein? Wie helfen sich zum Beispiel Ihre Eltern/Partner/Freunde/Bekannten/Kinder? Fragen Sie doch einmal nach!

Ich kann...	X	Ich kann...	X
... mir selbst Mut zusprechen.		... ein Entspannungsbad nehmen.	
... innerlich langsam bis zehn zählen.		... für heute Feierabend machen.	
... tief durchatmen oder seufzen.		... Sport treiben.	
... um Rat oder Unterstützung bitten (Kollegen/Freunde etc.).		... einen Beruhigungstee trinken.	
... eine Pause einlegen.		... Tagebuch führen.	
... einen gefühlsmäßig positiv besetzten Ort aufsuchen.		... einen Brief an einen Vertrauten schreiben.	
... nach sachlicher Information suchen (zum Beispiel Experten/Buch befragen).		... mich selbst verwöhnen (Essen gehen, mein Lieblingsgetränk genießen).	
... einen Freund/eine Freundin anrufen.		... mit meinem Partner/meiner Partnerin zärtlich sein.	
... etwas ganz anderes tun und so auf neue Gedanken kommen.		... einmal richtig ausschlafen.	
... mir Bewegung verschaffen (Spaziergang, Gymnastik, Erledigungen, Firmenrundgang, Garten, Hund usw.).		... in die Sauna/ins Solarium/zur Massage gehen.	
... aufräumen (Schreibtisch, Ablage, Haushalt usw.).		... eine schöne heiße Dusche oder eine Wechseldusche nehmen.	
... Humor beweisen.		... mich so richtig ausheulen.	
... beruhigende Musik hören/das Radio einschalten.		... einen lustigen Film sehen/ein Theaterstück besuchen.	
... Bummeln gehen.		... mich kreativ betätigen (Malen, Schreiben, Handwerken usw.).	
		... meiner privaten oder beruflichen Lieblingsbeschäftigung nachgehen.	

Wie fühlen Sie sich nun, da Ihnen bewusst geworden ist, was Sie alles für sich tun können? Besser natürlich! Selbst wenn Sie die ein oder andere Ressource nicht in die Praxis umsetzen möchten – Sie wissen »Ich könnte, wenn ich wollte!«. Betrachten wir einige Punkte der Ressourcenliste jetzt noch etwas genauer.

❖ **Sport treiben:** Einen hohen Stellenwert im Anti-Stressprogramm hat der Sport inne. Durch die Stressreaktion werden Hormone ausgeschüttet, die uns auf Kampf oder Flucht vorbereiten sollen. Die sicherste Methode, diese Hormone abzubauen, besteht in körperlicher Betätigung. Sport stärkt darüber hinaus Ihre allgemeine seelisch-körperliche Belastbarkeit und das Immunsystem, das heißt: Ihre emotional-körperlich-geistige Stabilität unter Belastung nimmt deutlich zu. Beispielsweise täte es Ihnen gut, möglichst täglich zu laufen. Nach etwa einunddreißig Minuten Jogging überflutet Sie eine Woge von Glückshormonen. Zugleich verbrennen Sie den Denkkiller Fett, sofern Sie immer schön im »aeroben Bereich« laufen (Aerob – Stoffwechselvorgänge, die molekularen Sauerstoff benötigen). Machen Sie sich daher eine Freude und schaffen Sie sich einschlägige Literatur mit Pulstabellen sowie eine Pulsuhr an. Dann zählen Sie nicht mehr zu jenen Leuten, die Ihr Sportlerleben lang falsch trainieren und kein Gramm Fett verbrennen, weil Sie mit zu hoher Pulsfrequenz im anaeroben Bereich unterwegs sind (Die anaerobe Schwelle liegt etwa bei 85 bis 90 Prozent des Maximalpulses).

Laufen Sie sich frei!

❖ **Aufräumen:** Neben einer gewissen Abenteuerlust besitzen wir alle ein ausgeprägtes Bedürfnis nach Sicherheit. Und Ordnung schafft Sicherheit. Wo inneres Chaos herrscht, kann äußere Ordnung daher beruhigen. Umgekehrt lässt der ungeordnete Schreibtisch den menschlichen Geist schwer zur Ruhe kommen. Einen ähnlich positiven Effekt hat auch das Aufschreiben und Ansprechen von Problemen. Das bringt Ordnung in Ihren »Kopfsalat«.

> »Nichts ist drinnen, nichts ist draußen, so wie innen ist auch außen.«
> *(J.W. von Goethe)*

> **Ordnung**
>
> → **Kontrolle objektiv verbessert
> (zum Beispiel durch Übersichtlichkeit)**
>
> → **Gefühl der Sicherheit (»keine Gefahr«)**
>
> → **Wohlbefinden**

*Zynismus ist
kalter Ärger*

❖ **Humor zeigen:** Humor in allen Lebenslagen zu bewahren sei keinesfalls mit Zynismus verwechselt!

❖ **Einen positiven Ort aufsuchen:** NLP (»Neurolinguistisches Programmieren«) spricht auch von einem »Ort positiver Ressourcen« – das ist ein Platz, an dem wir Entspannung finden und neue Kraft tanken können. Ein Platz, der mit positiven Gefühlen und Erinnerungen besetzt ist. Dies ist von Person zu Person unterschiedlich. Während der Arbeit kann dies ein imaginärer Ort, weit weg vom momentanen Geschehen sein oder der Platz neben einer Grünpflanze. Zu Hause tanken Sie vielleicht auf Ihrem Lieblingssofa Energie. Welches ist Ihr »Ort positiver Ressourcen«? Oft genügt schon das Herstellen von räumlicher Distanz.

Häufig vergessen wir jedoch unsere Möglichkeiten im Eifer des Gefechts. Das können Sie ändern, indem Sie die folgende Selbsthilfe-Checkliste einsetzen.

Übung 18: Mein Maßnahmenplan (zwanzig Minuten)

Nehmen Sie noch einmal die Übung 4 »Immer wenn …« (s. Seite 32f.) zur Hand. Wenn Sie den Eindruck haben, dass eine Selbsthilfe aus der soeben absolvierten Übung 17 und eine »Immer wenn …«-Situation aus Übung 4 gut zueinander passen, so tragen Sie Selbsthilfe und Situation in die dazu vorgesehenen Spalten ein. Ihre Aufgabe ist es, für Beruf und Privatleben jeweils mindestens fünf Paare, bestehend aus Selbsthilfe plus Situation, aufzuspüren. In der ersten Zeile finden Sie ein Beispiel.

Meine Hilfen in schwierigen Situation	
Beruflich:	
Konkrete Situation	Selbsthilfe
(Beispiel: Ärger mit einem Kunden)	(Beispiel: Kollegen um Rat fragen)
1.	
2.	
3.	
4.	
5.	
6.	
7.	
8.	
9.	
10.	
Privat:	
Konkrete Situation	Selbsthilfe
1.	
2.	
3.	
4.	
5.	
6.	
7.	
8.	
9.	
10.	

Bitte überprüfen Sie, ob Ihre liebsten Selbsthilfen folgende Kriterien erfüllen:

❖ Die Selbsthilfe ist mit geringem organisatorischem Aufwand verbunden.
❖ Es steht Ihnen an Ort und Stelle alles Nötige zur Verfügung (ein Beruhigungsbad mag zu Hause eine Möglichkeit sein, im Büro sicher nicht).
❖ Sie schlagen möglichst viele Fliegen mit einer Klappe (zum Beispiel pflegen Sie gleichzeitig Ihre Partnerschaft/Freundschaften, tun etwas für Ihre körperliche Fitneß usw.).

Hängen Sie Ihren Maßnahmenplan in Kopie an einem für Sie gut sichtbaren Platz auf.

Mentales Training: Die Praxis beginnt in der Theorie!

Mit dem Bewusstmachen Ihrer Selbsthilfekompetenz ist nun ein erster wichtiger Schritt in Richtung Stress-Management getan. Sie werden uns allerdings zustimmen, dass letzten Endes entscheidend ist, ob Sie auch von dieser Kompetenz Gebrauch machen. Dazu ist es notwendig, dass Sie sich die Verwendung einzelner Techniken zur *Gewohnheit* machen. Der schnellste und sicherste Weg zu einer neuen Gewohnheit führt über das mentale Training (MT).

Übung 19: Mentales Training (zwanzig bis vierzig Minuten)

Bezogen auf Ihren Maßnahmenplan gestaltet sich das mentale Training wie folgt (weitere Informationen zum mentalen Training finden Sie im Anhang):

1. Machen Sie es sich bequem. Schließen Sie die Augen. Erzeugen Sie eine *detaillierte Vorstellung* zu der ersten von Ihnen in Übung 18 aufgelisteten Situation. Was sehen, hören, spüren Sie?
2. Stellen Sie sich vor, wie Sie in dieser Situation erfolgreich zu der von Ihnen gewählten Selbsthilfe greifen.
3. Malen Sie sich aus, wie Sie durch den Einsatz der Selbsthilfe ruhiger und gelassener reagieren.
4. Variieren Sie diese »Immer wenn …«-Situation, indem Sie beispielsweise andere Beteiligte oder andere Räumlichkeiten heranziehen. Durch die Abwandlung Ihrer Vorstellung erhöhen Sie die Wahrscheinlichkeit, dass aus dem Einsatz der Soforthilfe eine Gewohnheit wird. Andernfalls bestünde die Gefahr, dass die Soforthilfe an eine bestimmte Situation gebunden bleibt. Verwenden Sie wiederum die Selbsthilfe und erreichen damit ein Happyend.

In gleicher Weise verfahren Sie mit allen übrigen Situation. Nehmen Sie sich pro Selbsthilfe und Situation wirklich jeweils zwei Minuten für das mentale Training Zeit. Das ergibt bei zehn bis zwanzig Selbsthilfen zwischen zwanzig und vierzig Minuten. Diese Übung ist eine der zeitintensivsten aber auch zugleich effizientesten des gesamten Buches. Daher: Falls Sie es nicht ohnehin schon bequem haben, machen Sie es sich gemütlich und schauen Sie auf die Uhr – wann genau wird diese runde halbe Stunde vorüber sein? Sie wissen schon: *Eigentlich* sollten Sie diese Übung durchführen. Überlegen Sie, wie stolz Sie im Anschluss an diese Übung auf sich sein werden. Handeln statt Denken: Die Zeit läuft … *Jetzt!*

An ein positives Vorbild denken

Nachdem Ihnen nun Ihre eigenen intuitiven Fähigkeiten sowie mögliche Bereicherungen Ihres persönlichen Stress-Managements bewusst geworden sind, möchten wir einen zweiten Schritt tun, der unmittelbar an Ihre eigenen Ressourcen anknüpft. Ziehen wir als Beispiel ein Verkaufsgespräch heran: Auf welches Vorbild können Sie zurückgreifen? Wer verfügt über ein außerordentliches Verhandlungsgeschick? Es muss sich nicht einmal um jemanden handeln, den Sie persönlich kennen. Rockefeller oder Henry Ford tun es auch. Wichtig ist allein, dass Sie eine möglichst *konkrete Vorstellung* von dieser Person besitzen.

Vorbilder fördern die Leistung

Was das bringen soll? In wissenschaftlichen Untersuchungen konnte wiederholt gezeigt werden, dass die zeitweilige Identifizierung mit einem positiven Vorbild zu objektiven Leistungssteigerungen führt. Studenten, die in die Rolle eines Professors schlüpften, erzielten bessere Noten. Hobbysportler, die an einen Profi dachten, waren bei Geschicklichkeitsaufgaben erfolgreicher. Die Liste ließe sich beliebig fortsetzen. Im Falle des Studenten ermöglicht der Rollenwechsel neue Gedanken und eine souveräne Einstellung bezüglich der Prüfungssituation. Mit dem Bild des Profis sind für den Hobbysportler überdies bestimmte Bewegungsabläufe assoziiert.

Die Technik, an ein positives Vorbild zu denken, erfüllt demnach die folgenden wichtigen Funktionen:

❖ Sie können sich aus einer festgefahrenen Situation losreißen.
❖ Sie bewältigen angstbesetzte Situationen souveräner. Denn die emotionale Beteiligung sinkt durch die Identifikation mit einem Vorbild erheblich.
❖ Lernprozesse werden Ihnen erleichtert.

Apropos Lernen – vielfach werden Lernprozesse blockiert, weil das neue Verhalten nicht in unser Selbstbild passt:

❖ Die Kollegin, die keinen Anrufer abwimmeln kann, weil sie sich als freundlich und hilfsbereit sieht.
❖ Der Verkäufer, der sich so manchen Abschluss entgehen lässt, weil er sich »irgendwie komisch« vorkommt, wenn er zunächst versucht, eine Beziehung zum Kunden herzustellen, statt nur über das betreffende Produkt zu sprechen (man möchte ja nicht aufdringlich erscheinen).

Das Verflixte daran: Meist ist uns die Gefährdung unseres Selbstbildes gar nicht bewusst. Wir würden gerne anders handeln, fühlen uns aber »irgendwie« blockiert. Auch diese Barriere überwinden Sie in raffinierter Weise durch die neue Rolle – Sie sind ja bloß Papagei. Zusammenfassend lässt sich formulieren: Durch die Frage »Was würde mein Vorbild jetzt tun?« kommen Sie auf *neue Gedanken, Verhaltensweisen oder Gefühle.* Sie kennen ja den Ausspruch »Ich kann nicht aus meiner Haut«. Doch! Genau das erreichen Sie, indem Sie in die Rolle Ihres Vorbilds schlüpfen. Und haben Sie sich übrigens schon einmal Gedanken darüber gemacht, weshalb Sie bestimmte Verhaltensweisen an Ihrem Vorbild akzeptieren können, an sich selbst jedoch nicht? Ist doch irgendwie unfair, oder? Meist ist es falsche Bescheidenheit oder die Angst, allzu positiv aufzufallen.

Ein Bild, das immer wieder seinen Rahmen sprengen sollte: Ihr Selbstbild

Übung 20: Die Supermann-Übung (fünfzehn Minuten)

Ehe Sie mit der eigentlichen Übung fortfahren: Vergessen Sie bitte nicht, es handelt sich um ein Spiel, ein Experiment.

1. *Vorbild wählen:* Denken sie an eine beliebige wiederkehrende Stress-Situation (»Immer wenn …«-Situation, s. Seite 32f.). Kennen Sie eine Person, von der Sie glauben oder wissen, dass Sie diese Situation mit Leichtigkeit bewältigt? Schließen Sie die Augen und gehen Sie die Situation in allen Einzelheiten durch.

   Was *denkt* Ihr Vorbild?
   Wie *fühlt* sich diese Person?
   Wie *verhält* sie sich?

   Nehmen sie sich für die drei Fragen je zwei Minuten Zeit.

2. *Anregungen holen:* Was können Sie von dieser Person lernen? Achten Sie darauf,
   … dass die Anregungen zu Ihrem persönlichen Stil passen.
   … dass, was Sie sich vornehmen, auch realistisch ist. Planen Sie in kleinen Schritten: Was können Sie in jedem Fall umsetzen? Das ist Ihr erstes Ziel, nicht mehr aber auch nicht weniger!

3. *In den Alltag übertragen:* Üben Sie das Verhalten, die Gedanken und die Gefühle in Ihrer Vorstellung ein (vergleiche mentales Training, s. Seite 264ff.). Wenn Sie das nächste Mal in der betreffenden Situation sind, werden Sie wesentlich gelassener reagieren. Noch einmal: Stellen Sie keine zu hohen Ansprüche an sich!

Kapieren statt kopieren

Von anderen lernen – das bedeutet weit mehr, als andere zu kopieren. Es bedeutet, Flexibilität zu gewinnen, sich Anregungen zu holen, wie Sie Ihren persönlichen Stil bereichern können. »Modelling of excellence« gewinnt als Schlagwort heute zunehmend an Bedeutung. Wer seinen Kopf in den Sand steckt und einem persönlichen Benchmarking – »Wo stehe ich im Vergleich zu meinen Mitmenschen?« – aus dem Wege geht, verbaut sich wichtige Lernchancen und tritt langfristig auf der Stelle.

Das positive Vorbild als Soforthilfe

Darauf wollen wir natürlich hinaus: Bei einer überraschenden Situation haben Sie nicht die Zeit für die gesamte Übung. Trotzdem hilft die Orientierung an einem positiven Vorbild auch spontan: Sie halten einen Vortrag und versetzen sich blitzartig in die Lage eines Talkmasters. Schon eine der drei Fragen (»Was denkt/fühlt/tut mein Vorbild?«) wird Ihnen helfen, Distanz zu Ihrem Problem zu gewinnen und sich so aus den um das Problem kreisenden Gedanken, die Ihnen durch den Kopf schwirren, zu befreien.

An das Vorbild denken schafft Distanz

> ### Übung 21: Das positive Vorbild (fünf Minuten)
>
> 1. Erinnern Sie sich an eine für Sie schwierige Gesprächssituation. Stellen Sie sich vor, wie Sie und Ihr Gesprächspartner sich in dieser Situation verhalten haben.
>
>   ....
>
>   ....
>
>   ....
>
> 2. Überlegen Sie sich nun, was Sie in der Rolle Ihres Vorbildes *wahrscheinlich* getan hätten (eignet sich dieses Vorbild weniger, halten Sie einfach nach einem anderen Vorbild Ausschau). Konzentrieren Sie sich dabei auf Körpersprache, Argumentation, Auftreten und dergleichen. Welche Wirkung hätten Sie durch dieses veränderte Verhalten *möglicherweise* erzielt? Wie hätte sich der Gesprächsverlauf weiterentwickelt?
>
>   ....
>
>   ....
>
>   ....
>
> 3. Auswertung: Auf welche neuen Lösungsansätze sind Sie durch den Gedanken an ein Vorbild gestoßen?
>
>   ....
>
>   ....
>
>   ....

Bei sich sein

Nachdem Sie im vorangegangenen Kapitel in die Rolle eines anderen geschlüpft sind, wollen wir zeigen, dass das genaue Gegenteil – nämlich dass Sie ganz bei sich sind und bleiben – ebenso wirksam ist. Oft haben wir das Gefühl, vom Strudel der Ereignisse mitgerissen zu werden. In einer Besprechung geht es drunter und drüber und alle zerreden die Besprechungspunkte und Maßnahmen. Oder Sie sind gerade beim Großeinkauf am Samstag und lassen sich von der allgemeinen Hektik anstecken.

Nicht bei sich sein (außer sich sein)

→ **Gefühl, beeinflussbar zu sein**

→ **Wahrnehmung geringer Kontrolle**

→ **Interpretation »Gefahr/Bedrohung«**

→ **Stress**

Bei sich sein und bleiben!

Sie sehen, dass Stress keine Einbildung ist, sondern sich auf Tatsachen gründet: Wer nicht bei sich ist, hat tatsächlich weniger Einfluss auf sein eigenes Handeln. In Augenblicken, da wir nicht in uns selbst ruhen, werden wir leicht aus der Bahn geworfen:

Wir sind

❖ äußerst sensibel für Unstimmigkeiten in unserer äußeren Umgebung: Der unordentliche Schreibtisch stört uns heute ebenso wie kleinere Abweichungen von der Tagesordnung;
❖ besonders anfällig dafür, die Stimmung anderer Menschen mit unserer eigenen zu verwechseln: Wir lassen uns durch die schlechte Laune unseres Kollegen anstecken oder wir lassen uns vorschnell in Konflikte verwickeln.

Um Missverständnissen vorzubeugen: Sie sollen sich nicht etwa ab heute von der Außenwelt abschotten oder isolieren. Einfühlungsvermögen (»bei anderen sein«) erachten wir selbstverständlich als essenziell sowohl zur Teamfähigkeit als auch für Führungsaufgaben. Uns geht es allein um die *prinzipielle Möglichkeit*, sich – wenn nötig – abgrenzen zu können. Als Beispiel: Jeder in der Beratung Tätige muss lernen, Einfühlungsvermögen zu entwickeln, wo er bislang keines besaß. Er muss aber auch lernen, sich selbst zu schützen, wenn er merkt, dass er zu stark involviert wird, und sich mit einem mentalen Zaun abgrenzen.

Offenheit (»bei anderen sein«) und bei sich sein bilden eine gemeinsame Dimension. Je mehr Sie um Ihre persönliche Integrität fürchten, desto eher werden Sie auf Abgrenzung bedacht sein. Sie kennen das aus eigener Erfahrung: Wenn Sie sich Ihres Standpunktes sehr sicher sind (»Die Erde ist rund«), können Sie sich viel leichter auf die Meinung eines anderen einlassen (»Die Erde ist ein Ellipsoid«). Wenn Sie aber Angst haben, andere Personen könnten Sie in Ihrer Meinung beeinflussen, werden Sie sich anderen gegenüber viel stärker abzugrenzen versuchen. (Natürlich gibt es neben der Angst vor Manipulation noch weitere Gründe, sich nicht mit anderen Meinungen auseinander setzen zu wollen, zum Beispiel Konkurrenzdenken.)

Bei Kindern zeigt sich diese Gesetzmäßigkeit unübersehbar in der Trotzphase, die entscheidend zur Identitätsbildung beiträgt: Immerzu sagt das Kind »Nein!« – aber nicht, weil es das Neinsagen schon beherrscht, sondern um sich selbst zu beweisen, dass es »Nein!« sagen kann.

Wir leben alle unter dem gleichen Himmel und haben doch unterschiedliche Horizonte

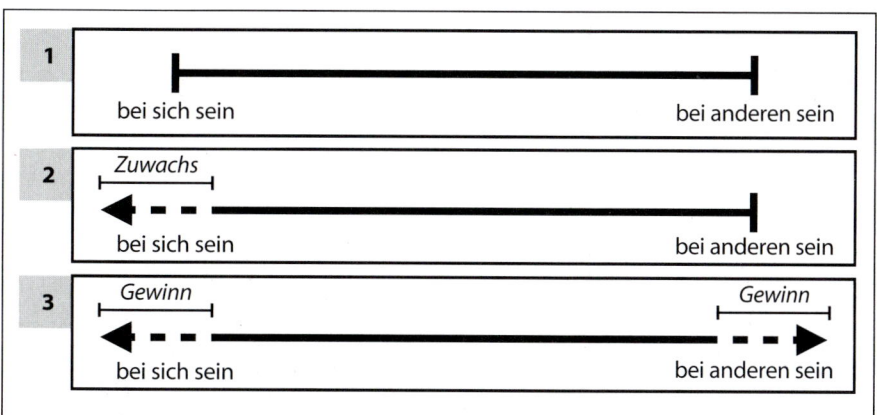

»Bei anderen sein« und »bei sich sein« bilden eine gemeinsame Dimension, die man sich wie ein Gummiband vorstellen kann (Teil 1 der Abbildung). Bauen Sie Ihre Fähigkeit aus, bei sich zu sein (2), so verbuchen Sie automatisch auch einen Gewinn auf der entgegengesetzten Seite: Sie können nun auch besser bei anderen sein (3).

The sense of living is giving

Die Offenheit für andere und für sich selbst zugleich erweitern – das ist auch eine Form von erstrebenswerter Waage und Balance. Von dem, was Sie auf der einen Seite dazugewinnen, profitieren Sie auch auf der gegenüberliegenden Seite. Sie können.jetzt noch besser für andere Menschen da sein. Dann stimmt der Satz: »The sense of living is giving.« Der Gegensatz zwischen Egoismus und Altruismus (Nächstenliebe, Selbstlosigkeit) ist eben konstruiert. Menschen, die ausschließlich an sich denken, sind am Ende dennoch meist seelisch verarmt. Sie hamstern materielle Güter und wundern sich, dass die Frage nach dem Lebenssinn offen bleibt.

Auf einer allgemeineren Ebene betrachtet, wird mit dem Bei-sich-Sein Ihr Verhaltensrepertoire erweitert und es gibt keinen besseren Impfstoff gegen Stress als *Flexibilität*. Uns Menschen geht es da nicht anders als den Unternehmen.

Übung 22: Die Wecker-Übung (fünf Minuten)

Fast jeder besitzt zu Hause einen Wecker und ebenso hasst fast jeder das Klingeln, Piepsen oder Rasseln seines Weckers (falls nicht – suchen Sie sich ein anderes lärmendes Gerät, etwa einen Staubsauger. Oder Sie bitten ein Familienmitglied, ein Ihnen bislang unerträgliches Geräusch zu erzeugen, zum Beispiel mit einer Metallbürste auf Beton kratzen).

1. Stellen Sie nun den Alarm Ihres Weckers für die nächste Minute ein.

2. Normalerweise reißt Sie der Wecker durch sein Läuten von sich selbst weg. Nehmen Sie den Wecker und sich selbst als zwei voneinander getrennte Objekte wahr. Lassen Sie ihn bewusst eine ganze Weile klingeln, wobei Sie sich sagen: »Das, Wecker, bist du und das bin ich.«

3. Bleiben Sie bei sich, stellen Sie sich – je nach persönlichem Geschmack – vor, wie die Schallwellen:

   ❖ förmlich durch Sie *hindurchgehen*, das heißt auf der entgegengesetzten Seite wieder aus Ihrem Körper *austreten* (Metapher: gläserner Mensch),
   ❖ an ihnen vorbeiströmen (Metapher: Wie ein Stein, der in einem Bach liegt und vom Wasser umspült wird),
   ❖ von vornherein an Ihnen *abprallen* und in alle Richtungen *zerstreut* werden (Metapher: Fels in der Brandung).

Es liegt an Ihnen, ob Sie dem Wecker uneingeschränkte Macht über Ihr Befinden geben oder nicht!

»Bei sich sein« heißt also zum einen, Grenzen zu ziehen, zum anderen, sich auf die eigene Person zu konzentrieren. Paradoxerweise werden Sie dadurch augenblicklich sogar *empfänglicher* für die Bedürfnisse oder Probleme Ihrer Mitmenschen. Denn Sie können ja nun gewiss sein, dass für Sie selbst gesorgt ist. Haben Sie sich jemals gefragt, wo Mitgefühl und Veständnis ihren Ursprung haben? Diese Gefühle für andere Menschen entstehen ja bei *Ihnen* und nicht etwa irgendwo außerhalb.

Die obige Übung konnten Sie an Ort und Stelle durchführen. Überlegen Sie sich darüber hinaus eine Gelegenheit, bei der Sie in Zukunft darauf achten möchten, bei sich zu bleiben. Besonders empfehlen wir Ihnen Besprechungstermine oder den samstägigen »Einkaufsbummel«. Stellen Sie vor Betreten eines Geschäfts fest, wie Sie sich fühlen. Beobachten Sie dann, wie es den übrigen Menschen im Unterschied zu Ihnen geht. Lassen Sie die negativen Schwingungen von momentan schlecht gelaunten Ein- oder Verkäufern an sich vorüberziehen.

Vermutlich haben Sie den Film »Der weiße Hai« gesehen. Steven Spielberg hat dabei eine spezielle Kameratechnik angewandt, um den Schrecken noch schrecklicher erscheinen zu lassen. Er zeigte den bedrohlich näher kommenden Hai aus den Augen der flüchtenden Badenixe und erhöhte durch diese »assoziative« Darstellung dramatisch die emotionale Beteiligung des Zuschauers am Geschehen.

Sie können für sich das genaue Gegenteil erreichen und bedrohliche Situationen entschärfen, indem Sie sich gedanklich in Ihren eigenen Kinostuhl setzen und sich selbst als Schauspieler im Geschehen beobachten, so als würden Sie sich einen Ausschnitt aus Ihrem Lebensfilm anschauen. Diese »Dissoziation« schafft emotionale Distanz und ermöglicht es Ihnen, besser »bei sich« zu bleiben.

Paradox aber wahr: Wer sich unter Stress von außen sieht, kann sich innerlich besser wahrnehmen

Richtig atmen

Eine weitere hervorragende Methode, die ganze Aufmerksamkeit auf sich selbst zu lenken, besteht im bewussten Beobachten des eigenen Atems. Das richtige Atmen bildet einen der Schlüsselfaktoren zur Entspannung. Die Stressreaktion hat den Zweck, alle verfügbare Energie der Muskulatur zum »Flüchten oder Kämpfen« zur Verfügung zu stellen. Dies wird durch den erwähnten biochemischen Cocktail aus verschiedenen Hormonen bewerkstelligt. Als Nebenprodukt entstehen Denkblockaden, die durch einen weiteren Mechanismus verstärkt werden: Sie kennen die Redewendung »Mir stockt der Atem«. Genau dieser Automatismus – den Atem anzuhalten bzw. flach zu atmen – setzt augenblicklich in Gefahrensituationen ein. Und zwar mit dem ursprünglichen Ziel, besser hören zu können. Probieren Sie es rasch aus: Um wie viel besser hören Sie, wenn Sie die Luft anhalten, flach atmen.

Wussten Sie: Unser Gehirn, das nur etwa drei Prozent unseres Körpergewichts ausmacht (bei einem 70-kg-Mensch etwa 2,1 kg), verbraucht 25 Prozent des Sauerstoffhaushalts. Es reagiert demgemäß besonders empfindlich auf Sauerstoffmangel. Denkblockaden entstehen. Da ist es wenig aussichtsreich, krampfhaft zu versuchen, über das Problem nachzudenken. Wir wiederholen es gerne noch einmal:

> **Bevor Sie einen klaren Gedanken fassen, muss zuerst Ihr körperliches Gleichgewicht wiederhergestellt sein!**

Eine gute Atmung ist daher von besonderer Wichtigkeit. Wir stellen Ihnen nun eine Reihe von Atemtechniken vor, die Sie als Soforthilfe in belastenden Situationen einsetzen können.

Machen Sie zunächst ein kleines Experiment. Wie auch immer Ihre augenblickliche Körperhaltung aussieht – wohin fließt Ihr Atem während der Phase der Einatmung? Beobachten Sie: Hebt sich zuerst Ihr Brustkorb? Wölbt sich Ihr Bauch nach außen, ziehen Sie Ihn ein oder passiert gar nichts? Um das Rätsel der richtigen Atmung zu lüften: Eine tiefe Bauchatmung, bei der die Zwerchfellatmung gegenüber der Brustatmung überwiegt, ist von entscheidender Bedeutung. Das Zwerchfell ist ein großer Muskel, er bildet die untere Begrenzung der Lungen, liegt jedoch noch oberhalb des Magens. Das Zwerchfell befestigt sich an der Lendenwirbelsäule und am unteren Brustkorb.

Während der Phase des Einatmens weitet sich der Brustkorb und es senkt sich das Zwerchfell nach unten. Dadurch erweitert sich das Volumen der Lungen. Es entsteht ein Unterdruck, in den hinein die Luft einströmt. Beim Ausatmen entspannt sich Ihr Zwerchfell, wodurch der Magen und die umliegenden Organe nach oben drücken. Das Lungenvolumen wird verringert und so die Luft herausgepresst. Ein positiver Nebeneffekt der Zwerchfellatmung liegt darin, dass durch sie Herz, Leber, Bauchspeicheldrüse, Milz und Magen massiert werden.

So weit die Theorie. Um am eigenen Leib zu erfahren, wo Ihr Zwerchfell denn nun tatsächlich liegt und wie es sich anfühlt, gibt es einen einfachen Trick:

Übung 23: Das Zwerchfell spüren (Zwei Minuten)

1. Stellen Sie sich aufrecht hin.
2. Atmen Sie die Luft, die sich in Ihren Lungen befindet, restlos aus, sodass ein starker Unterdruck entsteht.
3. Halten Sie sich ein Nasenloch zu.
4. Lockern Sie Ihre Bauchmuskulatur und lassen Sie die Luft *ohne aktives Zutun* von alleine durch das freie Nasenloch einströmen. Spüren Sie, wie sich Ihr Zwerchfell von selbst die Luft holt: Das Zwerchfell *senkt* sich. Die Bauchdecke wölbt sich nach *außen*.
5. Wiederholen Sie die Schritte eins bis drei so lange, bis Sie ein deutliches Gefühl mit Ihrem Zwerchfell verbinden (mindestens aber drei Durchgänge).

In Sachen Atem sei das *Geschehenlassen* besonders hervorgehoben. Die Zuhilfenahme von Vorstellungsbildern wirkt sich da besonders positiv aus. Sie konzentrieren sich dadurch nicht auf den Atemvorgang selbst, sondern auf das jeweilige Bild. Dieses löst ganz automatisch die gewünschten körperlichen Reaktionen aus. Ihre einzige Aufgabe besteht im Beobachten und bewussten Wahrnehmen der »Sensationen« (lat. sensus: Empfindung, Eindruck).

Lassen Sie beim Atmen Vorstellungsbilder für sich arbeiten

> **Übung 24: In den Boden atmen (fünf Minuten)**
>
> 1. Stellen Sie sich aufrecht hin.
> 2. Die Schultern und Arme hängen locker herab.
> 3. Beugen Sie ganz leicht Ihre Knie und wippen sie ein paar Mal leicht auf und ab: So stellen Sie den Kontakt zwischen Ihren Füßen und der Erde her.
> 4. Legen Sie einen Handrücken ins Kreuz, wobei Sie das Gefühl haben, dass Sie sich an die Hand anlehnen können. Die Hand bietet Ihnen Stütze (aufrechtes Stehen oder Sitzen wird gerne mit Steifheit und Hohlkreuz verwechselt). Anschließend lassen Sie beide Hände wieder locker am Körper hinunterhängen.
> 5. Atmen Sie langsam durch die Nase ein. Spüren Sie, wie die Luft durch Ihre Nasenlöcher eintritt, durch Ihren gesamten Körper bis in die Fußsohlen und von dort aus in den Boden strömt. Stellen Sie sich vor, Ihr Körper sei innen hohl. Auf diese Weise fällt Ihr Atem auf direktem Wege in den Boden. Sie beobachten, wie sich Ihre Bauchdecke bei jedem Atemzug nach außen wölbt.

Die Bedeutung des richtigen Stands (Schritt 3) wird gerne unterschätzt. Stellen Sie sich zum Vergleich einmal mit durchgedrückten Knien hin: Beobachten Sie Ihren Atem – wohin fließt er jetzt? Stehen Sie mit beiden Beinen fest im Leben? Wie würde sich ein »Schubs« auf Ihr Gleichgewicht auswirken?

Persönliche Vorstellungsbilder entwickeln

Die verwendeten Vorstellungsbilder sollten Ihren persönlichen Vorlieben angepasst werden. Als hilfreiche Alternative hat sich auch die Fassübung erwiesen, die wir Ihnen in sitzender Position vorstellen. Denn nicht in allen schwierigen Situationen werden Sie gerade stehen.

> **Übung 25: Fassübung (fünf Minuten)**
>
> 1. Setzen Sie sich bequem auf einen Stuhl oder Sessel. Arm- und Rückenlehnen dürfen Sie gerne verwenden.
> 2. Atmen Sie langsam ein und aus. Stellen Sie sich die ganze Zeit über intensiv vor, besonders aber während der Einatmung, Sie seien ein großes bauchiges Fass oder Sie haben einen aufblasbaren Rettungsring um Ihren Bauch. Alternativ können Sie auch an einen vollautomatischen, in Ihrem Bauch eingebauten Staubsauger denken, der die Luft dorthin ansaugt. Eine wichtige Übung insbesondere für Übergewichtige. Auch hier gilt: Die erste Schritt, Übergewicht zu reduzieren, besteht darin, seine derzeitigen Körperrundungen anzunehmen.
> 3. Spüren Sie einige Atemzüge lang, wie Ihr Bauch beim Einatmen noch »bauchiger« wird.
> 4. Spüren Sie einige Atemzüge lang, wie sich beim Einatmen Ihr Rücken weitet.
> 5. Spüren Sie einige Atemzüge lang, wie sich beim Einatmen Ihre Flanken dehnen.

Zur Wiederholung: Das Wichtigste bei diesen beiden Übungen und dem Atmen im Allgemeinen ist, dass Sie

❖ abgesehen von Ihren Vorstellungen nichts aktiv tun, sondern einfach nur geschehen lassen;
❖ Ihren Körper beobachten und sich die Gefühle während der Bauchatmung einprägen.

Ein weiteres Kennzeichen guter Atmung ist das *ruhige Fließen* des Atems.

Übung 26: Der 2-4-6-4-Atem (fünf Minuten)

Einatmen: Atmen Sie *zwei* Sekunden lang heftig *durch die Nase* ein (Zwerchfellatmung!). Zählen Sie die Sekunden innerlich mit.
Luft anhalten: Zählen Sie dabei langsam die *vier* Sekunden.
Ausatmen: Atmen Sie *durch den Mund* aus. Zählen Sie dabei langsam bis *sechs*. Atmen Sie so viel Luft aus, bis sogar ein Unterdruck entsteht.
Luft anhalten: Verweilen Sie weitere *vier* Sekunden in dieser Haltung.

Setzen Sie diese Atemtechnik für mindestens sechs weitere Zyklen fort (entspricht insgesamt sieben Durchgängen).

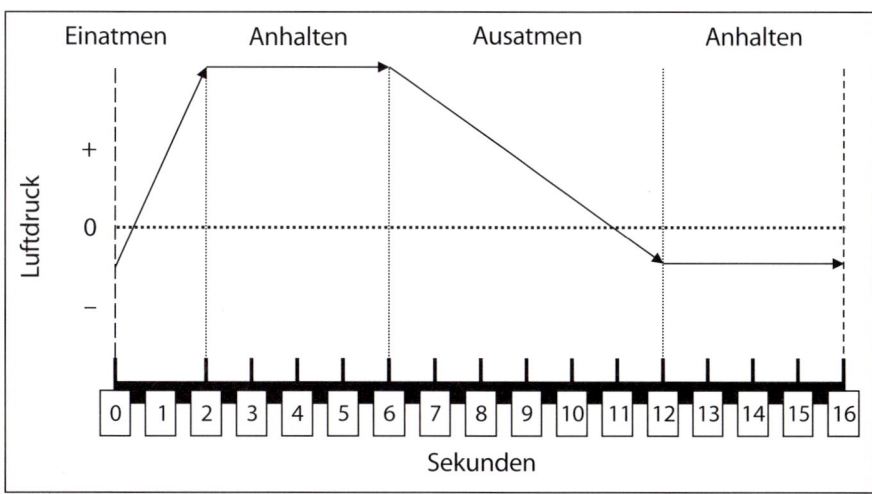

Der 2-4-6-4-Atem: Atmen Sie innerhalb von zwei Sekunden tief und zügig ein. Halten Sie für vier Sekunden den Atem an. Atmen Sie über sechs Sekunden verteilt langsam aus, bis sogar ein Unterdruck in Ihren Lungen entsteht. Holen Sie für vier Sekunden noch keine Luft. Mit dem neuerlichen Einatmen beginnt der nächste Zyklus.

Der 2-4-6-4-Atem belüftet Ihre grauen Zellen

Der 2-4-6-4-Atem ist stark an die Yoga-Atemtechnik angelehnt. Wir bevorzugen aus Gründen der Unauffälligkeit das innerliche Mitzählen. Der Nutzen dieser Übung: Zum einen wird Ihr Gehirn mit frischem Sauerstoff versorgt. Zum anderen verlangsamt sich nach medizinischen Erkenntnissen beim Ausatmen die Pulsfrequenz, während sie sich beim Einatmen beschleunigt. Der Schwerpunkt des 2-4-6-4-Atems liegt daher auf dem Ausatmen.

Die einzelnen Atemschulen sind sich übrigens keineswegs darüber einig, welche Art zu atmen die richtige ist. Der 2-4-6-4-Atem nimmt sich unsere natürliche Atmung zum Vorbild, wodurch wir Diskussionen weiträumig umgehen.

Praxistipps: 2-4-6-4-Atem

Fortgeschrittene können die Effektivität dieser Übung steigern, indem Sie

- ❖ sich die eingeatmete Luft in Ihrer *Lieblingsfarbe* vorstellen, die ausgeatmete Luft hingegen in einer *neutralen* Farbe;
- ❖ beim Ausatmen leicht mit den Fäusten Ihr Brustbein beklopfen. Auf diese Weise wird verbrauchte Luft aus den Lungenbläschen ausgestoßen. Gleichzeitig wird durch das Aktivieren der Thymusdrüse, die sich unter dem Brustbein befindet, Ihr Immunsystem angeregt.

> **Übung 27: Ächzen und Stöhnen (eine Minute)**
>
> Atemtechniken im engeren Sinne können Sie durch den bewussten Einsatz Ihrer intuitiven Fähigkeiten ergänzen: Eine entspannende Wirkung geht sowohl vom Stöhnen aus als auch vom Seufzen. Selbiges gilt für das Gähnen, welches bei Sauerstoffmangel reflexartig einsetzt. Stöhnen, Seufzen und Gähnen brauchen Sie natürlich nicht zu üben. Wichtig erscheint uns indessen, dass Sie sich der Entspannungsfunktion bewusst sind und sich das eine wie das andere nicht verbieten. Wir laden Sie auch hier ein, die Erfahrung am eigenen Leibe zu sammeln.

Sicherung der Lernergebnisse (zehn Minuten)

1. Welche Erfahrungen haben Sie anhand der Atemübungen sammeln können?

   ....

   ....

   ....

   ....

2. Bei welchen Gelegenheiten werden Sie ab heute Atemtechniken einsetzen? Blättern Sie dazu zu Übung 4 »Immer wenn …« (s. Seite 32f.) zurück.

   ....

   ....

   ....

   ....

3. Wenden Sie auf jede der Situationen für eine Minute das mentale Training an (fünf Minuten). Schließen Sie die Augen. Versetzen Sie sich in die erste der oben aufgelisteten Situationen, die Sie sich so lebendig wie möglich ausmalen. Bleiben Sie mit Ihrer Vorstellung in der Situation und beginnen Sie mit einer Atemtechnik Ihrer Wahl: Sie können sehen, hören und spüren, wie Sie aufgrund der Atemtechnik ruhig und gelassen reagieren. Mit anderen Worten: Sie führen die Atemtechnik nicht bloß in der Realität aus, sondern setzen sie zugleich in Ihrer Vorstellung der Situation erfolgreich ein.

   ....

   ....

   ....

   ....

Im Hier und Jetzt sein

So verblüffend es klingen mag: Sind Sie mit Ihren Gedanken im Hier und Jetzt, können Sie keine Angst haben.

Worauf beruht die Effektivität des 2-4-6-4-Atems: Unter anderem wird durch das langsame Mitzählen Ihre Aufmerksamkeit auf das *Hier und Jetzt* gelenkt. Dies trägt zu Ihrer Entspannung bei. Wieso? Der Grund hierfür liegt in der Tatsache, dass Angst sich *immer* auf zukünftige Ereignisse bezieht. Diese Erkenntnis machen sich Extremsportler zunutze, wie etwa der Bergsteiger Thomas Bubendorfer, indem er seine volle Aufmerksamkeit auf jeden einzelnen Schritt lenkt.

Dazu ein weiteres Beispiel: Ein Kleinkind läuft auf eine viel befahrene Straße zu und verspürt dabei keine Furcht, die Straße zu überqueren. Es kann einen drohenden Unfall nicht vorhersehen und hat daher auch keine Angst. Angst entsteht erst durch unsere *Gedanken an die Zukunft*, die ihrerseits auf Erfahrungen aus der *Vergangenheit* beruhen. Daher werden die Eltern einen solchen Unfall verhindern müssen.

> **Die Ursache von Angst liegt in der geistigen Vorwegnahme der Zukunft.**

Natürlich *manifestiert* sich die Angst selbst in der Gegenwart, denn Sie denken, fühlen und handeln ja immer nur jetzt. Doch der *Ursprung* der Angst liegt in – berechtigten oder unberechtigten – sorgenvollen Gedanken an die Zukunft. Diese Erkenntnis bringt ungeahnte Vorteile im erfolgreichen Umgang mit Stress: Sie können Sie sich zunutze machen, indem Sie künftig mit Ihrer ungeteilten Aufmerksamkeit bei der Sache sind, die Sie gerade tun. Diese Maßnahme dient nicht nur der Bekämpfung von Stress. Den Augenblick zu genießen wird auch von Glücksforschern empfohlen. Zudem haben Sie bereits gehört, dass das Im-Hier-und-Jetzt-Sein die Voraussetzung ist, um in den Flow-Zustand einzutauchen. Und Flow wiederum befähigt Sie zu geistigen und körperlichen Spitzenleistungen. Bei der Konzentration auf den Augenblick kann Ihnen die Jetzt-Formel helfen.

Übung 28: Die Jetzt-Formel (fünf Minuten)

1. Wählen Sie zum Einstieg eine einfache körperliche Aktivität, wie zum Beispiel sich ein Glas Wasser einschenken, den Schreibtisch ordnen oder sich frisieren.
2. Führen Sie diese Tätigkeit in einem *sehr ruhigen Tempo* aus.
3. Beschreiben Sie die einzelnen Schritte, die Sie unternehmen, mit Hilfe der Jetzt-Formel.

Beispiel:

»<u>Jetzt</u> strecke ich meine linke Hand nach der Wasserflasche aus.«
»<u>Jetzt</u> umfassen meine Finger die Flasche.«
»<u>Jetzt</u> greife ich mit der rechten Hand nach dem Verschluss.«
»<u>Jetzt</u> schraube ich den Deckel ab.«

Wichtig ist, dass Sie Ihre Handlungen

❖ ohne Unterbrechung und
❖ in einem ruhigen Sprechtempo (Denktempo) kommentieren.

Sollte Ihnen einmal nichts einfallen, sagen Sie einfach »Jetzt fällt mir gerade nichts Besonderes auf und ein«.

Praxistipps: Im Hier und Jetzt sein

Abgesehen von Ihrer entspannenden Wirkung, deren Zeuge Sie soeben geworden sind, profitieren Sie gleich in dreifacher Hinsicht: Die Jetzt-Formel

Drei Vorteile der Jetzt-Formel

❖ ist jederzeit anwendbar, das heißt ohne organisatorischen Zusatzaufwand und ohne dass Ihre Kollegen etwas davon mitbekommen (bestenfalls werden Sie einen ruhigen, nachdenklichen oder hoch konzentrierten Eindruck hinterlassen);
❖ erfordert keinerlei Übung oder regelmäßiges Training (im Gegensatz zu den gängigen Entspannungstechniken wie etwa autogenes Training, progressive Muskelentspannung oder gar Yoga);
❖ kostet Sie keine zusätzliche Zeit, denn die Jetzt-Formel lässt sich mühelos mit jeder Art von Tätigkeit verbinden.

*Stress-Management im Seilgarten: Die Jetzt-Formel hilft den Teilnehmern von Outdoortrai-
nings, ihre persönliche Komfortzone zu verlassen und ihre Grenzen zu sprengen. Die Konzentration auf den Augenblick – »Jetzt erklimme ich die Leiter, jetzt die nächste Sprosse,
jetzt setze ich einen Fuß auf die Plattform …« – gibt der Angst keine Chance.*

In kleinen Schritten denken

Ebenfalls ein nahe verwandtes Thema ist das Denken in kleinen Arbeitsetappen. Dies ist eine Erweiterung des Im-Hier-und-Jetzt-Seins. Eine Konzentration auf gegenwärtige Arbeitsschritte verlegt den Fokus in die *unmittelbare Zukunft* und ähnelt somit der Konzentration auf das Hier und Jetzt. Michael Ende hielt das Denken in kleinen Schritten für so wesentlich, dass er meinte, jedes Kind solle bereits davon Kenntnis haben.

> »Du musst immer nur an das denken, was gerade jetzt zu tun ist.«
> *(Mark Aurel)*

Beppo Straßenfeger zu Momo:

»›Manchmal hat man eine sehr lange Straße vor sich. Man denkt, die ist so schrecklich lang; das kann man niemals schaffen, denkt man.‹
Er blickte eine Weile schweigend vor sich hin, dann fuhr er fort: ›Und dann fängt man an, sich zu eilen. Und man eilt sich immer mehr. Jedes Mal, wenn man aufblickt, sieht man, dass es gar nicht weniger wird, was noch vor einem liegt. Und man strengt sich noch mehr an, man kriegt es mit der Angst und zum Schluss ist man ganz außer Puste und kann nicht mehr. So darf man es nicht machen.‹
Er dachte einige Zeit nach. Dann sprach er weiter: ›Man darf nie an die ganze Straße auf einmal denken, verstehst du? Man muss nur an den nächsten Schritt denken, an den nächsten Atemzug, an den nächsten Besenstrich. Und immer wieder nur an den nächsten.‹
Wieder hielt er inne und überlegte, ehe er hinzufügte: ›Dann macht es Freude; das ist wichtig, dann macht man seine Sache gut. Und so soll es sein.‹
Und abermals nach einer langen Pause fuhr er fort: ›Auf einmal merkt man, dass man Schritt für Schritt die ganze Straße gemacht hat. Man hat gar nicht gemerkt wie und man ist auch nicht außer Puste.‹ Er nickte vor sich hin und sagte abschließend: ›Das ist wichtig.‹«

Übung 29: Der Berg vor mir (fünf Minuten)

1. Denken Sie an ein größeres Projekt, zu dem Sie sich bis heute noch keine Gedanken gemacht haben. Wie fühlen Sie sich?

....

....

....

2. Überlegen Sie sich: In welche Phasen zerfällt dieses Projekt?

....

....

....

3. Vergleichen Sie: In welcher Weise hat sich Ihr Gefühl in Bezug auf dieses Projekt verändert?

....

....

....

Bei Punkt 1 werden Sie wahrscheinlich zunächst das Gefühl bekommen haben, vor einem riesigen Berg zu stehen. Wenn Sie nicht gewohnt sind, diesen Berg als Herausforderung zu sehen, haben Sie sich vielleicht sogar förmlich erdrückt gefühlt. In jedem Fall aber wurde Ihr Nervensystem augenblicklich aktiviert.

Zum Gipfel in kleinen Schritten

Noch ein Beispiel: Haben Sie schon einmal eine Bergwanderung unternommen? Wie steht es um Ihre Motivation, wenn Sie immerzu auf den Gipfel blicken? Wie geht es Ihnen, wenn Sie im Gegensatz dazu eine Weile lang nur auf Ihren jeweils nächsten Schritt achten und erst dann wieder aufblicken?

All diese Beispiele sollten zur Genüge verdeutlichen, weshalb das Denken in kleinen Schritten zu Ihrer Gelassenheit beiträgt. Es gibt aber noch einen zweiten Grund für die Wirksamkeit des Denkens in kleinen Schritten: Diese Technik erweitert das Prinzip Im-Hier-und-Jetzt-Sein um das *bewusste Wahrnehmen* von Erfolgen. Auf diese Weise schließen sich bei Ihnen laufend kleine Energiekreise, die für Arbeitsfreude und frische Energie sorgen.

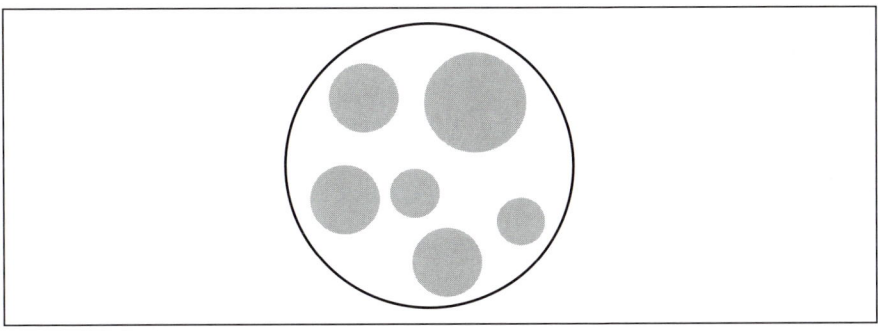

*So gut wie jede Aufgabe (symbolisiert durch den großen Kreis) kann in Arbeitsschritte un-
terteilt werden (kleine Kreise). Das bewusste Wahrnehmen von erfolgreichen Arbeitsschrit-
ten reduziert Stress. Abgeschlossene Handlungen können aus der unterbewussten To-do-
Liste gestrichen werden und beschäftigen das Gehirn nicht länger.*

Die Funktionsweise dieses Prinzips beobachteten wir bei einem Elektrotech-
niker. Im Anschluss an jeden Arbeitsschritt ruft er laut »So!«, »So da!« oder
»Okay!«. Wir kennen niemanden, der sich mit mehr Elan ans Werk macht!
Die bewusste Wahrnehmung der Teilerfolge wird demnach unterstützt durch
eine verbale Kennzeichnung. Denken Sie also stets daran:

*Besser das Gefühl, zehn
Prozent zu hundert
Prozent erledigt zu ha-
ben als hundert Pro-
zent zu zehn Prozent!*

Teilerfolge sind auch Erfolge!

Übung 30: Lästiger Kleinkram (zehn bis fünfzehn Minuten)

1. Wählen Sie eine Routinetätigkeit, die Ihnen regelmäßig zur Last fällt. Sie haben
    keine Freude daran und empfinden sie vielleicht sogar als »Zeitverschwen-
    dung«. In diese Kategorie fallen im beruflichen Bereich häufig: Berichte und
    Statistiken erstellen, Ablage machen oder die Post bearbeiten. Im privaten Be-
    reich: Einkaufen, Blumen gießen, Rückrufe etc.
2. Führen Sie diese Tätigkeit aus, wobei Sie sich wie im obigen Beispiel die ein-
    zelnen Arbeitsschritte bewusst machen: Haken Sie jeden vollendeten Arbeits-
    schritt durch eine Selbstbekräftigung ab: »Jawohl!«, »Gut gemacht!«, »Super!«,
    »Weiter so!« Investieren Sie zehn Minuten Ihrer kostbaren Zeit in diesen Schritt,
    bevor Sie weiterlesen.
3. Auswertung: Wie haben Sie sich dieses Mal während der Tätigkeit gefühlt?
    Und wie fühlen Sie sich jetzt im Anschluss daran? Wie viel Energie hat es Sie
    gekostet? Oder haben Sie gar einen Gewinn auf Ihrem Energiekonto erzielt?
    (fünf Minuten)

Planen Sie – und planen Sie auch, wann Sie nicht planen

Damit wäre gezeigt, dass das Denken in kleinen Schritten von großem Vorteil für Ihr subjektives Wohlbefinden ist. Aber wir dürfen auch nicht die Gefahr außer Acht lassen, die mit dem *ausschließlichen* Im-Hier-und-Jetzt-Sein verbunden ist. Sonst machen wir es wie die Kinder, die sich hinter ihren Händen verstecken und glauben »Wenn ich dich nicht sehe, siehst du mich auch nicht!«. Phasen des Planens und Phasen des Handelns sollen einander abwechseln.

Praxistipps: In kleinen Schritten denken

❖ Reservieren Sie jeden Tag Zeit, um sich einen Überblick über die anstehenden Aufgaben und aktuellen Entwicklungen zu verschaffen.
❖ Geht es an die konkrete Umsetzung Ihres Plans – und damit verbringen Sie wahrscheinlich mehr als neunzig Prozent Ihrer Zeit! – , so konzentrieren Sie Ihre Kräfte ausschließlich auf die jeweils anstehende Handlung.
❖ Machen Sie sich den Abschluss einer jeden Etappe bewusst und knausern Sie nicht mit Eigenlob.
❖ Blicken Sie ab und zu von Ihrer Arbeit auf, um festzustellen, um wie viel Sie Ihrem Ziel bereits näher gekommen sind.

Zeit ist wie Gas: Sie breitet sich bis in den letzten Winkel aus

Zum Abschluss noch ein beliebter Einspruch: »Wenn ich immer nur bei der Sache bin, dann werde ich von den Dingen davongetragen, verliere die Zeit und meine Ziele aus den Augen!« Stattgegeben! Bei der Sache zu sein bedarf einer klugen Zeitplanung. Wenn Sie keine Zeitlimits setzen, dauern viele Aufgaben so lange, wie sie eben dauern.

Andererseits: Wenn Sie streckenweise die Zeit und alles um sich herum vergessen, ist das ein deutliches Anzeichen für »Flow«. Und wie Sie wissen,

❖ Flow und Disstress sind miteinander inkompatibel.
❖ Flow führt Sie zu dauerhafter Bestleistung und Höchstform.

Daraus leiten sich als ergänzende Praxistipps ab:

❖ Setzen Sie sich für Ihre beruflichen Aufgaben realistische Zeitlimits.
❖ Sollten Sie Bedenken haben, die Zeit aus den Augen zu verlieren, kaufen Sie sich einfach einen Wecker für Ihr Büro oder nutzen Sie die Möglichkeiten Ihres Computers. Die Delegation der Zeitwächterfunktion an die moderne Technik entlastet Ihr Nervensystem ungemein.

Sicherung der Lernergebnisse (sieben Minuten)

1. Legen Sie eine morgendliche Routinetätigkeit fest, durch die Sie ab heute immer daran erinnert werden, in kleinen Schritten zu denken beziehungsweise im Hier und Jetzt zu sein. Prinzipiell eignen sich zum Verknüpfen jene Aufgaben am besten, die Sie als *lästige Routine* empfinden. Im privaten Bereich könnten das morgendliche Rituale sein, wie etwa das Duschen oder Zähneputzen. Am Arbeitsplatz empfiehlt sich eine Routine, bei der Sie leicht in Hektik verfallen (bis heute!). Das könnte zum Beispiel das morgendliche Abrufen Ihrer E-Mails oder die Durchsicht Ihrer Post sein.

   ....

   ....

   ....

   ....

   ....

   ....

2. Wenden Sie das mentale Training (siehe Anhang, Seite 264ff.) zum Aufbau einer Gewohnheit an, indem Sie sich vorstellen, wie Sie die gewählte Tätigkeit in kleinen Schritten erledigen. (drei Minuten)

   ....

   ....

   ....

   ....

   ....

   ....

Bei einer Sache sein und bleiben

Diese Forderung ergänzt sich mit dem Prinzip, in der Gegenwart bzw. nächsten Zukunft zu sein. Beide Fälle lassen sich unter der gemeinsamen Überschrift »*Konzentration der Kräfte*« subsumieren – Sie richten Ihre Aufmerksamkeit ausschließlich auf jene Tätigkeit, mit der Sie momentan beschäftigt sind, und unterteilen Sie in kleine Schritte. Bei einer Sache sein und bleiben meint nichts anderes als die Fähigkeit, mit Ablenkungen umzugehen.

Fragen wir uns aber zunächst, was passiert, wenn Sie gleichzeitig mit verschiedenen Aufgaben beschäftigt sind? Was hat »bei einer Sache sein und bleiben« mit weniger Stress und mehr Erfolg zu tun?

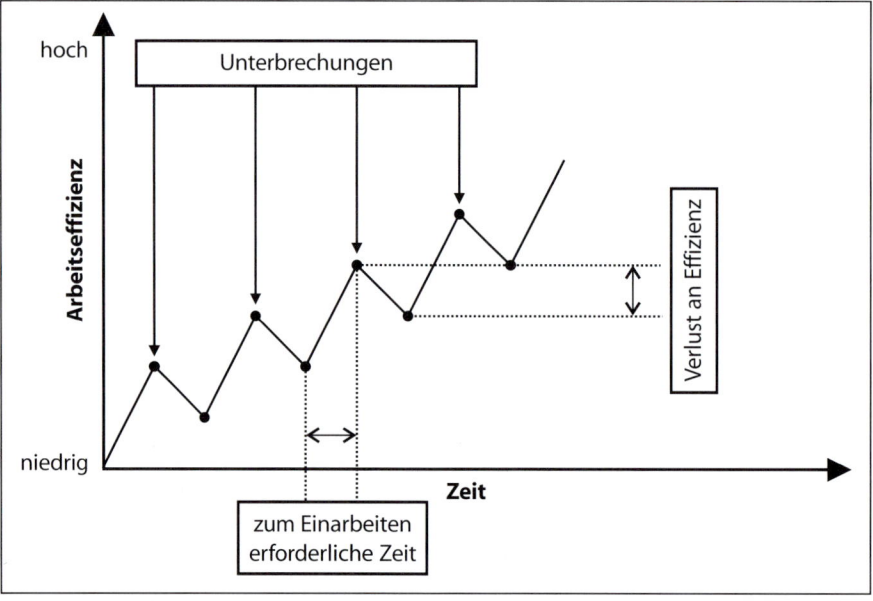

Der Sägeblatteffekt zersägt Ihre Energie. Bei jeder Unterbrechung (sei es von außen, sei es durch Sie selbst) müssen Sie sich erneut in Ihre Aufgabe eindenken. Dadurch reduziert der Sägeblatteffekt Ihre Arbeitseffizienz – besonders bei komplexen Tätigkeiten.

❖ **Sägeblatteffekt:** Das Hin- und Herspringen zwischen verschiedenen Tätigkeiten führt dazu, dass Sie sich immer wieder neu in die begonnene Tätigkeit hineindenken müssen. Häufige Unterbrechungen – seien sie nun durch sich selbst (zum Beispiel Abschweifen der Gedanken) oder durch äußere Einflüsse (Telefon) bedingt – führen zum so genannten Sägeblatteffekt.

❖ **Auf der Stelle treten:** Die gleichzeitige Bearbeitung mehrerer Aufgaben vermittelt Ihnen den Eindruck, auf der Stelle zu treten. Denn es dauert meist sehr lange, bis Sie *eine* der begonnenen Arbeiten abschließen können. Erfolgserlebnisse, die ja die Voraussetzung für Ihre Motivation wären, lassen unverhältnismäßig lange auf sich warten.

❖ **Überproportionale Beanspruchung:** Sie werden uns zustimmen: Die objektive Schwierigkeit, zwei Aufgaben zugleich zu bearbeiten, ist gegenüber der Schwierigkeit, nur eine Aufgabe zu bearbeiten, *mehr als doppelt* so groß. Haben Sie vielleicht deswegen häufig das Gefühl von Überforderung und Arbeitsüberlastung?

❖ **Ungeschlossene Energiekreise:** Ihr Gehirn kommt nicht zur Ruhe. Kennen Sie das? Am Ende eines Arbeitstages noch unerledigte Aufgaben beschäftigen unseren Geist auch noch auf dem Weg nach Hause, manchmal sogar bis spät in den wohlverdienten Feierabend hinein. Wenn Sie hingegen bei einer Aufgabe bleiben, bis sie abgeschlossen ist, schließt sich ein Energiekreis. Durch das Erfolgserlebnis gewinnen Sie neue Motivation und nehmen den Schwung mit in die nächste Aufgabe.

Viele ungeschlossene Energiekreise lassen Ihr Gehirn nicht zur Ruhe kommen und führen zu Reizungszuständen (links). Das Schließen der Energiekreise verleiht Ihnen frischen Elan (rechts).

❖ **Verminderte Situationskontrolle:** Überlegen Sie zudem: Wie hoch ist Ihre objektive Kontrollmöglichkeit, wenn Sie mehrere Dinge auf einmal ausführen oder aber mit Ihren Gedanken ganz woanders sind – meist schon bei der eigentlich erst danach anstehenden Aufgabe?

Mit den Gedanken bei etwas anderem sein/ Mehrere Dinge zugleich tun

→ *objektiv* geringe Kontrolle über die Situation

→ (unterbewusste) Wahrnehmung der geringen Kontrolle

→ Interpretation »Bedrohung/Gefahr«

→ Stress

Es ist hinlänglich bewiesen, dass Personen unter Stresseinwirkung besonders viele Fehler begehen. Wer nicht bei der Sache ist und bleibt, hat – objektiv betrachtet – eine geringe Kontrolle über die Ergebnisse seiner Handlungen. Die geringe Kontrolle wird richtigerweise als Gefahr gewertet, was augenblicklich die Stressreaktion auslöst. Die Qualität der Arbeit leidet darunter.

Ein Prinzip der sofortigen Stressreduktion bei gleichzeitiger Leistungssteigerung besteht folglich darin, seine gedanklichen Kräfte auf eine einzige Sache zu konzentrieren. Dadurch erlangen Sie das begründete Gefühl, Herr oder Frau der Lage zu sein. Gleichzeitig zählt die Konzentration der Kräfte zu den Schlüsselfaktoren für mehr Erfolg im Berufsleben.

Nicht Einlenken beim Ablenken!

So weit, so gut! Was können Sie konkret unternehmen, um unserem Rat zu folgen? Was kann Sie davon abhalten, Ihre Kräfte auf eine einzige Aufgabe zu konzentrieren? Einerseits sind dies die äußeren Umstände (das klingelnde Telefon, der unangekündigte Besuch eines Kollegen usw.) – wir sprechen in diesem Zusammenhang von *äußeren Ablenkern*. Zum anderen können Ihnen Ihre eigenen Gedanken einen Streich spielen (kreative Einfälle zu einem anderen Thema, mangelnde Konzentration usw.) – die *inneren Ablenker*.

Das Thema der inneren und äußeren Ablenker zieht erwartungsgemäß weite Kreise. Wir wollen Ihnen im Rahmen dieses Kapitels ausschließlich Sofortmaßnahmen zum Umgang mit *inneren* Ablenkern zur Verfügung stellen, die Ihnen erlauben, unwillkommene Gedanken zu vertreiben oder aber nach getaner Arbeit abzuschalten. Auf Maßnahmen im Bereich der Arbeitsorganisation kommen wir in Kapitel »G – Gewohnheiten aufbauen« zurück.

Gedanken lenken und abschalten

Bei einer Sache bleiben – diese Devise besitzt Ihre Gültigkeit vor allem im beruflichen Sektor. Aus heiterem Himmel tauchen irgendwelche unwichtigen Gedanken auf, die drohen, uns von unserer Top-Priorität wegzureißen. Wir klagen über mangelnde Konzentration, unsere Gedanken machen, was sie wollen, und veranstalten ein »Affengeschnatter«, wie das die Inder nennen. In der Freizeit treffen wir häufig eine scheinbar ganz andere Situation an: Wir haben nichts zu tun und möchten einfach nur die Seele baumeln lassen und an gar nichts denken. Oder aber wir liegen nachts wach und zählen Schäfchen, weil Zukunftssorgen uns nicht loslassen. In all diesen Fällen geht es darum, dem Strom der Gedanken willentlich eine neue Richtung zu geben. Wir möchten abschalten, manchmal sogar aussteigen.

Leistungsklarheit schafft Konzentration

> **Übung 31: Einen Trennstrich ziehen (sieben Minuten)**
>
> Um Ihrem Gehirn am Ende eines ereignisreichen Arbeitstages zu signalisieren »Es ist Feierabend!«, ziehen Sie einen bewussten Schlussstrich, einen so genannten »Separator«. Zum Beispiel, indem Sie bewusst die Türe zu Ihrem Büro schließen, den Powerknopf Ihres Computers mit Genuss zum Ausschalten betätigen oder nach der Arbeit in Ihre Freizeitkleidung schlüpfen.
>
> 1. Gibt es ein Ritual, mit dem Sie regelmäßig Ihren Arbeitstag beenden? Falls nicht, führen Sie bitte ein solches Ritual ein. Am besten eignet sich selbstverständlich die persönliche Tagesschau (s. Seite 163), anhand dessen Sie Ihre tägliche Arbeitseffizienz überprüfen können. (zwei Minuten)
>
> ....
>
> ....
>
> 2. Wenden Sie das mentale Training (siehe Anhang, Seite 264ff.) zum Aufbau einer Gewohnheit an. (drei Minuten)
> 3. Tragen Sie dieses Ziel in Ihre Ideen-Schatztruhe ein (s. Seite 12).

> ### Übung 32: Der Gedanken-Stopp (zwei Minuten)
>
> Ein Spezialfall des Separators ist der Gedanken-Stopp (auch »Gedankensperre«). Wenn sich ein Gedanke immer und immer wieder aufdrängt, tun Sie dreierlei:
>
> 1. Sie sagen mit lauter Stimme »Stopp!« oder »Halt!«. Sollte die Situation den Einsatz Ihrer Stimme verbieten, stellen Sie sich in Gedanken vor, wie Sie mit fester Stimme »Stopp« ausrufen.
> 2. Sie machen eine Handbewegung, die »Time out« symbolisiert: Sie schlagen mit der Handkante der einen Hand auf die Handfläche der anderen. Oder: Sie bilden mit Ihren Unterarmen vor Ihrem Oberkörper ein Kreuz. Führen Sie nun mit einer energischen Bewegung die rechte Hand (die, weil überkreuzt, jetzt auf der linken Seite ist) nach rechts und die linke Hand nach links.
> 3. Sie stellen sich innerlich irgendeine Form von Unterbrechung vor. Das kann sein: ein Faden, der von einer Schere durchtrennt wird. Ein Erdbeben, durch das sich eine Schlucht vor Ihnen auftut – und Sie können gerade noch hinüberspringen.

Sie glauben nicht, dass sich ein Gedanke einfach abstellen lässt? Denken Sie sich: »Das kann nicht funktionieren!« Dann wird es auch schwerlich funktionieren. Glauben Sie daran und es geht. Vielleicht nicht gleich beim ersten oder zweiten Mal. Aber früher oder später klappt es. Das Abstellen eines Gedankens lässt sich mit dem Abstellen eines tropfenden Wasserhahns vergleichen.

Zunächst kommen immer wieder einige Tropfen, dann immer seltener, schließlich versiegt der Wasserhahn. Übertragen auf das Denken heißt das: Sie sagen laut »Stopp«, machen eine »Time out«-Handbewegung und stellen sich irgendeine Form der Unterbrechung vor – und der Gedanke bricht gleichfalls ab. Sie denken an etwas ganz anderes, aber irgendwie, ganz unbemerkt, spannt sich der Bogen zurück zu dem leidigen Thema. Es dauert eine Weile, bis Sie sich dessen gewahr werden. Enttäuschung? Nein, Sie sind froh, dass Sie den Gedanken erwischt haben. Ein Punkt geht an Sie. Nun sagen Sie wieder »Stopp!«, denken an etwas anderes. Erneut drängt sich der Gedanke auf, doch diesmal hat es schon ein wenig länger gedauert.

Traum-hafte Fantasien erleichtern das Einschlafen

Zum Einschlafen haben sich übrigens ganz besonders bewährt: Die Vorstellung, von regelmäßigen Bewegungen in der Natur (zum Beispiel gemütliches Reiten, Schwimmen im Meer) sowie wirklichkeitsferne aber traum-hafte Bilder (beispielsweise Golfbälle, die sich in Vögel verwandeln).

Übung 33: Die Unsinnsformel (drei Minuten)

Der Gedanken-Stopp ergänzt sich optimal mit der Unsinnsformel oder auch Leerformel:

1. Unterbrechen Sie den unliebsamen Gedanken mit Hilfe des Gedanken-Stopps.
2. Erfinden Sie ein sinnloses zwei- bis dreisilbiges Wort. Im Deutschen bieten sich Wörter mit vielen Selbstlauten (a, e, i, o, u, ä, ö, ü) an, wie beispielsweise »iola«, »ogluö« oder »uiam«.

....

....

....

3. Stellen Sie sicher, dass Sie *keinerlei Assoziationen* mit diesem Unsinnswort haben – kein Bild, keine Idee … nichts.
4. Sagen Sie sich das sinnleere Wort kontinuierlich (einem Mantra gleich) vor: »uiam – uiam – uiam – uiam …«.
5. Was konnten Sie – im Nachhinein betrachtet – beobachten?

Die Unsinnsformel basiert auf folgendem Mechanismus: Dem Thema, von dem Sie sich befreien möchten, bieten sich keine weiteren Anknüpfungspunkte. Verwenden Sie ausschließlich den Gedanken-Stopp, so kann es passieren, dass Sie unbemerkt zu diesem Thema zurückfinden. Das bleibt Ihnen durch die Ergänzung des Gedanken-Stopps mit der Unsinnsformel erspart.

Beispiel: Sie möchten nicht mehr an einen bestimmten Arbeitskollegen denken. Sie wissen, gegen einen Gedanken anzukämpfen (versuchen, an etwas *nicht* zu denken) ist kontraproduktiv. Deshalb beschließen Sie, an etwas Schönes zu denken – an Ihren vergangenen Surfurlaub auf Sardinien. Irgendwann fällt Ihnen jedoch ein, dass Ihr Kollege ebenfalls surft … Vielleicht fällt Ihnen beim Gedanken an Ihren letzten Urlaub aber auch etwas ganz anderes ein. Dass Sie sich nämlich für Ihren anstehenden Urlaub noch impfen lassen müssen, der Reisepass Ihrer Tochter abgelaufen ist und so weiter und so.

Vor all dem bewahrt Sie die Unsinnsformel. Jedoch nicht automatisch, sondern durch Ihr aktives Zutun: Es ist nämlich möglich, dass Sie sich, während Sie die Unsinnsformel wiederholen, gleichzeitig mit etwas anderem beschäftigen. Zwar nur mit halber Energie, aber dennoch. Was lässt sich daraus lernen? Dass das bloße Dahinmurmeln des sinnlosen Wortes nicht ausreicht. Sie müssen zusätzlich diesem Wort Ihre ganze Aufmerksamkeit widmen.

Durch die Wiederholung des sinnlosen Wortes wird Ihrem Gehirn kein weiterer Nährstoff zugeführt

Un-Sinn hilft beim Abschalten

Als Variante der Unsinnsformel können wir Ihnen den Unsinnstext anbieten. Sie brauchen dazu lediglich leere Phrasen aneinander zu reihen: »Vielleicht – wir werden sehen – habe ich's mir gedacht – in absehbarer Zeit – wenn schon, denn schon – aber bitte mit Sahne – …«. Der Vorteil dieser Variante liegt darin, dass er Sie gleichzeitig auf andere Gedanken bringt und sich sehr zum Einschlafen eignet. Die fehlende Logik der Gedankenkette gleicht dem Träumen. Noch ein zusätzlicher Nutzen verbindet sich mit Unsinnsformel und Unsinnstext: Wer an sinnlose Wörter und Phrasen denkt, der denkt an nichts, der legt quasi eine geistige Pause ein. Ein weiteres Anwendungsfeld der Unsinnsformel ist daher die Auffrischung Ihrer Konzentration.

Praxistipps: Gedanken unterbrechen

❖ Das Wichtigste beim Unterbinden unerwünschter Gedanken ist, dass Sie dem Gedanken gar nicht erst die Chance geben, sich zu formieren. Je früher Sie ihn ertappen, desto einfacher ist er unter Kontrolle zu bringen (vgl. Fensterhaim & Baer 1977).
❖ Schon das kaum merkliche *Verrücken Ihres Stuhles* oder *die bewusste Änderung Ihrer Körperhaltung* eröffnet Ihnen eine neue Perspektive auf das Problem, ermöglicht Ihnen ein Loslassen von negativen Gedanken und Gefühlen.

> **Übung 34: Gedanken vertagen**
>
> Es ist schon spät am Abend, sie sind im Begriff einzuschlafen. Da fällt Ihnen siedend heiß ein: »Morgen habe ich doch das Jahresgespräch mit meinem Vorgesetzten!« Die Nacht mit sorgenvollen Gedanken zu verbringen – noch dazu nach einem langen Arbeitstag, ohne die nötigen Unterlagen und ohne etwas zum Schreiben – ist sicherlich die denkbar schlechteste Strategie.
>
> 1. **Gedanken vertagen:** Sie überlegen sich, wann Sie am nächsten Morgen ausreichend Zeit haben werden, sich auf das Gespräch vorzubereiten. Vertagen Sie Ihre Gedanken beispielsweise auf die Fahrt ins Büro oder das Frühstück (bei dem Sie vielleicht noch mit Ihrem Partner sprechen können). Notfalls stellen Sie den Wecker eine halbe Stunde früher.
> 2. **Glaubwürdigkeit versichern:** Machen Sie Ihrem Gewissen glaubhaft, dass Sie sich zu einem *späteren Zeitpunkt* weiter mit den anstehenden Problemen befassen werden. Sind Sie nicht vertrauenswürdig, das heißt, gedenken Sie nicht, Ihr Versprechen auch wirklich einzulösen, wird Ihr Gehirn die versuchte Selbstüberlistung durchschauen und auch weiter keine Ruhe geben.

Wie gesagt, macht es grundsätzlich kaum keinen Unterschied, ob es nun um das Abschalten geht oder darum, seine Gedanken auf die jeweilige Aufgabe zu konzentrieren. In diesem Sinne funktioniert das Vertagen der Gedanken genauso, wenn Sie in der Firma sitzen und gerade über einem wichtigen Problem brüten. Da fällt Ihnen ein: »Morgen habe ich doch das Jahresgespräch mit meinem Vorgesetzten!« …

Übung 35: Der Heißluftballon (zwei Minuten)

Kennen Sie das? Bekanntlich nützt es niemandem, über vergossene Milch zu weinen. Dennoch ist es nur menschlich, wenn wir begangene Fehler, eine »Blamage«, einen Streit oder ein sonstiges Ärgernis nicht einfach aus unserem Gehirn streichen können, wie wir einen Werbeprospekt zur Seite legen. Oder können wir das vielleicht doch?

Eine bewährte Technik besteht darin, die sorgenvollen Gedanken in einen imaginären Heißluftballon zu packen. Der Ballon hebt sich in die Lüfte, steigt auf, schwebt zum Horizont, wo er immer kleiner und kleiner wird – bis er schließlich nur noch als winziger Punkt sichtbar ist, der sich schließlich in Nichts (und Ihr Problem damit in Wohlgefallen) auflöst.

Gibt es einen Arbeitskollegen, über den Sie sich in letzter Zeit sehr geärgert haben?

. . . .

Sein weiteres Schicksal haben wir Ihnen soeben geschildert.

Ein klein wenig Vorsicht ist auch hier geboten: Unser Thema ist Abschalten – nicht Voodoo! Bitte erwarten Sie also nicht, dass sich Ihr Problem tatsächlich von alleine löst (mehr zur Technik des Problemlösens finden Sie ab Seite 164). Und schauen Sie Ihren Arbeitskollegen nicht allzu erstaunt an, wenn er am nächsten Tag doch wieder zur Tür hereinkommt.

Übung 36: Der Blick nach oben

Vielleicht haben Sie sich gefragt »Warum ausgerechnet ein Heißluftballon?«. Prinzipiell muss es nicht der Heißluftballon sein – alles, was fliegen kann, bietet sich an. Der Grund ist, dass durch die Vorstellung des aufsteigenden Ballons unsere Augen nach oben gelenkt werden. Nun ist uns aus der Hirnforschung bekannt, dass jede Augenstellung eine Schaltung zu bestimmten Gehirnarealen erzeugt. Ohne hier weiter ins Detail gehen zu wollen, ist für unsere Zwecke besonders nützlich zu wissen:

❖ Der Blick nach oben korrespondiert mit einer Schaltung zum visuellen Kortex. Bilder, seien es tatsächlich gesehene Bilder oder Vorstellungsbilder, werden in dieser Augenposition besonders lebendig und leicht abrufbar.
❖ Der Blick nach unten bewirkt eine Schaltung zum limbischen System, welches für die Steuerung unserer Befindlichkeit verantwortlich zeichnet. Diese Augenstellung erleichtert den Zugang zu Ihrer Gefühlswelt.

Probieren Sie es selbst aus. (zwei Minuten)

1. Richten Sie Ihren Blick nach unten und denken Sie intensiv an eine Ihrer »Immer wenn …«-Situationen. Wie fühlen Sie sich? Wie fühlen Sie sich, sobald Sie Ihre Augen nach oben lenken?
2. Richten Sie Ihren Blick nach oben. Stellen Sie sich einen blühenden Obstbaum vor. Malen Sie ihn sich in allen Einzelheiten aus, die Blüten, die Blättern, die Zweige. Achten Sie darauf: Wie scharf ist der Baum auf Ihrer »inneren Netzhaut« abgebildet?
3. Lenken Sie Ihre Augen auf den Boden. Wie wirkt sich die neue Augenposition auf die Klarheit des Vorstellungsbildes aus?
4. Denken Sie über ein aktuelles Problem nach. Wohin richten Sie Ihren Blick, sobald Sie nach Lösungen »Ausschau« halten?

Praxistipps: Der Blick nach oben

Durch den nach oben gerichteten Blick werden die Präsenz Ihrer Gefühle geschwächt und Selbstgespräche erschwert, während sich auf der anderen Seite Ihr Intellekt einschaltet und die visuelle Vorstellungskraft geschärft wird. Richten Sie Ihren Blick nach oben, wenn Sie …

❖ nach einer Antwort suchen (beispielsweise in einer Prüfungssituation),
❖ Ihre Nervosität augenblicklich erheblich reduzieren möchten,
❖ unangenehme Gedanken abschütteln wollen.

Sicherung der Lernergebnisse (sieben Minuten)

1. Entsprechend unseres Leitprinzips der Konzentration der Kräfte entscheiden Sie sich bitte für *eine* der angebotenen Abschalttechniken. Es ist wohl nicht notwendig zu erwähnen, dass Sie bei Ihrer Wahl darauf achten, dass die Abschalttechnik auf jene Situationen zugeschnitten sein sollte, mit denen Sie sich erfahrungsgemäß am häufigsten konfrontiert sehen.

    ....

    ....

    ....

    ....

    ....

    ....

    ....

    ....

    ....

    ....

    ....

    ....

    ....

    ....

2. Wenden Sie das mentale Training (siehe Anhang, Seite 264ff.) zum Aufbau einer Gewohnheit an. (drei Minuten)

3. Tragen Sie dieses Ziel in Ihre Ideen-Schatztruhe ein (s. Seite 12).

Emotion-Körper-Geist (EKG) ausbalancieren

Bevor wir zum nächsten Programmpunkt, dem Entschleunigen, voranschreiten sollten Sie zunächst zwei Erfahrungen am eigenen Leibe machen.

> **Übung 37: Bitte Lächeln! (eine Minute)**
>
> 1. Senken Sie die Mundwinkel für etwa fünf Sekunden und beobachten Sie Ihre Gefühlslage.
> 2. Ziehen Sie nun Ihre Mundwinkel wiederum für etwa fünf Sekunden nach oben. Welche Veränderung Ihrer emotionalen Befindlichkeit registrieren Sie?
> 3. Wiederholen Sie die Schritte eins und zwei noch zweimal.

> **Übung 38: Gehen und Denken (zwei Minuten)**
>
> Ihre Aufgabe ist es, über die Lösung eines aktuellen Problems nachzudenken. Stehen Sie dazu auf und gehen Sie durch den Raum. Lesen Sie erst weiter, nachdem Sie dieses Experiment durchgeführt haben.

Auswertung der ersten Übung: Wir brauchen keine Hellseher zu sein, um zu wissen: Ihre Stimmung hat sich beim Heben der Mundwinkel jeweils deutlich verbessert. Und dass Ihre gehobene Stimmung nicht bloß auf Einbildung beruht, konnte wissenschaftlich belegt werden. Ein (echtes) Lächeln signalisiert danach Ihrem Gehirn: »Hoppla, es gibt Grund zur Freude!« (im NLP spricht man von »facial feedback«).

Auswertung der zweiten Übung: In welchem Tempo haben Sie sich durch den Raum bewegt? Wenn Sie ernsthaft nachgedacht haben, werden Sie mit höchster Wahrscheinlichkeit weitaus langsamer gegangen sein, als Sie sich üblicherweise bewegen – zum Beispiel durch die »heiligen Hallen« Ihrer Firma.

Die Erklärung: Zur Lösung eines Problems müssen Sie Ihre Gedanken ordnen, strukturiert vorgehen … eben *langsam denken.* Dass Sie dabei auch körperlich einen Gang zurückschalten müssen, rührt daher, dass Emotion, Körper und Geist in Wahrheit eins sind und wechselseitigen Einfluss aufeinander nehmen. Umgekehrt gilt: Wenn Sie sitzen bleiben, kommen Ihre Gedanken schlechter in Gang.

Die fundamentale Erkenntnis, dass alle Teile des Systems Emotion-Körper-Geist (EKG) wechselseitig voneinander abhängig sind, ist von außerordentlicher Tragweite für die Bewältigung von Stress. Durch die gezielte willentliche Beeinflussung einer der Teile, lassen sich auch die jeweils anderen beiden steuern. Mit anderen Worten können Sie das gewünschte Ergebnis vorwegnehmen: Wenn Sie sich so verhalten, wie Sie sich fühlen wollen, werden Sie sich auch so fühlen. Diese Erkenntnis mündet in eine ganze Reihe von Sofortmaßnahmen zur Stressreduktion. Ein Anwendungsbeispiel ist uns im Hochziehen der Mundwinkel begegnet – Ihr Körper hat gelernt »Wenn mein Chef lächelt, ist alles in bester Ordnung«.

Emotion, Körper und Geist nehmen wechselseitig aufeinander Einfluss

Ihr persönliches Arbeitstempo finden

Eine weitere Anwendungsmöglichkeit des EKG-Prinzips besteht in der Regulierung Ihres Aktivierungsniveaus durch eine entsprechende Anpassung Ihres Arbeitstempos. Wiederum können wir aufgrund des Yerkes-Dodson-Gesetzes zwei gegensätzliche Fälle unterscheiden:

Ein japanisches Sprichwort sagt: »Wenn du es eilig hast, mache einen Umweg.«

❖ **Zu niedriges Arbeitstempo:** Wir kommen nicht so recht in Schwung, sind müde/schlapp oder gelangweilt.

❖ **Zu hohes Arbeitstempo:** Wir agieren hektisch und unkonzentriert, uns unterläuft so mancher »dumme« Fehler. Dies ist geradezu bezeichnend für den Berufstätigen von heute, weshalb wir ihn an erster Stelle und ausführlich behandeln werden. Eile mit Weile ist angesagt.

Entschleunigen

Warum sind Gelassenheit und ein rasantes Arbeitstempo unvereinbar?

> **Überhöhtes Tempo**
>
> → **objektiv reduzierte Kontrolle über die Situation**
>
> → **(unterbewusste) Wahrnehmung der geringen Kontrolle**
>
> → **Interpretation »Gefahr/Bedrohung«**
>
> → **Stress**

Die Fehleranfälligkeit steigt wie schon im Falle des Nicht-bei-der-Sache-Seins, da die Herrschaft über die Situation objektiv (!) herabgesetzt ist. Doch leider ist unter Stresslern der Geschwindigkeitswahn ganz besonders verbreitet: Stressler fahren zu schnell, essen zu schnell, reden zu schnell – ja, Stressler *denken* sogar zu schnell. So schnell, dass sie selbst nicht mitkommen!

> ### Übung 39: Wozu die Eile? (eine Minute)
>
> Ziehen wir das hervorragende Instrument der »Wozu-Frage« nach Alfred Adler zurate: Wozu die Eile? Halten Sie kurz inne und nehmen Sie sich eine Minute Zeit, dieser Frage nachzugehen.

Wie so oft gibt es mehr als nur eine Antwort. Die erste ist denkbar einfach: »Wenigstens«, so sagen wir uns, »sitze ich nicht untätig herum.« Und nachher können wir uns entschuldigen: »Ich habe wirklich alles versucht.« Bloß leider fällt das Ergebnis getreu dem Motto aus: »Ich weiß zwar nicht, wohin ich will, aber ich bin schneller da.«

So weit, so schlimm. Es gibt aber noch einen zweiten Grund für den Tempowahn: Stress wird psychisch und physisch als unangenehm empfunden. Daher wollen wir ihm so schnell wie möglich entkommen. Eine Erhöhung des Tempos erweist sich in diesem Licht als nichts anderes als ein *Fluchtversuch*. Wir suchen die Nervosität abzuschütteln, geradezu abzuhängen. Dummerweise kann das nicht funktionieren – die Nervosität ist Teil von uns. Entstanden erst aufgrund unserer Interpretation »Gefahr im Verzug«. Und vor sich selbst kann man bekanntlich nicht davonlaufen (was uns freilich nicht daran hindert, es trotzdem zu versuchen, zum Beispiel durch Alkohol, Kaffee, Zigaretten etc.). So geraten wir in einen Teufelskreislauf: Das Medikament (Tempo erhöhen) ist gleichzeitig die Ursache der Krankheit (Stress durch verminderte Situationskontrolle).

Aufgrund unseres Tempos kommen wir jedoch gar nicht mehr dazu, über solche »Feinheiten« nachzudenken, sondern folgern pfeilschnell: »Wahrscheinlich habe ich mich noch nicht genügend angestrengt!« – Also erhöhen wir die Dosis, das heißt unser Tempo. Watzlawick (1992) bezeichnet solche unglücklichen Bewältigungsstrategien als »mehr desselben«-Strategie. Zur Illustration der Strategie »mehr desselben« führt Watzlawick (1992, S.137) folgendes Beispiel an: »Wer nervös ist, wird typischerweise versuchen, mit fester Stimme zu sprechen und seine Hände am Zittern zu hindern. Je mehr er dies versucht, desto stärker wird seine nervöse Spannung, und je nervöser er wird, desto mehr wird er sich zu beherrschen versuchen.«

Was können Sie tun, um aus diesem Teufelskreislauf auszubrechen? Sie müssen *entschleunigen*, bis Sie bei einem Tempo angelangt sind, bei dem Sie sich emotional-körperlich-geistig wieder wohl fühlen. Die folgende Übung hat ihre Effektivität wiederholt unter Beweis gestellt. Die Strategie, die sie verfolgt: »Den Teufel mit dem Beelzebub austreiben«.

Geschwindigkeit hält die Illusion aufrecht, schneller vorwärts zu kommen

Ein überhöhtes Arbeitstempo verschärft das Problem, zu dessen Lösung es gerufen wurde!

Übung 40: Die Zeitlupe (fünf Minuten)

Wählen Sie eine *einfache* körperliche Tätigkeit, die keine Schnelligkeit erfordert. Vielleicht gibt es etwas, das Sie heute ohnehin noch erledigen wollen (zum Beispiel einen Brief am Computer tippen). Es reicht auch aus, Seite für Seite dieses Buches genüsslich umzublättern oder im Schneckentempo durch den Raum zu gehen und dabei verschiedene Gegenstände zu betasten.

Vorab aber noch ein wichtiger Hinweis: Wie Sie gehört haben, hat die Überschreitung des Tempolimits eine Funktion – nämlich die Illusion des Vorwärtskommens aufrechtzuerhalten. Wenn Sie also vom Gas gehen, wird Sie vielleicht eine starke innere Unruhe erfassen. Klar – Sie geben Ihre Energie nicht mehr nach außen ab, flüchten nicht, sondern stellen sich dem Problem. Auch zum Bremsen eines Fahrzeuges ist Reibung notwendig, die in Wärme umgewandelt wird. Wenn Ihnen also innerlich ganz »heiß« wird, sind Sie auf dem richtigen Weg.

Wie geben wir diesem Gefühl eine positive Wendung? Gehen wir einmal im Sinne des physikalischen Gesetzes von der Energieerhaltung davon aus, dass die Summe der Energien gleich bleibt. Stellen Sie sich also vor, dass die Energie, die Sie nicht mehr nach außen abgeben, Ihnen innerlich als Kraft zur Verfügung steht. Spüren Sie, wie Sie durch diese Kraft Sicherheit und Kontrolle über die Situation gewinnen.

Achten Sie jetzt auf Ihren Atem. Lassen Sie ihn ruhig weiterfließen. Es kann erfahrungsgemäß noch eine Weile dauern, bis Sie sich vollkommen entspannen. Das ist die Phase des so genannten »Realitätstestens«: Bevor Ihnen Ihr Unterbewusstsein glaubt, dass ein niedriges Tempo nicht bedrohlich ist, muss es diese Erfahrung zuerst einmal *gemacht* haben. Nur durch Entschleunigen können Sie ein angemessenes Tempo erreichen bzw. in weiterer Folge erfahren, dass Ihr Leistungsoptimum tatsächlich bei einem Grad mittlerer Beanspruchung liegt.

Wichtig: Setzen Sie diese Übung unbedingt so lange fort, *bis die Spannung von Ihnen abfällt*, mindestens aber fünf Minuten.

Phase 1. Vorstellung
Was immer Sie auch tun möchten (zum Beispiel durch den Raum gehen, Schreiben am Computer usw.) – entwickeln Sie eine *Absicht*, bevor Sie es tatsächlich tun. Das gilt für jede kleinste Bewegung. Tun Sie während dieser Phase noch nichts, sondern stellen Sie sich bloß vor, wie Sie die Bewegung *langsam* ausführen werden.

Phase 2. Aufmerksamkeit
Wenn Sie dann die Bewegung ausführen, achten Sie auf Ihre Körperempfindungen.

Beide Schritte führen Sie in *absolutem Zeitlupentempo* aus. Das heißt, sowohl in Gedanken als auch in der Realität handeln Sie im »Schneckentempo«.

Der unschätzbare Wert dieser Übung besteht darin, dass Sie sie zu fast jeder Gelegenheit – vor allem auch am Arbeitsplatz – ausführen können. Zusätzlich üben Sie sich in Bewusstheit, die wiederum in welches Gefühl mündet? Natürlich! In das Gefühl von *Kontrolle und Sicherheit*, in das Gefühl, Ihr eigener Meister zu sein.

Übung 41: Eile mit Weile (drei Minuten)

1. Stehen Sie auf und gehen Sie durch den Raum. Stellen Sie sich vor, Sie sind auf dem Weg zu einem Meeting und spät dran. Die Kollegen warten nur noch auf Sie. Ohne Sie kann das Meeting nicht beginnen, da Sie wichtige Unterlagen bei sich tragen. (Falls Sie sich mit der Situationsbeschreibung nicht identifizieren können, versetzen Sie sich in eine ähnliche Situation.) Also beeilen Sie sich gefälligst!
2. Beobachten Sie Ihre Befindlichkeit, während Sie sich beeilen. Vollziehen Sie diesen Schritt, bevor Sie zu Punkt drei übergehen.
3. Gehen Sie erneut durch den Raum. Rufen Sie dieselbe Vorstellung wach. Verändern Sie nun Ihre Perspektive, während Sie das *objektive Tempo* die ganze Zeit über *unverändert lassen*. Sagen Sie sich: »Ich gehe zügig, aber ich beeile mich nicht. Den Weg zur Besprechung zurückzulegen – das dauert so lang, wie es eben dauert!« Welche Veränderung hinsichtlich Ihrer Befindlichkeit nehmen Sie war? Vollziehen Sie diesen Schritt, bevor Sie weiterlesen.

Besonders interessant ist für unsere Zwecke die Beobachtung, dass nicht allein die *objektive Geschwindigkeit* über Stress oder nicht Stress entscheidet, sondern letzten Endes die *subjektive Geschwindigkeit*. Die subjektive Geschwindigkeit jedoch entsteht erst durch den Blickwinkel, den Sie einnehmen. Sie ist eine Frage der Auslegung.

> »Wenn du es eilig hast, gehe langsam.«
> *(Japanisches Sprichwort)*

Praxistipps: Entschleunigen

❖ Wenn Sie merken, dass Ihr Aktivierungsniveau einen kritischen Punkt überschreitet, zwingen Sie sich dazu, Ihr Arbeitstempo zu drosseln, oder halten Sie einen Augenblick inne.

❖ Vielfach wird Hektik geradezu von Ihnen erwartet. Wer seine Chancen auf eine Beförderung bewahren will, muss sich wahnsinnig geschäftig und abgehetzt geben. Das kann Sie dazu verleiten, niemals mit dem Entschleunigen zu beginnen, weil der Preis dafür scheinbar zu hoch ist. Ein simpler Trick: Legen Sie ein- bis zweimal am Tag einen Sprint durch die Gänge Ihres Betriebs hin – solche seltenen Ereignisse (die meisten Ihrer Kollegen werden wohl bestenfalls einen Gang höher schalten) prägen sich allen Beteiligten besonders ein. Man wird Sie daher als hochengagierten Mitarbeiter schätzen (Zugleich bauen Sie etwaige Stresshormone ab.) Die übrige Zeit können Sie das tun, wovon Sie wissen, dass es gut für Sie ist.

❖ Läßt sich das äußere Tempo nicht beeinflussen, so steht es Ihnen immer noch frei, Ihren Blickwinkel zu den Geschehnissen zu verändern. Sie entscheiden sich für die Perspektive der Eile oder die der Weile! Das subjektive Arbeitstempo entscheidet.

❖ Denken: Vor allem in Kombination mit dem Denken in kleinen Schritten hat sich das Entschleunigen hier als hilfreich erwiesen. Langsames Schreiten haben Sie bereits als unterstützende Maßnahme erlebt, unsere Gedanken in geordnete Bahnen zu lenken.

❖ Sprechen: Ein typisches Anwendungsfeld des Entschleunigungs-Paradigmas ist die Kommunikation. Zur erfolgreichen Bekämpfung Ihrer Nervosität in schwierigen Gesprächen aller Art empfehlen daher Pawlowski und Riebensahm (1998):

> **»Sprich leise, langsam und tief.«**

Die Stimme macht Stimmung

Hinter dieser Empfehlung steckt wiederum das Prinzip, den gewünschten Entspannungszustand durch ein »So-tun-als-ob« herbeizuführen. Ein nicht zu unterschätzender Vorteil dieser Technik: Nicht nur, dass Sie Ihrem Nervensystem mitteilen: »Alles unter Kontrolle«. Sie strahlen diese Ruhe und Gelassenheit auch aus. Angenommen, Sie arbeiten in einer Hotline und nehmen die Reklamation eines aufgebrachten Kunden entgegen, so werden Sie in die Lage versetzt, ihn ebenfalls zu beruhigen bzw. eine Eskalation zu verhindern. (Natürlich dürfen Sie die Entschleunigung nicht übertreiben, da sonst ein Eindruck von Gleichgültigkeit entstehen könnte. Worauf es uns ankommt, ist, in Konfliktsituationen nicht auf das Tempo des Gegenübers einzusteigen.)

Sicherung der Lernergebnisse (fünf Minuten)

1. Legen Sie eine weitere Routinetätigkeit fest, bei der Sie ab heute entschleunigen wollen. Besonders bieten sich an: Autofahrt zur Arbeit,
   Maschineschreiben, Essen usw.

   ....

   ....

   ....

   ....

   ....

   ....

   ....

   ....

2. Wenden Sie das mentale Training (siehe Anhang, Seite 264ff.) zum
   Aufbau einer Gewohnheit an (drei Minuten).

   ....

   ....

   ....

   ....

   ....

   ....

   ....

   ....

   Übertragen Sie dieses Ziel in Ihre Ideen-Schatztruhe (s. Seite 12).

Beschleunigen

Eine Beschleunigung des Tempos kann vor allem bei monotonen Tätigkeiten angezeigt sein. Denn Unterforderung bildet eine ebenso große Stressquelle wie Überforderung. Um unserer Aufgabe etwas mehr abgewinnen zu können, stellen wir (als eine von vielen Möglichkeiten!) sozusagen den sportlichen Aspekt stärker in den Vordergrund. Eine andere längerfristige Möglichkeit, mit monotonen Aufgaben umzugehen, ist, ihnen mehr Sinn einzuhauchen (siehe auch Kapitel E). Unabhängig vom Sinngehalt oder Herausforderungsgrad der Tätigkeit kann es außerdem vorkommen, dass Sie für bestimmte Tätigkeiten ganz einfach ein zu langsames Arbeitstempo gewählt haben. Von objektiver Seite her ist die Befürchtung, nicht vorwärts zu kommen, jetzt tatsächlich begründet. Abgesehen davon führt eine Übertreibung des Entschleunigens zu Müdigkeit. Ihr Kreislauf kommt nicht in Schwung. Wenn Sie von sich aus Ihren Körper nicht fordern, stellt er Ihnen womöglich nicht die nötigen Energieressourcen zur Verfügung!

Machen Sie doch einmal die »Probe aufs Exempel«: Was geschieht, wenn Sie morgens aufstehen, ohne sich zu räkeln, zu strecken, ohne zu joggen oder mit dem Hund hinauszugehen? Die kalte Dusche haben wir bewusst ausgelassen, denn in diesem Fall wird die Anforderung an Ihren Kreislauf ja nicht von Ihnen selbst gestellt! Was wir Ihnen sagen möchten: Sie selbst sind dafür verantwortlich, Ihren Kreislauf auf Touren zu bringen, anstatt sich mit der Müdigkeit herumzuplagen. Erst wenn auch Aktivitätsübungen nichts nutzen, können Sie mit Fug und Recht behaupten, wirklich erschöpft zu sein.

Weder langsam noch schnell – auf das richtige Tempo kommt es an!

Aber nicht nur Ihr Körper kann zu wenig gefordert werden – dasselbe gilt mitunter auch für Ihren Geist: In diesem Fall tritt Langeweile ein – auch das bedeutet in gewisser Weise Stress.

Übung 42: Beschleunigen (fünf Minuten)

Wählen Sie eine Tätigkeit, die für Sie bislang mit dem Gefühl der *Langeweile* verbunden war. Wahrscheinlich handelt es sich um eine Routinetätigkeit, die vornehmlich erhaltenden Charakter hat (zum Beispiel Staub wischen). Achten Sie dieses Mal auf folgende Punkte:

❖ Wählen Sie ein zügiges Arbeitstempo (ohne Hektik oder Eile), sodass eine »sportliche« Herausforderung entsteht und Ihr Körper Sie mit den nötigen Energieressourcen versorgt.
❖ Treten Sie in einen Wettkampf mit sich selbst ein: »Wie viele Briefe kann ich in einer Minute unterschreiben?«

Entscheidend wird sein, dass Sie Freude am Wettkampf zeigen. Es geht nicht um gewinnen oder verlieren, sondern um die Freude am Konkurrieren (in diesem Fall mit sich selbst).

Praxistipp: Persönliches Arbeitstempo

❖ Es ist unmöglich, sich ein für alle Mal auf ein bestimmtes Tempo festzulegen. Es wird je nach Tätigkeit und Tagesverfassung variieren. Achten Sie auf Ihre Befindlichkeit – Stress erinnert Sie daran, Ihr persönliches Tempo zu gehen!

Keiner von uns lebt auf einer Insel – in weiteren Praxistipps verraten wir Ihnen nun, wie Sie Ihr optimales Arbeitstempo allen äußeren Einflüssen zum Trotz beibehalten können. Unter Vorgesetzten herrscht teilweise noch immer die irrige Meinung, dass Mitarbeiter von Haus aus unmotiviert sind und sich am liebsten vor der Arbeit drücken würden, wenn man sie ließe. Umgekehrt wird angenommen, dass Arbeitsüberlastung zu besseren Ergebnissen führt. Diese Ansicht wird durch das Yerkes-Dodson-Gesetz (Leistungsmaximum bei mittlerer physiologischer Erregung) eindeutig widerlegt. Auch zeigen Untersuchungen im Bereich der Wirtschaftspsychologie, dass Aufgaben mit einer subjektiven Lösungswahrscheinlichkeit von siebzig Prozent am motivierendsten wirken.

Eine fünfzigprozentige Lösungswahrscheinlichkeit löst übrigens eine maximale Unsicherheit aus und wird deshalb von den meisten Leuten abgelehnt. Da wir nicht von heute auf morgen die Welt ändern können, liegt es an Ihnen, sich eine förderliche Arbeitshaltung anzueignen.

❖ Ich gebe mein Bestes. Im Sinne der Firma und gleichzeitig zu meinem eigenen Vorteil.

❖ Ich plane meine Zeit bestmöglich. Während der Umsetzung meines Zeitplans denke ich in kleinen Schritten und bin ganz bei der Sache. Ich denke nicht weiter an den Berg Arbeit, der vielleicht noch vor mir liegt.

❖ Ich kenne mein persönliches Arbeitstempo und weiß, dass meine Leistung durch zusätzliche Beeilung nicht angehoben wird, sondern abfällt.

❖ Eine Schraube, an der ich drehen kann: Ich plane sorgfältig und bin mir meiner Prioritäten stets bewusst. Ich setze ein zeitliches Limit für jede Aufgabe. Ich prüfe regelmäßig, besonders aber bei Überschreitung des Zeitlimits, ob der Zeitaufwand durch die Wichtigkeit der Aufgabe gerechtfertigt wird. Ich halte nach Zeitfallen, Einsparmöglichkeiten, Vereinfachungen der Arbeitsabläufe etc. Ausschau.

❖ Eine Schraube, an der ich nicht drehe: Ich bin nicht bereit, an meinem Arbeitstempo selbst etwas zu ändern, denn ich befinde mich diesbezüglich in meinem persönlichen Optimalbereich. Ich überlege, ob eine Arbeit oder bestimmte Arbeitsschritte überhaupt vonnöten sind. Falls ja, beansprucht das eben eine gewisse Zeit.

❖ Ich freue mich, dass ich aufgrund dieser Haltung sogar noch mehr Arbeit zum Nutzen des Unternehmens erledigen kann, und tue das gerne.

Energetisieren

Ein zu langsames Arbeitstempo oder eine zu wenig anspruchsvolle Tätigkeit decken selbstverständlich nur einen Teil der Fälle von Stress durch Müdigkeit ab. Auch Ihre Tagesverfassung, Ihre Ernährung und die Schlafmenge spielen mit hinein. Fest steht, dass all diese Faktoren einen Einfluss auf Ihren Wachheitsgrad ausüben. Fest steht aber auch, dass die meisten Seminarteilnehmer, die wir im Laufe der Jahre kennen lernen durften, Ihren Wachheitsgrad als quasi gottgegeben hinnehmen. Sie glauben: »Heute bin ich irgendwie schlecht drauf/antriebslos/müde – da kann man halt nichts machen!« Oder »Ich bin einfach kein Morgenmensch. Arbeiten kann ich erst so richtig am Nachmittag, kurz vor dem Nachhausegehen.«

Sich motivieren heißt sich aktivieren

Diese allzu bequeme Einstellung können wir leider nicht gelten lassen. Natürlich wollen wir Wetterfühligkeit und Biorhythmus nicht wegdiskutieren. Aber Tatsache ist doch, dass Sie alles nur noch schlimmer machen, indem Sie sich bereitwillig in Ihr Schicksal fügen. Sagen Sie selbst: Gibt es etwas Grausameres als gelangweilt einem Meeting beizuwohnen und mit dem Schlaf zu kämpfen? (Sie kennen diese Art von Besprechung: Das Einzige, was herauskommt, sind die Leute, die hineingegangen sind!) Und schon der Volksmund sagt: »Nach dem Essen sollst du ruhen – *oder tausend Schritte tun!*«

> ### Übung 43: Die Venenpumpe (eine Minute)
>
> Beginnen wir mit einer gelinden Form der Aktivierung: Bringen Sie Ihren Blutkreislauf in Schwung, indem Sie sich mehrere Male auf die Fußspitzen stellen. Drücken Sie sich, so weit Sie kommen, mit den Fußspitzen vom Boden weg. Im Stehen reichen schon etwa zehn Wiederholungen vollkommen aus. Der Vorteil dieser Übung ist darin zu sehen, dass sie auch im Sitzen anwendbar ist. Aufgrund des geringeren Widerstands sind freilich einige zusätzliche Wiederholungen nötig. Besonders geeignet in der oben geschilderten Besprechungssituation, da Sie Ihre Fußakrobatik unauffällig unter dem Tisch abwickeln können.

Im Prinzip ist jede Form der körperlichen Betätigung dazu geeignet, Ihren Kreislauf anzukurbeln. Isometrische Muskelarbeit zeichnet sich dadurch aus, dass Sie rein durch Anspannen der Muskulatur, aber ohne äußerlich sichtbare Bewegung, abläuft. Etwas technischer ausgedrückt: Die Muskelspannung erhöht sich, ohne dass sich die Länge des Muskels verändern würde.

Übung 44: Isometrische Übungen (fünf Minuten)

Das allgemeine Ablaufschema sieht wie folgt aus:

❖ Spannen Sie die jeweiligen Muskeln (zum Beispiel Waden, Gesäß, Arme) an.
❖ Halten Sie diese Muskelspannung für fünf bis zehn Sekunden.
❖ Lassen Sie eine Pause von jeweils drei Sekunden.
❖ Wiederholen Sie diesen Vorgang dreimal.
❖ Achten Sie während der ganzen Zeit auf das ruhige Weiterfließen Ihres Atems.

Probieren Sie nun selbst einige der mannigfaltigen Anwendungsmöglichkeiten aus:

❖ Drücken Sie sich mit Ihren Fußsohlen vom Fußboden ab.
❖ Pressen Sie Ihre Oberschenkel zusammen.
❖ Spannen Sie Ihre Gesäßmuskulatur an.
❖ Legen Sie Ihre Hände ineinander und versuchen Sie, die eine Hand mit der anderen Hand wegzudrücken.

Ihrer Fantasie sind keine Grenzen gesetzt!

Isometrische Übungen sind überall einsetzbar

Wer viel sitzt und Rückenprobleme hat, dem hilft diese Übung bei der Stärkung der Stützmuskulatur, was zur Entlastung des Rückens beiträgt. Solche isometrischen Übungen sind jederzeit einsetzbar. Zum Beispiel beim Autofahren in der Nacht. Wer keine Zeit für den Sport findet (bzw. sich welche nimmt) findet in isometrischen Übungen eine willkommene Minimallösung.

Erstaunlicherweise bewirkt bereits die bloße Vorstellung, joggen zu gehen, eine Aktivierung des Nervensystems. Diese Erkenntnis stammt aus dem vergangenen Jahrhundert und gilt bis heute: Der Carpenter-Effekt, benannt nach dem britischen Physiologen William Carpenter (1813–1885), besagt, dass wahrgenommene – oder auch bloß vorgestellte – Bewegungen zu einem aktiven, wenngleich kaum merklichen Mitvollzug der Bewegungen führen. Sie brauchen bei Ihrem nächsten Musicalbesuch nur einmal Ihre Sitznachbarn zu beobachten!

Praxistipps: Isometrische Übungen

Häufig wird es vorkommen, dass Sie unter Leuten sind, die nicht unbedingt mitbekommen sollen, dass Sie augenblicklich müde sind.

❖ Das isometrische Prinzip hat sich zur Überwindung von Müdigkeitszuständen während Besprechung, langen Tagen vor dem Computer, Autofahrten usw. ausgezeichnet bewährt.

❖ Befinden Sie sich in Gesellschaft, setzen Sie nur so viel Muskelkraft ein, dass Ihre Muskeln nicht zu zittern beginnen.

❖ Isometrische Übungen sind völlig unauffällig, wenn Sie nicht von einer Sekunde auf die andere Ihre ganze Körperkraft aktivieren, sondern einen gleitenden Einstieg wählen. Auf diese Weise vermeiden Sie einen beobachtbaren Ruck.

Übung 45: Hecheln (zehn Sekunden)

Müdigkeit geht fast immer mit einem Mangel an Sauerstoff einher. Auf diese Weise erklärt sich das Gähnen bei Mensch und Tier. Gähnen allein reicht zur Aktivierung allerdings bei Weitem nicht aus. Ein kurzes, intensives Ein- und Ausatmen versorgt Ihren ganzen Körper (insbesondere Ihr Gehirn) mit frischem Sauerstoff.

Sie atmen im schnellen Wechsel durch die *Nase* ein und sofort wieder durch den *Mund* aus (in diesem Punkt hinkt der Vergleich mit dem Hecheln eines Hundes. Er soll aber das Wörtchen »schnell« unterstreichen). Eine Übung für Leute, die ein Arbeitszimmer für sich allein haben. Vorsicht: Man kann alles übertreiben – zehn Sekunden genügen vollkommen! (Zu viel Sauerstoff kann Schwindelgefühle herbeiführen, was Sie aufgrund der Warnung rechtzeitig bemerken werden.)

Einer Form der Selbstaktivierung sind Sie mit dem Denken in kleinen Schritten schon begegnet: Die Kennzeichnung dieser (Teil-)Erfolge trägt maßgeblich zur Steigerung Ihrer Antriebslage bei.

Übung 46: Die Siegerfaust (zehn Sekunden)

Diese Übung ist in ihrer Einfachheit und zugleich Wirksamkeit unübertroffen. (Vielleicht trifft man deswegen heutzutage keinen Motivationstrainer mehr, der diese oder eine ähnliche Methode nicht in seinem Übungsfundus hätte.)

Vorbereitung
Die größte Intensität geht von dieser Technik im »festen Stand« aus:
Sie stehen mit beiden Füßen fest auf dem Boden. Ihr Gewicht verteilt sich gleichmäßig auf beide Beine. Sie kennen den Ausspruch »Mit beiden Beinen im Leben stehen«. Ihre Knie sind leicht gebeugt. Bei durchgedrückten Knien verliert Ihr Stand an »Erdigkeit« (»grounding«).

Ablauf
Sie reißen die Arme nach oben, wie es Sieger im sportlichen Wettkampf tun. Wichtig ist dabei, dass Sie den Schwung abrupt bremsen. Der zum Abfangen erforderliche Kraftaufwand führt zu der gewünschten Energetisierung. Wiederholen Sie daher diese Bewegung mehrfach.

Auch Siegen will gelernt sein

Selbst bei großer Müdigkeit und dementsprechend vielen Wiederholungen nimmt diese Technik nicht mehr als eine halbe Minute in Anspruch. Die Siegerfaust besitzt eine geradezu euphorisierende Wirkung. Dennoch ist sie nicht nach jedermanns Geschmacks. Viele von uns wurden zu Bescheidenheit erzogen. Wem diese Technik also zu »protzig« erscheint, dem sei der Trommelwirbel ans Herz gelegt.

Übung 47: Der Trommelwirbel (fünfzehn Sekunden)

Stellen Sie sich eine riesige Pauke vor.
Nehmen Sie zwei imaginäre Schlägel in die Hand.
Nun trommeln Sie für etwa fünfzehn Sekunden so schnell, wie es Ihnen nur möglich ist.
(Sie dürfen sich ruhig verausgaben!)

So einfach ist Aktivierung. Ihrem eigenen erfinderischen Geist steht nichts im Wege.

Übung 48: Der Aktivierungsruf (fünf Sekunden)

Als Ergänzung zur Siegerfaust bietet sich ein Aktivierungsruf an.
Wir empfehlen das einfache Wörtchen »Ja!!!«.
Wichtig ist, dass der Ruf explosionsartig hervorbricht.

»Ruf« ist nicht unbedingt wörtlich zu nehmen. Ein intensives Zischen erfüllt denselben Zweck. Letztendlich entscheidet die Intensität: Halbherzig ausgeführt, bringt keine der Übungen den gewünschten Erfolg.

Wer im Übrigen etwas über Selbstaktivierung und angewandtes Stress-Management lernen möchte, dem seien Tennismatches ans Herz gelegt. Aufgrund der relativ langen Verschnaufpausen zwischen den Ballwechseln, bleibt den Spielern genügend Zeit zur Regulierung des Aktivierungsniveaus. Und nicht zu vergessen: Sie haben ja gelesen, dass Stresshormone über körperliche Aktivität abgebaut werden. Weil dem so ist, sind die obigen Übungen nicht bloß als »Energizer« zu betrachten, sondern dienen gleichzeitig zum Stressabbau.

Energetisierung – der Elan entscheidet!

Sicherung der Lernergebnisse (sieben Minuten)

1. Überlegen Sie, zu welchen Gelegenheiten Ihnen das Energetisieren besonders hilfreich sein wird. Legen Sie unter Rückgriff auf die obigen Praxistipps eine Routinetätigkeit fest, bei der Sie ab heute darauf achten wollen, Ihre eigene Energie hoch zu halten.

   ....

   ....

   ....

   ....

   ....

2. Wenden Sie das mentale Training (siehe Anhang, Seite 264ff.) zum Aufbau einer Gewohnheit an (drei Minuten).
3. Tragen Sie dieses Ziel in die Ideen-Schatztruhe ein (s. Seite 12).

Zentrieren

Der Solarplexus ist Ihr Energiespender

Zentrieren bedeutet: von der Körpermitte aus handeln. Mit Körpermitte ist zugleich der Körperschwerpunkt angesprochen. Wer seine Konzentration auf diesen Punkt lenkt, der reagiert auf Umweltbelastungen im wahrsten Sinne des Wortes »ausgeglichen« oder »ausgewogen«.

Wie Sie wahrscheinlich bemerken werden, ist das Zentrieren eine gar nicht so einfach zu erklärende Technik und das Ergebnis fällt von Seminarteilnehmer zu Seminarteilnehmer leicht unterschiedlich aus. Aber solche kleineren Abweichungen sollen uns nicht davon abhalten, Ihnen diese wertvolle Methode näher zu bringen. Worauf wir hinauswollen: Haben Sie den Mut, zu experimentieren und Ihre eigenen Erfahrungen mit dem »Handeln aus der Mitte« zu machen. Wenn Sie das Gefühl haben, auf dem richtigen Weg zu sein, dann vertrauen Sie bitte Ihrer Intuition.

Praxistipps: Zentrieren

Aus Ihrer Mitte heraus zu handeln, dieses Handlungsprinzip lässt sich mit jeder Tätigkeit kombinieren. Besonders geeignet sind allerdings körperliche Aktivitäten wie

❖ Tanzen oder Musizieren: Zentrieren erhöht die Harmonie in der Bewegung.
❖ Laufen, Schwimmen, Radfahren: Zentrieren erhöht die Ausdauer.
❖ Sprechen, sei es in Vorträgen, Meetings oder am Telefon: Zentrieren reguliert die Atmung und weckt Körperresonanzen, die Ihre Stimme weich und angenehm erscheinen lassen.

Zentriert wirken Sie selbstsicher, weshalb ein Agieren von der Körpermitte besonders viel im Verkauf oder in der Kindererziehung leistet. Das Zentrieren ergänzt sich darüber hinaus mit dem Prinzip des Bei-sich-Seins und ist daher besonders wirkungsvoll in Konfliktsituationen. Ein weiteres Mal erweisen sich Stress-Management und Erfolg als geradezu synonym.

Übung 49: Zentrieren (fünf Minuten)

1. **Die Körpermitte finden**
   - ❖ Denken Sie sich eine Verbindungslinie zwischen Bauchnabel und Nase.
   - ❖ Auf dieser imaginären Linie wandern Sie mit Ihrem Zeigefinger. Gehen Sie von Ihrem Bauchnabel aus einige Zentimeter nach oben, so lange bis Sie jene Stelle erreichen, an der sich die Rippen teilen.
   - ❖ Nun tasten Sie sich die Hälfte der Strecke wieder zurück. Geschafft. Sie haben nicht nur Ihre Körpermitte, sondern zugleich ein wichtiges Nervenzentrum gefunden, den Sitz des Sonnengeflechts (»Plexus solaris«).
2. **Zentrieren**
   - ❖ Legen Sie Ihre Hand auf das Sonnengeflecht. Stellen Sie sich eine Art Energiekraftwerk in Ihrer Mitte vor.
   - ❖ Wenn dieses Gefühl einmal in Ihnen lebendig ist, können Sie getrost die Hand von Ihrem Bauch nehmen (sähe auf Dauer vielleicht ein bisschen merkwürdig aus!).
3. **Erproben**
   Probieren Sie selbst nach der Reihe aus:
   - ❖ Welcher Gang,
   - ❖ welche Sitzhaltung,
   - ❖ welche Art zu sprechen
   - ❖ harmonieren am besten mit dem Gefühl des Zentriertsein?

Übung 50: Halbe Diskussion (fünf Minuten)

Erproben Sie diese gesamtzentrierte Einstellung in unserer Übung »Halbe Diskussion«:

- ❖ Überlegen Sie, welche Verhandlungspunkte oder welche Meinung Sie in einem Ihrer nächsten Gespräche besonders überzeugend transportieren wollen (zum Beispiel Produktpräsentation, Verkaufsgespräch).
- ❖ Simulieren Sie die kommende Argumentation. Tun Sie so, als wäre Ihr Gesprächspartner tatsächlich im Raum anwesend. Er oder sie ist bloß unsichtbar und redet im Ultraschallbereich. Sprechen Sie Ihre Gedanken also laut aus. Jedes Argument entspringt direkt Ihrem inneren Energiezentrum. Wichtig, weil gerne vergessen: Sie hören sich die Gegenargumente ebenfalls aus einer zentrierten Position an.
- ❖ Eventuell müssen Sie sich dazu ein ruhiges Plätzchen suchen. (Würden Sie die Diskussion lediglich in Gedanken führen, wären Sie nicht imstande den deutlichen Unterschied an Überzeugungskraft festzustellen.)
- ❖ Versetzen Sie sich in die Lage Ihres unsichtbaren Gegenübers: Wie wirken Sie auf sich selbst?

Sicherung der Lernergebnisse (sieben Minuten)

1. Legen Sie unter Rückgriff auf die Praxistipps eine Tätigkeit fest, die Sie ab heute in zentrierter Haltung angehen möchten.

   ....

   ....

   ....

   ....

   ....

   ....

   ....

   ....

   ....

2. Wenden Sie das mentale Training (siehe Anhang, Seite 264ff.) zum Aufbau einer Gewohnheit an (drei Minuten).

   ....

   ....

   ....

   ....

   ....

   ....

   ....

3. Tragen Sie dieses Ziel in Ihre Ideen-Schatztruhe ein (s. Seite 12).

Konzentration steigern

Wir wenden uns nun dem Thema Konzentration im weiteren Sinne zu. Es geht also nicht mehr um den Umgang mit Ablenkungen, sondern darum, Ihre *allgemeine* geistige Leistungsfähigkeit zu stärken. Unsere Hirnhälften sind bezüglich der Aufgaben, die sie wahrnehmen, hochgradig spezialisiert, wobei diese Spezialisierung im Kindesalter beginnt und im Laufe der Jahre zunimmt. Beispielsweise ist bei Rechtshändern der logische Verstand vornehmlich auf der linken Seite zu Hause, während die Kreativität auf der rechten Seite angesiedelt ist. Wie Sie vielleicht wissen, erstreckt sich die Funktionsteilung der Hirnhälften auch auf die Bewegungssteuerung: So ist die *rechte* Hemisphäre unseres Gehirns für die *linke* Körperhälfte verantwortlich (und umgekehrt). Auf diesen Erkenntnissen aufbauend, hat die Kinesiologie die ebenso einfache wie geniale Methode der *Über-Kreuz-Bewegungen* entwickelt, welche beide Hirnhälften zugleich aktiviert.

Übung 51: Über-Kreuz-Bewegungen (eine Minute)

Gehen Sie durch den Raum, wobei Sie Ihren Gang durch aktive Armarbeit unterstützen:

1. Machen Sie einen Schritt mit dem *linken* Bein, so bringen Sie gleichzeitig den *rechten* Arm nach vorne.
2. Wenn Sie das *rechte* Bein bewegen, benutzen Sie den *linken* Arm.

Dennison (1996), der Begründer der Kinesiologie, empfiehlt 25 Durchgänge.

Wenn Sie gleichzeitig den rechten Arm und das linke Bein bewegen, werden beide Hirnhälften simultan angesprochen. Enormer Vorteil der kinesiologischen Methode: Solange Sie das zugrunde liegende Prinzip beherzigen, ist es relativ beliebig, welche Körperteile Sie für die Über-Kreuz-Bewegung heranziehen. Sie können sich also durchaus Ihre eigenen Körperübungen »basteln« bzw. brauchen nicht zu fürchten, dass Sie sich nicht mehr erinnern: »Wie ging

Über-Kreuz-Bewegungen fördern Ihre Konzentration!

diese kinesiologische Übung noch gleich?« Die angebotene Übung fördert Ihre Konzentrationsfähigkeit, ohne zusätzliche Zeitressourcen zu blockieren: Damit erfüllen ab heute auch »Leerkilometer« in den heiligen Hallen Ihres Betriebes einen höheren Zweck.

Wärmen Sie Ihr Gehirn auf wie Ihre Muskeln

Jeder Sportler absolviert heutzutage vor jeder körperlichen Belastung sein Aufwärmtraining. Obwohl unser Gehirn in vielen Belangen mit einem Muskel vergleichbar ist, unterliegen wir dem Irrglauben, wir könnten uns so mir nichts dir nichts in komplexe Denkaufgaben stürzen. Die folgende kinesiologische Übung lässt sich bequem am Schreibtisch ausführen und aktiviert in Sekundenschnelle Ihr gedankliches Potenzial.

> **Übung 52: Liegende Achten (dreißig Sekunden)**
>
> 1. Falten Sie die Hände.
> 2. Malen Sie mit ausgestreckten Armen eine imaginäre *liegende* Acht (entspricht dem mathematischen Zeichen für »unendlich«) in die Luft, wobei Sie unten links beginnen. Der Schnittpunkt der beiden Kreise Ihrer Acht liegt auf Höhe des Körperschwerpunkts (vgl. Zentrieren).
> 3. Verfolgen Sie Ihre Hände die ganze Zeit über mit den Augen, und zwar ohne dabei den Kopf zu bewegen. Jede Augenstellung korrespondiert mit bestimmten Gehirnarealen. Die Augenbewegung aktiviert demnach auf systematische Weise Ihr Gehirn.
> 4. Beenden Sie diese Übung in der Aufwärtsbewegung.

> **Übung 53: Die Denkmütze (dreißig Sekunden)**
>
> 1. Massieren Sie Ihre beiden Ohren. Benutzen Sie dazu Daumen und Zeigefinger.
> 2. Der Daumen liegt auf der Rückseite, der Zeigefinger auf der Vorderseite des Ohrs.
> 3. Entfalten Sie die Ohrmuschel und ziehen Sie die Haut sanft nach außen.
> 4. Beginnen Sie die Massage beim Gehörgang und enden Sie bei den Ohrläppchen.
> 5. Machen Sie drei Durchgänge.

Der aufmerksame Zuhörer wird beobachten können, dass uns die Ohrenmassage empfänglicher für akustische Umweltsignale macht. Sie werden aufnahmefähiger. Übrigens: Die Denkmütze ist auch deshalb so erfolgreich, weil sämtliche Akupressurpunkte auf dem Ohr vertreten sind.

Unsinnsformel (s. Seite 95) und Denkmütze stellen primär kurzfristige Maßnahmen zur Verbesserung Ihrer Aufmerksamkeitsleistung dar. Möchten Sie Ihre generelle Konzentrationsfähigkeit langfristig verbessern? Dann empfehlen wir Ihnen die folgende aus dem Zen-Buddhismus abgeleitete Übung.

Übung 54: Der Konzentrations-Punkt (eine Minute)

1. Fixieren Sie einen beliebigen Punkt im Raum mit Ihren Augen.
2. Legen Sie Ihre ganze Konzentration auf diesen Punkt.
3. Sagen Sie sich in Gedanken beständig die Formel »Der Punkt und ich sind eins« vor.

Praxistipps: Konzentration steigern

❖ Je angestrengter Sie versuchen, sich zu konzentrieren, desto weniger wird es Ihnen gelingen. Wirklich entscheidend ist, mit seinen Gedanken ganz bei der Sache zu sein anstatt mit den Ablenkungen zu kämpfen.

❖ Die wichtigste Voraussetzung für das Zustandekommen von Konzentration ist das persönliche Interesse. Andernfalls werden Ihre Gedanken immer wieder abschweifen. Fragen Sie sich also bei mangelnder Konzentration »Welchen Nutzen bringt mir die Beschäftigung mit dieser Aufgabe ein?«

Das Interesse steuert die Wahrnehmung!

Abreagieren – eine Soforthilfe?

Zum Abschluss dieses Kapitels wollen wir uns mit der Frage beschäftigen, ob »ausflippen«, »sich abreagieren«, »ausrasten« der Bewältigung von Stress *langfristig* förderlich ist. In der Wissenschaft und Forschung herrscht noch heute die uralte Kontroverse, ob mit der Faust auf den Tisch hauen, herumbrüllen oder Türen schlagen reinigend auf die menschliche Psyche wirkt (»Katharsis«). Unserer Meinung nach entspringt die Debatte – wie so oft – unzulässigen Verallgemeinerungen.

Erstens muss strengstens zwischen den kurzfristigen und den langfristigen Folgen unterschieden werden. Kurzfristig werden die ausgeschütteten Stresshormone durch körperliche Aktivität abgebaut. Tragischerweise wird so das Ausagieren des Zorns durch eine Verbesserung der Befindlichkeit prompt belohnt (vgl. die Ergebnisse von Konecni & Doob 1972; Doob & Wood 1972).

Vor Wut kochen macht roh!

Langfristig besteht jedoch die Gefahr, dass Wutausbrüche und dergleichen als Problemlösung verkannt werden. Wir geraten dann immer häufiger in Wut. So stellte Konecni (1975) fest, dass Menschen sich an das Ausleben von Gewalt gewöhnen. Wenngleich zu der Frage, ob Aggressionen »reinigend« wirken, unterschiedliche Forschungsergebnisse vorliegen, so sprechen sie doch insgesamt eher gegen diesen Effekt.

Zweitens macht es wohl einen Unterschied, ob ich zur Beruhigung joggen gehe oder ob ich den Elefant im Porzellanladen spiele: Geschirr mag ich ersetzen können. Aber ungute Worte, die ich einmal auf ihren Weg geschickt habe, sind wie Pfeile: Sie können nicht mehr zurückgeholt werden. Die Wunden, die Sie hinterlassen, belasten zwischenmenschliche Beziehungen oft noch lange Zeit später.

In einer groß angelegten Forschungsarbeit mit 700 Versuchspersonen (Bushman, Stack & Baumeister 1999) konnte gezeigt werden, dass die *allgemeine Aggressivität* zuvor beleidigter Testteilnehmer durch das Training mit einem Punchingball sogar noch *verstärkt* wurde. Warum ist das so? Die Erklärung: offene Aggression wird als »Problemlösung« gelernt. Wer sich hingegen diesen *Flucht*weg absichtlich versperrt, der wird neue, wirkungsvollere (und vor allem ethisch vertretbare) Problemlösungsstrategien entwickeln.

Um auch hier Missverständnissen vorzubeugen: Wir sprechen nicht von der grundsätzlichen Fähigkeit, wütend oder aggressiv werden zu können. Das Unvermögen, diese sozial unerwünschten Gefühle zuzulassen, wird als »Ärgerausdruckshemmung« bezeichnet. Gerhards (1992) stellte an einer Gruppe von Migränekranken fest, dass diese Personen Ihren Ärger nicht verbalisierten, obwohl (oder gerade weil?) sie im Vergleich zu nicht betroffenen Personen innerlich weitaus angespannter waren. Es ist demnach sehr wichtig, auch negative Gefühle ausdrücken zu können. Von dieser Fähigkeit zu unterscheiden ist jedoch das gewohnheitsmäßige *Ausleben* von Aggressionen.

Ärgerausdruckshemmung: Das Unvermögen seinem Ärger Luft zu machen

Praxistipps: Ausrasten, aber richtig!

❖ Aus diesen Argumenten lässt sich eine Art Kompromiss ableiten: Ihre Wut durch körperliche Aktivität loszuwerden ist weniger bedenklich, solange es auf nicht-aggressive Weise geschieht (also nicht durch Kampfsportarten, Tobsuchtsanfälle etc.). Sich am vermeintlichen Übeltäter zu rächen oder auszurasten – davon wollen wir Ihnen lieber abraten.

❖ Für das Ausrasten gilt das Gleiche wie schon für den Umgang mit dem inneren Schweinehund: Kämpfen Sie nicht gegen Ihre Gefühle an, aber geben Sie diesen Gefühlen auch nicht nach!

❖ Schaffen Sie sich ein emotionales Polster (»emotional pillow«), indem Sie es sich zur Gewohnheit machen, in brenzligen Situationen nicht spontan zu reagieren, sondern *nur eine Sekunde* abzuwarten. Diese eine Sekunde, die Sie zwischen dem Stressreiz und Ihrer Reaktion einbauen, wirkt bereits Wunder. Ihrem Gesprächspartner wird die minimale Verzögerung Ihrer Reaktion gar nicht auffallen. Und Ihnen wird es nur noch selten passieren, dass Sie ungewollt etwas von sich geben, das Sie später ja doch nur bereuen. Ist Ihnen schon einmal die Doppelbedeutung des Wortes »überlegen« aufgefallen?

> **Wenn Sie nur einen Moment lang überlegen,**
> **macht Sie das überlegen!**

Sicherung der Lernergebnisse (fünf Minuten)

Blättern Sie dieses Kapitel in Ruhe noch einmal durch, während Sie der Frage nachgehen: »Welche persönlichen Erkenntnisse ziehe ich für mich?«

1. ....

2. ....

3. ....

4. ....

5. ....

Welche konkreten Lernziele leiten Sie aus Ihren Erkenntnissen ab? Schlagen Sie dazu vor allem bei den letzten Übungen die »Sicherung der Lernergebnisse« nach! (Atmen, Entschleunigen, Energetisieren, Zentrieren)

....

....

....

....

....

....

....

....

....

....

Übertragen Sie Ihre wichtigsten Lernziele in die Ideen-Schatztruhe (s. Seite 12).

G – Gewohnheiten aufbauen!

Bei Gefahr greift der Organismus auf jene Verhaltensweisen zurück, die er am gründlichsten gelernt hat

Wir nähern uns mit großen Schritten einem Knackpunkt des WAAGE-Programms®: Wenn Sie sich auf Dauer von Ihrem Stress verabschieden wollen, müssen Sie mit alten Gewohnheiten brechen. Das aber ist durch die *Macht der Gewohnheit* gar nicht so einfach. Wir wissen, dass 95 Prozent dessen, was wir tagtäglich tun, Gewohnheiten sind. Besonders vertrackt wird die Situation dadurch, dass wir vor allem in belastenden Situationen in alte Gewohnheiten zurückfallen. Es werden die eingeschliffenen Nervenbahnen, die »neurologischen Trampelpfade«, benutzt.

Sie haben soeben ein Seminar zum Thema Konfliktmanagement besucht. Sie sind in der Lage, im Rollenspiel bei Konflikten ganz ruhig und gelassen zu reagieren. Was aber passiert, wenn Sie auf der Autobahn Ihr Hintermann anhupt, obwohl auch Sie nichts dafür können, dass es bei dem dichten Feierabendverkehr nicht vorwärts geht? Welcher Satz schießt Ihnen als Erstes durch den Kopf? In Abhängigkeit von diesem spontan auftauchenden Satz werden Sie auf die Huperei gefühlsmäßig reagieren. Wir haben bewusst den Feierabendverkehr herangezogen. Nach einem Arbeitstag sind Sie relativ erschöpft, vielleicht genervt, weil Sie rasch nach Hause möchten. In dieser Belastungssituation werden allzu leicht alte Gewohnheiten aktiviert. Im Normalfall mögen Sie sich bewusst unter Kontrolle haben. Je höher jedoch die Beanspruchung, desto eher verabschiedet sich Ihr Großhirn und primitive Hirnbereiche reißen das Steuer an sich (vgl. »Neandertalereffekt«, s. Seite 28). Daher ist das mentale Training ein fester Bestandteil der »Sicherung der Lernergebnisse«. Es festigt neu zu erwerbende Gewohnheiten. Lesen allein hilft nur insofern, als Ihnen das Problemverhalten bewusst wird und Sie sich bei seinem nächsten Auftreten sagen können: »So wollte ich es eigentlich nicht mehr machen.« Wollen Sie wirklich jeden Fehler erst zwanzigmal in der Praxis begehen? Nein? Dann machen Sie vom mentalen Training Gebrauch. Um eine neue Gewohnheit zu etablieren, genügt es auch nicht, einen Beschluss zu fassen. Eine Entscheidung bildet zwar eine wichtige Voraussetzung, aber die Gewohnheit selbst entsteht erst durch Übung und vielfache Wiederholung. »Gewohnheit« kommt nun einmal von »wohnen«. Ein Umzug erfordert einige Zeit und je länger Sie an einem bestimmten Ort gelebt haben, desto mehr Gerümpel sammelt sich an, das zu entsorgen ist.

In diesem Kapitel geht es also darum, hilfreiche Verhaltensweisen aufzubauen. Neue Gewohnheiten stellen – im Unterschied zu den Maßnahmen der bisherigen Kapiteln – *langfristige Maßnahmen zur Stressbewältigung* dar. Denn während Sofortmaßnahmen den Charakter von Symptombekämpfungen haben, setzen Verhaltensänderungen bei den Wurzeln von Stress an.

Aufgrund eines chaotischen Zeitmanagements geraten Sie immer wieder in Termindruck. Richtiges Atmen, Entschleunigen u. Ä. kann Ihnen eine wichtige Hilfe sein, die Belastungssituation souverän zu meistern. Doch wird dies nichts daran ändern, dass Sie auch in Zukunft immer wieder unter Zeitnot leiden. In ähnlicher Weise kann ein Arzt Ihnen Tabletten gegen zu hohen Blutdruck verschreiben oder er kann Ihnen empfehlen, Ihren Lebenswandel (Rauchen, Trinken, wenig oder kein Sport) zu ändern. Die Fragestellung »Tabletten oder Lebenswandel« ist übrigens irreführend. In der Praxis kann es sich nur um ein »und« handeln. Sofortmaßnahmen und langfristige Verhaltens- und Einstellungsänderungen bilden gemeinsam ein engmaschiges Sicherheitsnetz zur Stressbewältigung. Beruhigungstechniken werden immer wieder notwendig sein, da täglich neuartige und einmalige Belastungen auf uns zukommen. Genauso kann es Lebenssituationen geben, in denen der Griff zu Beruhigungsmitteln gerechtfertigt sein mag.

Auf der anderen Seite ergänzen sich Sofortmaßnahmen und der Aufbau von Gewohnheiten: Beide Maßnahmen gehen mitunter nahtlos ineinander über. Die Techniken »Entschleunigen« und »Beschleunigen« beispielsweise münden langfristig in ein angemessenes individuelles Arbeitstempo. Allgemein gesprochen, geht es darum, Verhaltensweisen aufzubauen, die Ihnen langfristig helfen werden, vermeintlich unvermeidlichen Belastungen vorzubeugen. Sie werden merken, dass Stress vielfach hausgemacht ist. Beispiele dafür sind Termindruck, unrealistische Ziele oder überfällige Problemlösungen.

Die Devise lautet: Eigenbau-Stress abbauen!

Anmerkung: Schon so mancher Seminarteilnehmer hat sich gewundert, dass der Schritt »Gewohnheiten verändern« (Kapitel G) dem Entwickeln von hilfreichen Einstellungen (Kapitel E) vorangestellt ist. Denn immerhin seien Verhaltensgewohnheiten eine Folge von dahinter stehenden Einstellungen. Das ist so weit auch richtig. Doch kann als hinlänglich bewiesen gelten, dass umgekehrt auch Verhaltensänderungen eine Veränderung der Einstellungen zur Folge haben (Bandura 1986). Das ausschlaggebende Argument ist jedoch, dass es in der Regel wesentlich *einfacher* ist, ein Verhalten zu verändern als eine Überzeugung. Eine Frage der Kontrollmöglichkeit: Ich kann rasch mal ein neues Verhalten ausprobieren – mit Einstellungen funktioniert das erheblich schlechter. Erinnern Sie sich an die Vorbild-Technik: Auch dort waren Sie in der Lage, ein neues Verhalten auszuprobieren, ohne tatsächlich ein neuer Mensch geworden zu sein! Unser Plan gestaltet sich also wie folgt:

Neue Verhaltensweisen erproben

→ **neue Erfahrungen sammeln**

→ **neue Einstellungen gewinnen**

»Wer nicht
an Wunder glaubt,
ist kein Realist.«
(David Ben Gurion)

In der Verhaltenstherapie sprechen wir vom »Realitätstesten«: »Ist die Wirklichkeit tatsächlich so, wie ich bisher angenommen habe?« Oder geht es auch anders? Die hilfreichen Gewohnheiten dieses Kapitels sind als nachdrückliche Einladung an Sie zu verstehen. Testen Sie die Realität! Geben Sie sich die Chance, neue Erfahrungen zu sammeln.

Die nun folgenden Abschnitte befassen sich mit guten und weniger guten Gewohnheiten aus den Bereichen

❖ Ziele setzen,
❖ Entscheidungen treffen (s. Seite 138ff.),
❖ Planen (s. Seite 144ff.),
❖ Probleme lösen (s. Seite 164ff.).

Diese Schrittfolge ergibt einen in sich abgeschlossenen Handlungskreislauf.

Ziele setzen

Ziele im Zeitmanagementseminar, Ziele im Motivationsseminar – all das sind wir gewöhnt. Doch was haben Zielsetzungen mit Stress-Management zu tun?

Wer keine Ziele hat, arbeitet automatisch für die Ziele anderer!

❖ In Untersuchungen haben sich Ziele als wesentliche Voraussetzung für ein erfülltes Leben erwiesen. Wir brauchen etwas, wofür es sich zu leben lohnt. Was könnte qualvoller sein als ein Leben ohne Sinn? Ihr Lebenssinn ist nichts anderes als Ihr höchstes Ziel.

❖ Ziele geben Sicherheit und Orientierung, sorgen also mit anderen Worten für ein Gefühl von Kontrolle. Der Weg ist das Ziel? Einverstanden, aber *ohne Ziel kein Weg!*

❖ Ziele beinhalten Freiwilligkeit. Die Belastungen auf unserem Weg zum Ziel werden als Eustress, als guter Stress, empfunden. Derselbe Weg ohne ein Ziel in Aussicht wäre bedeutend beschwerlicher. Das wäre wie ein Fußballspiel ohne Tore.

Übung 55: Eigene Ziele formulieren (zwei Minuten)

Der erste Schritt für Sie besteht also im bewussten Umgang mit den eigenen Zielen. Bitte formulieren Sie zum Einstieg in die Thematik zwei Ihrer aktuellen Ziele, mit denen wir in weiterer Folge arbeiten werden. Eines dieser beiden Ziele soll aus dem beruflichen Bereich stammen, das andere aus dem privaten. (drei Minuten)

1. Berufliches Ziel:

   . . . .

   . . . .

2. Privates Ziel:

   . . . .

   . . . .

Realistische Ziele setzen

Aber nicht jedes Ziel ist unweigerlich ein gutes Ziel. Ein wirkliches, echtes Ziel setzt eine getroffene Entscheidung voraus. »Man kann nicht alles im Leben haben« – mit dieser floskelhaften Erkenntnis erzählen wir Ihnen sicher nichts Neues. Viele Menschen wollen aber genau das: Sie wollen alles haben, alles erreichen, alles sein. In »Entscheidung« steckt das Wörtchen »scheiden« – und scheiden tut bekanntlich weh. Um diesem Schmerz zu entgehen, setzen sich viele von uns Ziele, ohne die nötigen Entscheidungen zu treffen. Das Setzen des Ziels gerät so zum Selbstzweck.

Zugegeben, die Versuchung, sich ein unrealistisches Ziel zu setzen, ist groß: Jedes Ziel verleiht uns eine gewisse psychologische Befriedigung, gibt Geborgenheit, beruhigt unser Gewissen. Ein Ziel jedoch, dessen Verwirklichung unwahrscheinlich ist, erzeugt Stress. So weit die unmittelbaren Konsequenzen. Die langfristigen Folgen wiegen aber noch viel schwerer: Jedes nicht erreichte Ziel, schlägt sich negativ auf unser Selbstvertrauen nieder. Selbstvertrauen ist für den Menschen jedoch das kostbarste Gut! Überlegen Sie bitte: Bei einem angeschlagenen Selbstvertrauen zweifle ich an zukünftigen Erfolgen. Die unausweichlichen Folgen sind:

❖ Sie nehmen viele Dinge von vornherein nicht mehr in Angriff: »Es wird ja doch nichts draus.«

❖ Praktisch jede Aufgabe trägt in sich den Keim des Scheiterns. Sie nehmen jeden Anspruch, der an Sie gestellt wird, jedes Ziel, das Sie zu erreichen trachten, als *potenzielle Gefahren*quelle wahr. Jeder kleinste Hügel erscheint Ihnen als unüberwindbar. Ein niedriges Selbstvertrauen gibt Ihnen das Gefühl, Ihr Leben nicht kontrollieren zu können. In der Psychologie spricht man von geringer »Selbsteffizienz« (»self efficiency«).

Sie selbst sind für die Stärke Ihres Selbstvertrauens verantwortlich

So weit die psychischen Auswirkungen. In der Realität belastet nicht jedes unerreichte Ziel Ihr Selbstvertrauenskonto im selben Maße. Überlegen Sie, was schadet Ihrem Selbstvertrauen mehr: Wenn die Verkaufszahlen a) hinter Ihren eigenen Erwartungen zurückbleiben oder b) hinter denen Ihres Vorgesetzten? Klar, ein selbst gestecktes Ziel zu verfehlen, zählt praktisch doppelt. Doppelt? Nein, mehr noch: Ihre Identifikation mit einem Ziel bildet die *Voraussetzung* sowohl für den Zuwachs von Selbstvertrauen als auch für Einbußen von Selbstvertrauen.

Eine weitere Einflussgröße bildet unsere persönliche Interpretation, ob etwas als Sieg oder »Versagen« zu werten ist. Zuletzt gehen Gewinne oder Verluste hinsichtlich unseres Selbstvertrauens auch auf Dritte zurück, die uns Erfolge oder vermeintliche Niederlagen zurückmelden. Daran können Sie kaum etwas ändern. Aber die Entscheidung, Bewertungen anderer (kritiklos) zu übernehmen, liegt wiederum bei Ihnen. Hinsichtlich Ihres Selbstvertrauens gilt im Übrigen das Gleiche wie beim Vertrauen gegenüber Dritten: Die Säulen des Vertrauens werden langsam errichtet, aber sind schnell zerstört. Wer einmal lügt …

Mit anderen Worten: Für eine positive Bilanz muss die Zahl der Einzahlungen die Zahl der Abbuchungen bei weitem übertreffen. Als weiterer Faktor kommt hinzu, wie ernst Sie es überhaupt mit dem Ziel meinen. Je entschlossener Sie sind, je fester Sie daran glauben, desto mehr steht auf dem Spiel. Wie oft aber gerät das Ziel zum Selbstzweck. Wir nennen es das »Silvestersyndrom«: Unsere Begeisterung für ein Ziel erschöpft sich schon mit dem Festsetzen eben dieses Ziels. Wie kann so etwas geschehen (Wozu-Frage)? Die Antwort findet sich im *kurzfristigen Denken*: Unmittelbar nach der Zieldefinition belohnt Sie Ihr Gewissen »Da hast du dir aber ein gutes Ziel gesetzt. Brav!« Das böse Erwachen, die Strafe, folgt erst *viel später*. Darüber hinaus wird unser Selbstbild zwischenzeitlich um ein positives Mosaiksteinchen erweitert: »Ab heute werde ich mehr Zeit mit meiner Familie verbringen.« Und schon können wir uns für eine Weile als guter Partner fühlen! Das Zielesetzen erlangt auf diese Weise den Charakter eines *symbolischen* Erfolgs.

Damit noch nicht genug. Der dritte Grund für das Setzen unrealistischer Ziele stellt sich uns als geschickte Selbstüberlistung dar: Mit einem hohen Ziel wird uns eine gute Ausrede gleich frei Haus mitgeliefert. Wir dürfen ruhig scheitern, immerhin war es auch eine schwierige Mission. Tatsächlich fanden Karabenick (1972) und vor ihm schon Feather (1967) heraus, dass ein Misserfolg bei schwierigen Aufgaben als weniger peinlich empfunden wird. In Summe gilt es also darauf zu achten, dass Sie sich nicht selbst in die Tasche lügen:

> **Verwechseln Sie nicht das, was Sie sind, mit dem,**
> **was Sie sein möchten!**

Durch unrealistische Ziele versuchen wir, kurzfristig unser Gewissen zu besänftigen!

Unrealistische Ziele bilden eine beständig sprudelnde Quelle von Stress. Wenn Sie ehrlich sind: Wissen Sie nicht meist schon im Voraus, ob Sie ein Ziel erreichen werden oder nicht? Genau. Der Zusatz »beständig sprudelnd« gilt nicht, wenn Ihr Unterbewusstsein überzeugt sein kann, dass Sie eine gute Chance haben, Ihr Ziel in die Tat umzusetzen. Als Faustformel dient uns die 80-Prozent-Regel:

> **Ein realistisches Ziel ist mit achtzigprozentiger Wahrscheinlichkeit erreichbar.**

Vielleicht wundern Sie sich jetzt: Zuletzt haben wir davon gesprochen, dass Ziele mit 70 Prozent Erfolgsaussicht bevorzugt werden. Wir empfehlen Ihnen hier jedoch, einen zusätzlichen Puffer einkalkulieren, um Ihr Selbstvertrauenskonto zu schützen. In der Tat konnte belegt werden, dass misserfolgsorientierte Personen sich eher sehr leichten oder sehr schwierigen Aufgaben zuwenden. Einige Motivationsgurus behaupten jedoch standhaft, je höher das gesteckte Ziel, desto besser. Und auch eine alte chinesische Weisheit besagt »Indem wir das Unmögliche versuchen, erreichen wir das Bestmögliche«. Also was ist dran an diesen Aussagen? Zunächst einmal ist entscheidend, ob Sie selbst an das gesteckte Ziel *glauben*. Wenn Sie sich ein hohes Ziel stecken, ohne Ihr persönliches Selbstwertgefühl davon abhängig zu machen, ist prinzipiell nichts dagegen einzuwenden. Nur fällt dies den meisten schwer. Und wir ziehen es vor, uns an dem zu orientieren, was für die allermeisten Menschen praktikabel ist.

Zudem zeigen Brehm und Self (1989) in ihrem »Allgemeinen Motivationsmodell«, dass die Motivation mit dem wahrgenommenen Schwierigkeitsgrad zunächst zwar ansteigt. Wer zu »kleine Brötchen« backt, dem stellt der Organismus wenig Energie zur Verfügung. Wenn jedoch die wahrgenommene Schwierigkeit und die damit verbundene Anstrengung zu groß werden, wird nur noch wenig Energie mobilisiert. Damit ergibt sich zwischen Motivation und Schwierigkeitsgrad ein ähnlich umgekehrt u-förmiger Zusammenhang, wie er schon im Zuge des Yerkes-Dodson-Gesetzes (s. Seite 47) dargestellt wurde. Kein Wunder! Hängen doch Aktivierungs- und Schwierigkeitsgrad einer Aufgabe ebenso eng miteinander zusammen wie Motivation und Leistungsvermögen. Den Punkt optimaler Motivation gilt es, individuell zu erspüren. Die 80-Prozent-Regel bietet Ihnen dazu eine vortreffliche Orientierungshilfe.

Schutz-Ziele

Sie selbst können dafür sorgen, dass Sie in Zukunft einen Zuwachs an Selbstvertrauen verbuchen können und Verluste verhindern. Die generelle Marschroute besteht im Setzen realistischer Ziele. Wir unterscheiden vier Möglichkeiten, Ziele so zu definieren, dass Sie realisierbar und zugleich herausfordernd sind:

❖ Vielleicht-Ziele,
❖ Teil-Ziele,
❖ Ziele auf Zeit,
❖ Einsatz- und handlungsorientierte Ziele.

Alle diese Ziele schützen wie ein vorsorglicher Schirm Ihr Selbstvertrauen und verhindern, dass Sie vom Regen nicht erreichter Ziele in die Traufe selbst abwertender Gefühle geraten. Deshalb sprechen wir von Schutz-Zielen.

Vielleicht-Ziele

Wie der Ausdruck schon andeutet, bedeutet ein Vielleicht-Ziel so viel wie: »Ich will *versuchen*, geduldig zuzuhören«, oder: »Ich werde *probieren*, diese Aufgabe in Zukunft zu delegieren.« Die Schwächen eines Vielleicht-Ziels sind offensichtlich: Die Verbindlichkeit ist gering. Zudem birgt es das Problem in sich, dass unsere Kräfte nicht auf die Erfüllung der Aufgabe hin gebündelt sind. Wir fahren sozusagen nur mit halber Kraft.

Dennoch: Ein Vielleicht-Ziel ist besser als *kein* Ziel! Es nimmt den Druck von Ihnen – »Ich muss ja nicht!«. Wenn wir unseren freien Willen bedroht sehen, löst das praktisch immer eine Trotzreaktion aus. Diese versperrt uns den vorurteilsfreien Blick auf unsere tatsächliche Motivation. Vor allem aber riskieren Sie keine Abzüge bezüglich Ihres Selbstvertrauens. Das Vielleicht-Ziel empfiehlt sich daher besonders für *unangenehmen Kleinkram*, Tätigkeiten also, denen ohnedies keine hohe Priorität zukommt. Im Allgemeinen erweisen sich jedoch die übrigen Schutz-Ziele als weitaus angemessener.

Teil-Ziele

Die Zerlegung eines Ziels in Teil-Ziele schützt Sie vor dem Gefühl der Überforderung. Wie durch einen Taschenspielertrick reduzieren die Teil-Ziele die subjektive wie auch die objektive Schwierigkeit Ihres Vorhabens. Statt »Nie wieder Süßigkeiten« beschließen Sie »Nie wieder Schokolade« (später setzen Sie auch die Bonbons auf die Abschussliste, usw.). Statt »Zu meinen Kunden bin ich stets freundlich« sagen Sie »Am Telefon bin ich stets freundlich«. Denn das wird Ihnen bedeutend leichter fallen. Sie greifen vielleicht erst nach dem dritten Telefonläuten zum Hörer und nutzen die gewonnene Zeit, um sich in eine positive Stimmung zu bringen.

Teil-Ziele schützen nicht nur Ihr Selbstvertrauen, sie erhöhen gleichzeitig Ihre Motivation. Brehm und Self (1989) stellen in ihrem Motivationsmodell fest, dass die Motivation lange Zeit vor dem Erreichen des Ziels relativ gering ist. Diese Tatsache machen sich kluge Projektmanager schon seit einiger Zeit mit der Meilenstein-Technik zunutze: Sie definieren zu Beginn des Projektes feste Termine mit messbaren Zwischenergebnissen.

Ziele auf Zeit

Ein Ziel auf Zeit unterscheidet sich von einem Teil-Ziel in der Weise, dass Sie das *volle* Ziel über einen bestimmten Zeitraum hinweg anvisieren. »Ich esse *eine Woche* lang kein Fleisch«. Klingt doch wesentlich glaubwürdiger als »Ab heute esse ich *nie wieder* Fleisch«. Das Ziel auf Zeit bildet demnach eine weitere großartige Möglichkeit, ein Ziel in seinem Schwierigkeitsgrad zu verringern, was seine Chance auf Verwirklichung (und somit einen Zuwachs an Selbstvertrauen) deutlich erhöht. Ihr Durchhaltevermögen wird von Zielen auf Zeit weit weniger gefordert. Sie bündeln alle Ihre Kräfte über einen gewissen Zeitraum hinweg. In dieser Hinsicht ist ein Ziel auf Zeit dem Vielleicht-Ziel haushoch überlegen: Sie machen damit keine halben Sachen, sondern erreichen ganze Lösungen.

In anderen Worten: Kurzfristige Ziele geben Ihnen größeren Auftrieb als langfristige, bei denen das Erfolgserlebnis auf sich warten lässt. Und diese Erfolge sind es letztendlich, welche Ihr Selbstvertrauen speisen.

Einsatz- und handlungsorientierte Ziele

Zur Wahrung des Selbstvertrauens empfiehlt Loehr (1997) Ziele, die sich im Bereich Ihrer eigenen Kontrolle befinden. Dies trifft nur bedingt auf *ergebnisorientierte Ziele* zu, wie beispielsweise das Vorhaben: »In diesem Jahr werde ich zwanzig neue Kunden gewinnen.« Ob ein Kunde den Kaufvertrag unterschreibt, unterliegt nur bedingt Ihrer Kontrolle. Günstiger ist es, das ergebnisorientierte Ziel als Ausgangspunkt zu nehmen und *zusätzlich* ein oder mehrere *einsatzorientierte Ziele* aufzustellen.

In unserem Beispiel könnte ein einsatzorientiertes Ziel lauten »Ich führe 400 Telefonate, um neue Kundenkontakte herzustellen.« Das Ziel – zwanzig neue Kunden – hat sich prinzipiell nicht geändert. Anders hätten wir die Zahl der Anrufe auch nicht festlegen können. Beide Ziele sind messbar. Nur auf den ersten Blick erscheinen die 400 Telefonate als ein Sich-aus-der-Affäre-Ziehen, als »schwammig«. Auf den zweiten Blick fällt auf, dass 400 Telefonate bereits eine Strategie zur Erreichung des Ziels darstellen. Das einsatzorientierte Ziel hat uns sogar zum *Handeln* gebracht, ist also zugleich wesentlich *handlungsorientierter*. Das Ziel ist wesentlich greifbarer. Der zeitliche Aufwand lässt sich bereits abschätzen. Wenn unser Verkäufer konsequent ist und durchschnittlich zwanzig Minuten pro Telefongespräch einrechnet, ergibt sich ein weiteres einsatzorientiertes Ziel: »Ich verbringe 8.000 Minuten, das sind rund 133 Stunden, am Telefon.« Nun zeigt sich bereits, ob dieses Ziel realistisch ist oder nicht.

Aber sehen wir weiter: Wie werden die Telefonate verlaufen? Welcher Anrufer wäre Ihnen persönlich sympathischer? Der einsatzorientierte oder der ergebnisorientierte Verkäufer? Welcher Anrufer erlebt Eustress (angenehmen Stress), welcher erlebt Disstress (unangenehmen Stress)? Welcher Anrufer wird daher letzten Endes auch *erfolgreicher* agieren?

Unser Hauptargument ist und bleibt jedoch, dass Sie die Zielerreichung unter Ihrer *Kontrolle* behalten sollten. Einsatzorientierte Ziele beziehen sich eben auf Ihr persönliches Engagement: Sie geben Ihr Bestes (dieselbe Haltung galt ja schon für die Wahrung Ihres persönliches Arbeitstempos). Diese Einstellung ermöglicht erst Freude bei der Arbeit.

Einsatzorientierte Ziele vor ergebnisorientierten Zielen!

Übung 56: Schutz-Ziele definieren (sieben Minuten)

1. Überprüfen Sie die eingangs dieses Kapitels gesetzten Ziele (s. Seite 129) darauf hin, welche zusätzliche Formulierung beziehungsweise Neuformulierung im Sinne unserer vier Schutz-Ziele ihnen gut täte.

    Berufliches Ziel: . . . .

    . . . .

    Privates Ziel: . . . .

    . . . .

2. Schauen Sie sich diese neu oder zusätzlich definierten Ziele nochmals an und spüren Sie einmal nach, welche spontanen Gefühl dazu bei Ihnen auftauchen? Was hat sich verändert?

    . . . .

    . . . .

3. Gehen Sie nun im Geiste einmal Ihre verschiedenen Lebensbereiche und die damit verbundenen Rollen durch (beruflich: Vorgesetzter, Kollege, Teammitglied usw./privat: Partner, Vater/Mutter, Freund/Freundin, Tochter/Sohn usw.). Welche Ansprüche stellen Sie in diesen Bereichen an sich? Wie definieren Sie Ihre Ziele? Bitte wählen Sie mindestens drei weitere Ziele aus, die für Sie schon seit längerer Zeit mit etwas Bauchweh behaftet sind. Formulieren Sie auch für diese Ziele entsprechende Schutz-Ziele (oder streichen Sie diese Ziele von Ihrer Liste!).

    Ziel Nr. 1: . . . .

    Ziel Nr. 2: . . . .

    Ziel Nr. 3: . . . .

4. Wie geht es Ihnen mit Ihren neuen Zielen? Welche Erkenntnisse ziehen Sie für sich aus dieser Übung?

    . . . .

    . . . .

    . . . .

Praxistipps: Schutz-Ziele setzen

Sollten Sie wider Erwarten ein Ziel nicht erreichen, heißt das eines sicher nicht: dass Sie ein »Versager« sind. Es heißt eigentlich nur, dass Sie

Ein gutes Ziel müssen Sie in eine Schubkarre legen und damit wegfahren können!

- ❖ Ihr Ziel *noch immer* zu hoch (oder zu niedrig) gesteckt haben. Modifizieren Sie es entsprechend und schreiten Sie erneut zur *Tat*.
- ❖ Ihr Ziel noch nicht genügend *konkretisiert* haben. Wie genau sieht Ihr »Schlachtplan« aus?
- ❖ Fallen Sie jedoch bei der Frage nach einer angemessenen Zielformulierung nicht auf die Falle des Entweder-oder-Denkens hinein: Wie wir gesehen haben, stand das ergebnisorientierte Ziel am Anfang unserer Überlegungen. Es bildet die *Voraussetzung*, um überhaupt einsatz- und handlungsorientierte Ziele aufstellen zu können. Sie behalten also das angestrebte Ergebnis sehr wohl im Hinterkopf – aus ihm schöpfen Sie immerhin jede Menge Motivation.

Entscheidungen treffen

Besonders anfällig für unrealistische Ziele sind wir in jenen Bereichen, in welchen wir eine *echte* Entscheidung vermeiden wollen, in welchen wir im Grunde gar nicht bereit sind, den fälligen Preis zu zahlen. Als »echt« bezeichnen wir Entscheidungen, zu denen Sie auch dann noch stehen, wenn die ersten Probleme auftauchen. Echte Entscheidungen zeichnen sich durch ein vorheriges *Abwägen* der Alternativen aus. Im obigen Fall (mehr Zeit mit der Familie verbringen) könnte das bedeuten, weniger Zeit vor dem Computer zu verbringen. Wer dazu nicht bereit ist, für den bleibt das Ziel Selbstzweck. Der mit dem Ziel verbundene Preis wird nicht gezahlt. Eine echte Entscheidung bleibt demgemäß aus!

Bei unechten Entscheidungen kommt das Bedürfnis nach Sicherheit dem Bedürfnis nach Freiheit in die Quere!

Die psychologische Forschung hat gezeigt, dass keine Entscheidung in vielen Fällen noch schlimmer ist als eine schlechte Entscheidung. Das können Sie sicherlich nachempfinden: Nichts ist quälender als sich in der Schwebe zu befinden, zum Beispiel nicht zu wissen, woran man bei einem geliebten Menschen ist. Was glauben Sie, warum im deutschen Sprachraum »Ehrlichkeit« nach wie vor als einer der wichtigsten Charakterzüge betrachtet wird? Was glauben Sie, warum jährlich Tausende von Gänseblümchen auf unseren Wiesen ihr Leben lassen müssen: »Sie liebt mich – sie liebt mich nicht …« Es geht wieder einmal um Sicherheit, um Kontrolle über das eigene Leben.

Auf der anderen Seite trachtet jeder Mensch danach, die Anzahl seiner persönlichen Freiheitsgrade so hoch wie möglich zu halten. Einerseits möchten wir Gewissheit und damit eine Entscheidung. Andererseits beraubt uns jede Entscheidung eines Stückes unserer persönlichen Freiheit. Daher die vielen vermiedenen und *nachträglich revidierten* Entscheidungen. Jeder Beschränkung der Handlungs- oder Wahlfreiheit folgt eine Art »Trotzphase«, die von Brehm (1966) erstmals als »Reaktanz« bezeichnet worden ist. Reaktanz tritt erst *nachträglich* zutage.

Was Ihnen bewusst sein sollte: Reaktanz bewirkt, dass jene Alternative, gegen die wir uns entschieden haben, aufgewertet wird. Die verlorene Freiheit verleitet uns dazu, unsere Entscheidung zu revidieren, aufzuweichen, zu relativieren.

Was aber ist die Folge dieses Eiertanzes? Der Preis, den wir *auf Dauer* für jede nicht gefällte Entscheidung zahlen, ist sehr hoch. Unglücklicherweise wird dieser Preis nicht auf einmal fällig, sonst wäre unsere Motivation, doch eine Entscheidung zu treffen, so hoch, dass wir uns selbst so manches Kopfzerbrechen ersparen würden. Wieder einmal sind wir auf kurzsichtiges Denken als Ursache allen Übels gestoßen. Wenn Sie langfristig Stress vorbeugen wollen, müssen Sie schon heute beginnen, das zu tun, was überübermorgen gut für Sie ist! Zum Beispiel eben: Entscheidungen treffen.

> »Anspannung und innere Zerrissenheit sind viel aufreibender als harte, unermüdliche Arbeit!«
> *(Steven Covey)*

Die Alternativen-Wertanalyse

Die Alternativen-Wertanalyse ist ein einfaches und zugleich hoch effizientes Mittel zur Entscheidungsfindung – das liegt an ihrer Systematik. Worin genau besteht die Notwendigkeit einer Alternativen-Wertanalyse? Aus der Lern- und Gedächtnisforschung ist bekannt, dass die menschliche Verarbeitungskapazität durch die »Magische Zahl Sieben« nach Miller (1956) begrenzt wird. Da nicht alle Menschen gleich sind, hat Miller diese Angabe auf sieben plus/minus zwei flexibilisiert. Was hat das mit dem Treffen von Entscheidungen zu tun? Ganz einfach: Der Entscheidung geht zumeist ein Abwägen der Vor- und Nachteile von unterschiedlichen Alternativen voraus.

Stellen Sie sich den »Arbeitsspeicher« Ihres Gehirns wie ein Regalbrett vor, auf das Sie die verschiedenen Aspekte der Alternativen stellen. Frage an Sie: Wie viele dieser Vor- und Nachteile haben auf Ihrem Regalbrett Platz? Wie viele Aspekte können Sie gleichzeitig im Kopf behalten? Antwort: in etwa sieben plus/minus zwei! Stellen Sie weitere Vor- und Nachteile in Ihr Regal, fallen die bisher bedachten Aspekte gleichsam wieder hinten hinunter – und zwar meist *unbemerkt*. Getreu dem Motto: »Ich kann mich nicht erinnern, jemals etwas vergessen zu haben!«

Wir werden Ihnen die Prozedur anhand eines konkreten Beispiels erklären. Sie könnten sich beispielsweise überlegen, ob Sie Ihren jetzigen Arbeitsplatz behalten, zu einer anderen Firma wechseln oder sich gar selbstständig machen. Folgende Vorgehensweise (s. nächste Seite) bietet sich an:

❖ *Alternativen sammeln:* Zunächst überlegen Sie sich im Rahmen eines Brainstormings, welche Alternativen, welche Möglichkeiten Sie haben und tragen diese in die graue *Spalte* der Matrix auf Seite 141 ein.

❖ *Kriterien aufstellen:* Anschließend widmen Sie sich der Frage, welche Kriterien die optimale Lösung erfüllen muss. Diese Kriterien füllen die graue *Zeile*.

❖ *Wertanalyse:* Die eigentliche Analyse besteht darin, Punkte in Abhängigkeit davon zu vergeben, ob eine Alternative ein Kriterium erfüllt oder nicht (bzw. dieses Kriterium mehr oder weniger erfüllt).

❖ *Auswertung:* In der letzten Spalte werden zu guter Letzt die Zeilensummen gebildet. Die Alternative mit der höchsten Punktzahl sollte – nach menschlichem Ermessen – die beste Alternative darstellen.

Nur durch das Prinzip Schriftlichkeit besiegen Sie die Magische Zahl »Sieben«

Alternativen \ Kriterien	Sicherheit	Selbstverwirklichung	Verdienst	Freizeit	...	Summe
derzeitiger Arbeitsplatz	3	0	1	3		7
Firma X	1	1	2	1		5
Firma Y	2	2	1	2		7
Firma Z	1	2	2	2		7
Selbstständigkeit	0	3	3	0		9
...						

Beispiel einer Alternativen-Wertanalyse. Die »Magische Zahl Sieben« besagt, dass Sie jeweils nur einen kleinen Ausschnitt der Matrix (schwarz umrandeter Bereich) in dem »Arbeitsspeicher« Ihres Gehirns aktiv halten können.

In unserem Beispiel haben wir Punkte im Bereich 0 bis 3 vergeben. Und natürlich gewinnt bei uns als Trainern am Ende die Selbstständigkeit!

Praxistipps: Alternativen-Wertanalyse

❖ Die Alternativen-Wertanalyse spart langfristig Zeit! Vor allem dann, wenn es sich um Entscheidungen handelt, mit denen Sie sich schon länger herumplagen.

❖ Nicht jedem Kriterium kommt der gleiche Stellenwert zu. Für den Fall, dass ein Kriterium Ihnen besonders wichtig erscheint, lohnt sich der Mehraufwand, die Kriterien zu gewichten. Wenn Ihnen im obigen Beispiel die soziale Sicherheit besonders am Herzen liegt, gewichten Sie dieses Kriterium beispielsweise mit der Zahl »2«. Das heißt, dass Sie jeden Wert in der Spalte »Sicherheit« mit zwei multiplizieren, sodass dieses Kriterium einen stärkeren Einfluss auf das Ergebnis ausübt (in unserem Beispiel würden die Werte der Spalte »Sicherheit« folgendermaßen korrigiert: 2×3=6, 2×1=1, 2×2=4, 2×1=2, 2×0=0. Und schon würde der derzeitige Arbeitsplatz das Rennen machen!).

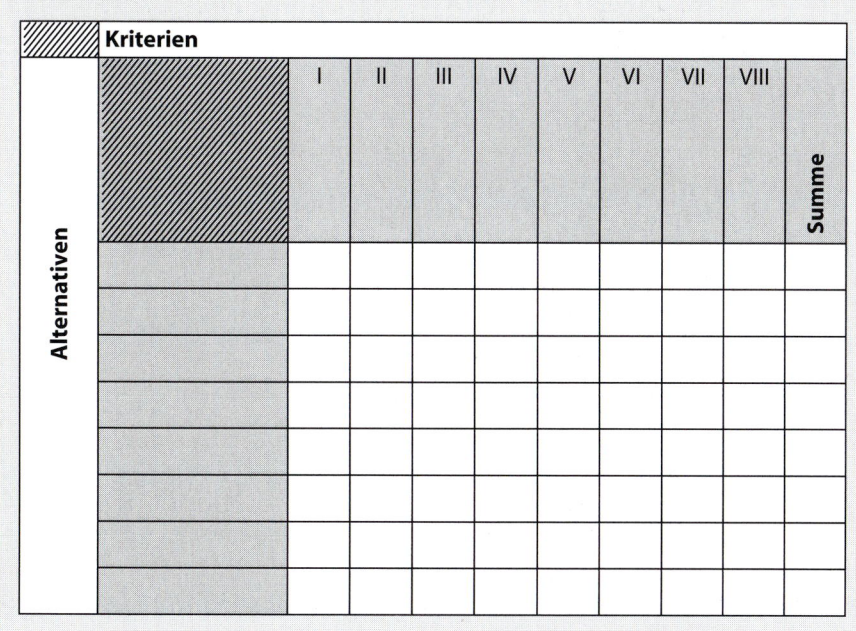

Übung 57: Die Alternativen-Wertanalyse (fünfzehn bis zwanzig Minuten)

Nutzen Sie die Gelegenheit, mit Hilfe der Alternativen-Wertanalyse eine überfällige Entscheidung zu treffen.

Kriterien									
		I	II	III	IV	V	VI	VII	VIII	Summe
Alternativen										

Schätzen Sie die Wichtigkeit von Entscheidungen im Vorfeld ab

Die Systematik der Entscheidungsfindung verleiht Ihnen große Sicherheit in Bezug auf die Richtigkeit Ihrer Wahl. Die Alternativen-Wertanalyse ist daher immer dann von Vorteil, wenn wichtige Entscheidungen ins Haus stehen.

Praxistipps: Entscheidungen treffen

Machen Sie sich die zahlreichen mit der Entscheidungsfindung verbundenen Fallen bewusst, als da sind:

❖ Sie wählen die *erstbeste Alternative*, die Ihren Anforderungen auch nur halbwegs entspricht (Simons »Modell zufrieden stellender Entscheidungen«, 1957).

❖ Sie *tun* so, *als ob* Sie eine Entscheidung treffen. In Wirklichkeit wissen Sie schon vorher, dass Sie mit dem Auto zur Arbeit fahren wollen. Sie suchen dann beispielsweise nur noch nach Argumenten, weshalb das Auto den öffentlichen Verkehrsmitteln vorzuziehen ist (»Implicit-favorite-model« nach Soelberg, 1967).

❖ Sie entscheiden sich für den Kauf eines neuen Fernsehers, weil Ihnen zu dieser Entscheidung *zufälligerweise* gerade einige positive Aspekte *in Serie* eingefallen sind, die gemeinsam auf erwähntem »Regalbrett« Platz hatten (größerer Bildschirm, endlich Teletext usw.). Erst nach dem Kauf kommen Sie serienweise auf die Nachteile, an die Sie wohl irgendwann einmal gedacht hatten, die Ihnen nur leider zum Zeitpunkt der Kaufentscheidung »entfallen« waren: kein Geld für andere wichtige Anschaffungen, der neue Fernseher braucht zu viel Platz usw. (»Konfliktmodell« nach Feger, 1978).

❖ Die obigen Strategien sind immer dann legitim, wenn es sich um ein weniger wichtiges Problem handelt und sich die in eine systematische Entscheidungsfindung investierte Zeit nie und nimmer bezahlt machen würde. Doch zeigt die Praxis, dass ausgerechnet schwerwiegende Entscheidungen aufgrund des Informationsüberflusses irgendwann nach dem »Ist ja auch egal«-Prinzip behandelt werden. Und zwar aus dem Wunsch heraus, den mit der Unentschiedenheit verbundenen Stress möglichst schnell loszuwerden. Die Logik dahinter ist bestechend: »Weil ich mich überfordert fühle, ist es unwichtig, wie ich entscheide!« Erinnern Sie sich zurück an die Prinzipien des Annehmens: Halten Sie dem Stress während der Vorentscheidungsphase stand. Nach einer kurzen Zeit der Gewöhnung wird er ohnehin abklingen.

Sicherung der Lernergebnisse (drei Minuten)

Auf welche Weise möchten Sie in Zukunft mit offenen Entscheidungen verfahren?

....

....

....

....

....

....

....

....

....

....

....

....

....

....

....

....

....

....

Planen

*Aktionismus – die
Sucht nach dem
schnellen Erfolg* In unseren Seminaren zum Thema Zeitmanagement hören wir oft: »Ich habe keine Zeit, um meinen Tag zu planen.« Können Sie sich eine solche Haltung wirklich leisten? Die folgende Tabelle zeigt auf nüchterne Weise die unterschiedlichen Auswirkungen von Aktionismus im Gegensatz zur Strategie.

	kurzfristige Folgen	langfristige Folgen
Aktionismus	Nicht optimale Lösung aber schneller Erfolg.	Verdoppelung der Anstrengungen bei mäßigem Erfolg.
Strategie	Optimale Lösung aber noch kein Erfolg.	Größtmöglicher Erfolg.

Menschen haben stets einen guten Grund für ihre Handlungen, so auch für den weit verbreiteten Aktionismus. Wie es dazu kommen kann, dass wir den Erfolg versprechenden Weg der Strategie verlassen, um auf dem steinigen Pfad des Aktionismus dahinzupoltern – das veranschaulicht der Teufelskreis des Aktionismus.

Der Teufelskreis des Aktionismus

❖ **Befürchtung:** Die »Eintrittskarte« für den Besuch des Teufelskreises des Aktionismus besteht in der Befürchtung, dass einem die Arbeit über den Kopf wächst, man nicht rechtzeitig fertig wird und dergleichen mehr. Dieser Einstieg in den Teufelskreis ist durch den grauen Kreis »Befürchtung« gekennzeichnet. Nennen wir es ruhig beim Namen: Wir sprechen von Versagensängsten – und wer hat die heutzutage nicht?

❖ **Spannung/Stress:** Dieser Befürchtung folgt der Distress auf dem Fuße

❖ **Aktionismus:** Für die obligatorische Wozu-Frage (Wozu Aktionismus?) finden wir hier den ersten Anhaltspunkt. Um dem Stress zu entkommen und gleichzeitig das Gefühl zu haben, etwas weiterzubringen, stürzen wir uns kopfüber in Arbeit. Aus dieser Perspektive entpuppt sich Aktionismus als aussichtsloser Fluchtversuch (Wie zuvor schon bei »Stresslern« so weit verbreitete Geschwindigkeitswahn).

Aktionismus heißt: Bedeutende Siege auf Nebenschauplätzen erringen

❖ **Schneller Erfolg:** Leider wirken kurzfristige, rasche Erfolge als Belohnung für den Aktionismus. Aus der Lerntheorie ist bekannt, dass ein wichtiger Faktor für Erfahrungslernen die so genannte »Kontingenz« ist. Verständlich ausgedrückt heißt das nichts anderes als: Ein Verhalten wird umso eher gelernt, je unmittelbarer die Belohnung/Bestrafung erfolgt beziehungsweise, je offensichtlicher der Zusammenhang zwischen Verhalten und Belohnung/Bestrafung ist. Leider verstärken auf diese Weise die schnellen Erfolge ein langfristig zermürbendes Verhalten – den Aktionismus.

❖ **Langfristig geringe Effizienz:** Aktionismus führt schon bei leidlich komplexen Aufgaben unweigerlich zu Fehlentscheidungen. Obwohl sich langfristig nur geringe Erfolge einstellen, wird dies nicht auf den Aktionismus zurückgeführt – die »Kontingenz« zwischen Aktionismus und dem Untergang im Arbeitsberg ist durch den dazwischen liegenden Zeitraum »unsichtbar« für all diejenigen, die nicht sehr genau hinsehen (wollen).

❖ **Verdoppelung der Anstrengung:** Um den langfristig ausbleibenden Erfolg zu kompensieren, werden die Bemühungen verdoppelt.

❖ **Gerade noch/nicht mehr ganz fertig werden:** Seltsamerweise klappt es am Ende doch immer »irgendwie«. Wie das kommt? Durch die zeitliche Begrenzung nach hinten, sind wir gezwungen, Prioritäten zu setzen – ohne das kleinste Fünkchen Strategie geht es eben doch nicht! Dass seine letzte Rettung dieses kleine bisschen Strategie war, nämlich sich auf das wirklich Wichtige zu konzentrieren, wird dem Aktionisten jedoch gar nicht auffallen.

❖ **Bestätigung der Befürchtung:** Geradezu tragisch mutet es an, dass – egal wie es dieses Mal ausgehen wird – der Aktionistische sich in seiner ursprünglichen Befürchtung bestätigt fühlen wird. »Ich hab's doch gewusst – die Zeit war verdammt knapp! Wie gut, dass ich gleich angefangen habe, sonst hätte es vorne und hinten nicht geklappt.« Tatsächlich? Sollten Sie so denken, schließen Sie damit den teuflischen Kreis.

Der Soziologe Merton (1957) prägte als Erster für diese Teufelskreise den Ausdruck der »selbst erfüllenden Prophezeiung«. Wenn Sie in diesem Teufelskreis allzu viele Runden absolvieren, droht Ihnen das »Burn-out«. Dieses emotionale Ausbrennen macht sich spätestens mit der Frage »Wozu die ganze Quälerei?« bemerkbar. Wenn Sie diesen Gedanken von sich kennen, ist es höchste Eisenbahn, aus dem schlechten Spiel auszusteigen.

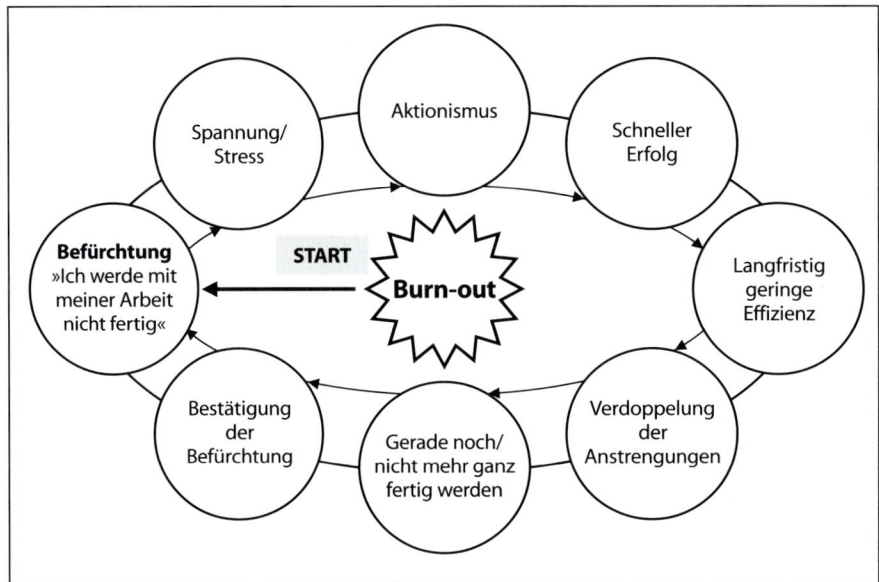

Der Teufelskreis des Aktionismus – eine sich selbst erfüllenden Prophezeiung

Fassen wir noch einmal zusammen, weshalb es so schwierig ist, aus diesem Teufelskreis auszubrechen? Der These von der »Rechtfertigung des Aufwands« aus der Dissonanztheorie von Leon Festinger sind Sie ja bereits begegnet: Je mehr Energie wir in eine Sache investiert haben, desto wertvoller erscheint sie uns. In einer berühmten Untersuchung von Festinger und Carlsmith (1959) änderten die Versuchspersonen ihre Einstellung gegenüber als langweilig beurteilten Aufgaben in *positiver* Richtung, wenn sie dafür *schlecht* bezahlt wurden! Gut bezahlte Versuchsteilnehmer hingegen behielten ihre ablehnende Haltung bei. Wie ist dieses paradoxe Ergebnis zu erklären? Nun, die schlecht bezahlten Teilnehmer mussten, nachdem Sie die Aufgabe erledigt hatten, eine Begründung für dieses Verhalten finden. Am Geld konnte es nicht gelegen haben. So schlossen die Teilnehmer, dass sie die Aufgabe wohl doch nicht so langweilig finden konnten.

Derselbe gedankliche Prozess verleitet uns dazu, von einer einmal gefundenen Problemlösung nicht mehr abzurücken. Die Enttäuschung über die Tatsache, eine schlechte Alternative gewählt zu haben, wächst proportional zu dem Aufwand, der mit der Umsetzung eben dieser Alternative verbunden gewesen ist. Um dieser Enttäuschung zu entgehen, versuchen wir, den bisherigen Weg zu rechtfertigen:

❖ Wir suchen nach Gründen, weshalb frühere Entscheidungen, die wir eigentlich bereuen, »ja doch gar nicht so übel« waren.
❖ Wir reden uns darauf hinaus, dass uns ja nichts anderes übrig geblieben sei.
❖ Wir werten andere Alternativen, die uns zur Verfügung gestanden hätten, ab.

Wer auf dem steinigen Weg des Aktionismus zum Erfolg gelangen will, dem bleibt nichts anderes übrig, als seine Anstrengungen zu verdoppeln. Ein weiteres Beispiel für das Prinzip des »mehr desselben« von Paul Watzlawick. Auch hier liegt die Wurzel allen Übels im kurzfristigen Denken: Die Verdoppelung des Kraftaufwands ist *im Augenblick* weniger schmerzhaft, als sich einen Fehler einzugestehen.

Kurzfristiges Denken

Mit der Angewohnheit, jene Alternativen zu wählen, die im Augenblick den größten Erfolg versprechen, stehen Sie keinesfalls allein. Den zahlreichen Experimenten von Herrnstein (1991) nach zu schließen handelt es sich um eine allgemeine menschliche »Unart«, die Herrnstein als »Prinzip der kurzfristigen Verbesserung« bezeichnet: Seine Versuchspersonen entschieden sich im Rahmen von computersimulierten Gewinnspielen für momentan Gewinn bringende Alternativen, selbst wenn Ihnen andere, langfristig offensichtlich bessere Strategien zur Verfügung standen. Was lernen wir daraus? Es bedarf einer willentlichen Anstrengung, um sich entgegen dieser allzu menschlichen Tendenz zu verhalten.

Falls Sie jetzt noch immer nicht davon überzeugt sind, dass das rechte Maß an Strategie dem blanken Aktionismus vorzuziehen ist, absolvieren Sie die folgende Übung und beantworten Sie die gestellten Fragen.

Auch tausend Spatzen ergeben am Ende keine Taube!

Übung 58: Das Prinzip der kurzfristigen Verbesserung (drei Minuten)

Wie geübt sind Sie im Aktionismus und wie geübt sind Sie im planvollen Vorgehen?

....

....

Was können Sie daher im Augenblick besser?

....

....

Wie groß sind Ihre Entwicklungschancen in dem jeweiligen Bereich?

....

....

Der Engelskreis der Strategie

Nun ist Ihnen das Problem bewusst und es wird Sie der Ausweg aus dem Dilemma interessieren. Wie bekommen Sie die Kurve zu mehr Strategie und planvollerem Vorgehen? Setzen wir zunächst bei der Befürchtung selbst an:

❖ Ändern Sie Ihre Einstellung gegenüber Unerledigtem.
❖ Ändern Sie Ihre Einstellung zu Fehlern und legen Sie ein gutes Stück Perfektionismus ab. Das führt zu weniger Versagensängsten.

Auf beide Maßnahmen werden wir in Kapitel E ausführlicher zurückkommen. In Bezug auf Stress bedeutet das: Halten Sie die mit der (subjektiven!) Ungewissheit verbundene Spannung aus, ob mehr Planung und Strategie Sie tatsächlich dazu führen, dass Sie Ihre Arbeit mit mehr Gelassenheit und dennoch termingerecht erledigen können. Denken Sie zurück an Kapitel A – Annehmen. Für Ihr Handeln heißt das: Testen Sie die Realität, indem Sie verstärkt auf Strategie setzen und später die sich daraus ergebenden Ergebnisse kontrollieren. Geben Sie sich die Chance, die mittel- und langfristig positiven Entwicklungen von planvollerem Vorgehen selbst zu erfahren.

Der Einstieg in den Engelskreis ist schnell beschrieben: Ausgangspunkt ist zunächst dieselbe alte Befürchtung, mit der Arbeit nicht rechtzeitig fertig zu werden – wir haben argumentiert, dass diese Befürchtung unbegründet ist, sofern Sie bis dato auch immer »irgendwie« zurande gekommen sind. Dennoch kann man eine Befürchtung schlecht wegdiskutieren. Entsprechend wird sich der vertraute Stress melden. Dieses Mal aber geben Sie ihm nicht nach, indem Sie die Flucht nach vorne in Aktionismus antreten. Sondern Sie halten tapfer diesen Spannungszustand aus. Kurzfristig wird natürlich (abgesehen von Ihrem Plan) kein konkreter Erfolg vorhanden sein. An dieser Stelle ist es besonders wichtig, dass Sie sich selbst belohnen. Ja, Sie haben richtig verstanden. Das Eigenlob »Ich bin *stolz* auf mich, dass ich nicht wieder in die Aktionismusfalle getappt bin!« stinkt keineswegs. Überhaupt erhebt sich doch die Frage, wie Sie persönlich zu Anerkennung kommen?

> **Besitzen Sie einen »Lobautomaten«, in den Sie einen**
> **Euro hineinwerfen und der dann einen Zettel**
> **mit der Botschaft »Du bist gut!« ausspuckt?**

Die Tatsache allein, dass Sie dieses Buch lesen, kann als starkes Indiz dafür gewertet werden, dass Sie Ihre Arbeit sehr ernst nehmen. Sie geben Ihr Bestes und dafür gebührt Ihnen Lob und Anerkennung. Diese Anerkennung dürfen und sollten Sie sich selbst regelmäßig aussprechen.

Wie geht es nun weiter in Ihrem Engelskreis? Je komplexer die anstehende Aufgabe, desto stärker wird sich Ihr planvolles Vorgehen bezahlt machen. Aufgrund dieses langfristigen Erfolgs werden Sie erkennen, dass Ihre anfängliche Befürchtung, mit dem Haufen Arbeit nicht zurande zu kommen, unbegründet. ist. In diesem Augenblick haben Sie es geschafft! Die Befürchtung wird schon beim nächsten Mal nur noch in abgeschwächter Form auftreten. Es wird allerdings noch weitere positive Erfahrungen mit Strategie und planvollem Vorgehen benötigen, bis Ihre Ängste endgültig von Ihrer persönlichen Festplatte gelöscht sind. Nun denn: Sie sind darauf vorbereitet und gewappnet!

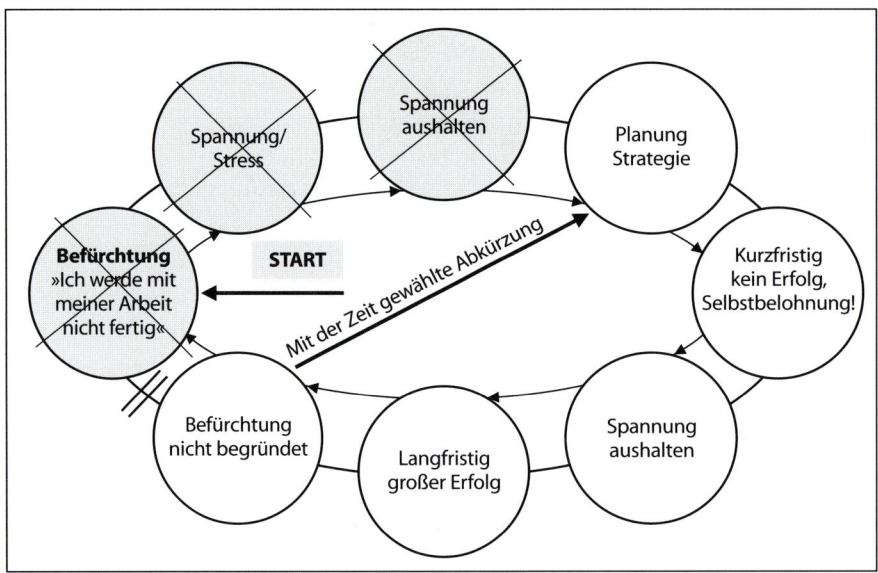

Der Engelskreis der Strategie: Realitätstesten führt zu der neuen Erfahrung »Wenn ich genügend Zeit in Planung und Strategie investiere, werde ich rechtzeitig mit der Arbeit fertig!«.

Argumente für das Planen

Nach dieser eher allgemeinen Einführung in die Thematik des Planens, wollen wir einige weiterführende Überlegungen zum Thema Planen anstellen. Argumente, die für das Planen sprechen, sind:

❖ **Planen bringt mehr Zeit:** Die Zeit, die Sie für die Planung benötigen, holen Sie später leicht wieder heraus.
❖ **Planen erlaubt, »bei der Sache« zu sein:** Sie müssen sich dann nicht mehr unentwegt über zukünftige Aktivitäten den Kopf zerbrechen.
❖ **Planen erlaubt Abschalten nach getaner Arbeit:** Das gilt vor allem für Selbstständige (Hausfrauen, Studenten, Freiberufliche). Planung schafft die nötigen Begrenzungen. Ansonsten besteht die Gefahr, dass Sie bis zur Erschöpfung arbeiten.
❖ **Planen erlaubt Erfolgskontrolle:** Daraus entwickelt sich eine realistische Einschätzung, was in einer bestimmten Zeit machbar ist. Probleme fallen sofort auf und können behoben werden.

- ❖ **Planen entlastet das Gehirn:** Während der Umsetzung Ihrer Ideen haben Sie den Kopf frei. Andernfalls besteht die Gefahr, dass Sie nicht wirklich bei der Sache sind.
- ❖ **Planen bedeutet Freiheit:** Der Plan wird von Ihnen selbst aufgestellt, niemand zwingt Sie. Niemand – außer Ihnen selbst – kontrolliert Sie. Dennoch sollten Sie sich an Ihren Plan halten, sonst bräuchten Sie ihn erst gar nicht aufzustellen.
- ❖ **Planen harmoniert mit Flexibilität:** Wenn sich überraschend eine günstige Gelegenheit auftut, sollten Sie diese natürlich auch ergreifen. Planen darf niemals zum Selbstzweck werden.
- ❖ **Planen erspart doppelte Arbeit:** Gerade haben Sie den Computer heruntergefahren, da fällt Ihnen ein: Sie wollten doch noch …
- ❖ **Planen verhilft zu Gelassenheit:** Sie wissen, dass an alles gedacht ist.

Häufig fürchten wir uns vor dem Planen, aus Angst etwas falsch zu machen. Doch wie der berühmte Schachpädagoge Tarrasch es auf den Punkt brachte:

> ## Ein schlechter Plan ist besser als gar kein Plan!

Praxistipps: Planen

- ❖ Wie Sie sich leicht ausrechnen können, lohnt sich Planung nicht bei allen Tätigkeiten. Viel versprechende Kandidaten für das Planen sind alle wiederkehrenden Aufgaben, Routinen sowie längerfristige Projekte.
- ❖ Der Nachteil des Planens ist darin zu sehen, dass Sie in dieser Phase kaum Erfahrungswerte sammeln können, sondern über mögliche Konsequenzen lediglich Mutmaßungen anstellen können. Unser Tipp: Verbinden Sie Phasen des Planens mit Phasen des Ausprobierens. Der entscheidende Schritt wird hier die Abschätzung des Risikos sein, das mit dem Testen verbunden ist. So verstanden, beinhaltet planvolles Vorgehen auch Erprobungsphasen, aus denen wir allerdings wieder zum Planen zurückfinden müssen.
- ❖ Erwarten Sie nicht, dass Ihre Pläne immer aufgehen. Der Wert des *bewussten* Planens besteht ja gerade darin herauszufinden, weshalb die bisherigen unbewussten Pläne nicht funktionierten.

> Der Fahrgast zum Bahnbeamten: »Wozu brauchen wir die Fahrpläne, wenn die Züge doch immer Verstätung haben?« »Sehen Sie! Wenn wir die Pläne nicht hätten, wüssten wir nicht einmal das.«

Prioritäten setzen

Der amerikanische Erfolgsautor Steven Covey (1997) berichtet von einem Zeitmanagementseminar, auf der er die Metapher des Kieselprinzips kennen lernte.

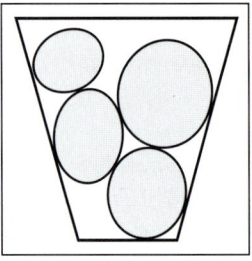

Ein Glas, gefüllt mit mehreren großen Kieselsteinen.
Frage: Ist dieses Glas voll?

Wenn Sie mit »Nein« geantwortet haben, sind Sie unserer offenkundigen Fangfrage nicht auf dem Leim gegangen: Die Frage, ob dieses Glas voll sei, wurde nur dann von Ihnen bejaht, wenn Sie interpretiert haben, dass mit »voll« gemeint ist: Es passt kein weiterer *Kieselstein gleicher Größe* in das Glas. Hingegen haben kleinere Kieselsteine in den Ritzen sehr wohl noch Platz.

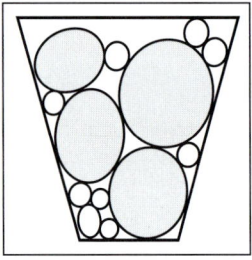

Ein Glas, angefüllt mit mehreren großen Kieselsteinen und etlichen kleineren Kieselsteinen. Frage: Ist dieses Glas voll?

Natürlich nicht! In den Zwischenräumen der Zwischenräume hat noch Sand Platz.

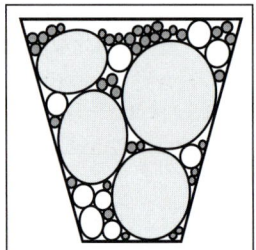

Noch immer findet Sand in dem Glas Platz.

Übung 59 (zwei Minuten)

Was lernen Sie aus dieser Metapher bezogen auf Ihr persönliches Zeitmanagement?

. . . .

. . . .

Falls Sie geantwortet haben »Es gibt immer noch zeitliche Lücken, in denen ich kleinere Aufgaben unterbringen kann«, so entspricht das der einen Hälfte der Wahrheit. Die ganze Wahrheit aber lautet: Wenn wir nicht mit den »großen Brocken« beginnen, ist es wahrscheinlich, dass wir überhaupt keine Zeit mehr für sie finden.

> »First things first!«
> *(Peter F. Drucker)*

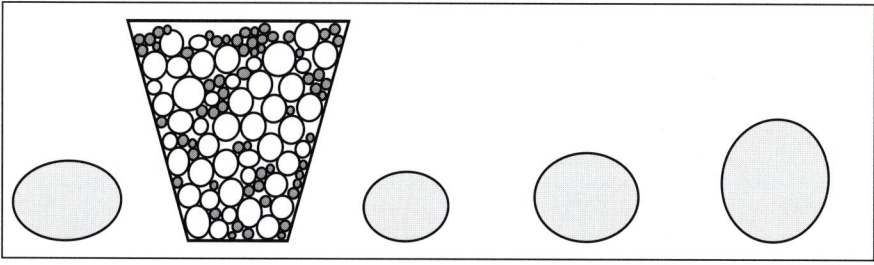

Das Kieselprinzip: Ihr erster Schritt muss darin bestehen, für die wirklich wichtigen Aufgaben genügend Zeit zu reservieren. Denn wirklich wichtige (Qualitäts-)Aufgaben finden im Nachhinein keinen Platz mehr in Ihrem Terminplan.

Die Vernachlässigung des Kieselprinzips führt zu blinder Geschäftigkeit (Scheuklappen-Aktionismus im Hamsterrad!). Vergleiche hinken bekanntlich. In diesem Fall *beschönigt* die obige Abbildung sogar den Aktionismus: Fälschlicherweise könnte der Eindruck eines äußerst produktiven Tages entstehen – viele kleine Aufgaben wurden dort erledigt. Der Trugschluss daran ist: Die erledigten Aufgaben sind allesamt *unwichtig*. Vieles davon, hätte sich vielleicht von selbst erledigt. Anderes bringt keinen nennenswerten Gewinn.

Ein weiteres Anwendungsbeispiel dieses Prinzips kennen Sie sicher alle. Das leidige Kofferverstauen im Auto vor dem Urlaub. Auch da gilt: Die großen Koffer zuerst oder zurück zum Start.

Geschafft haben und geschafft sein ist ein Unterschied

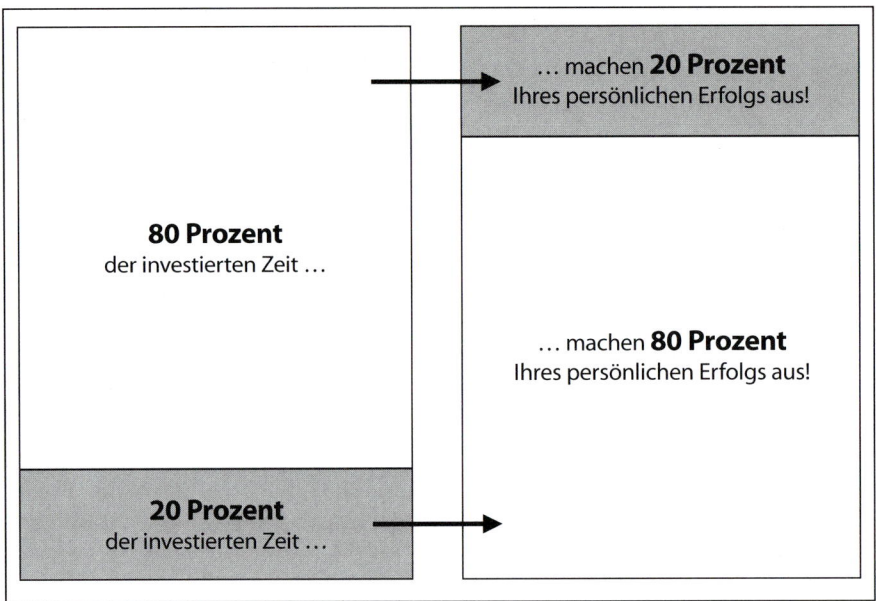

Das Pareto-Prinzip: Mit 20 Prozent der aufgewendeten Zeit erzielen Sie 80 Prozent Ihrer Ergebnisse.

Das Pareto-Prinzip wurde von dem italienischen Ökonomen Marquis Vilfredo Pareto (1848–1923) entwickelt. Dieses Prinzip ist auch unter dem Namen 20:80-Regel bekannt und hat sich in der betrieblichen Praxis in vielfacher Hinsicht bestätigt. Als Paradebeispiel sei genannt: 20 Prozent der Kunden bringen 80 Prozent des Umsatzes. In Ihrem Fall gilt, mit der Bewältigung von 20 Prozent Ihrer täglichen Aufgaben können Sie bereits 80 Prozent des Erfolgs verbuchen, an dem Sie schließlich gemessen werden. Diese 20 Prozent bilden Ihre Top-Prioritäten.

Um diese Prioritäten einzuhalten benötigen, Sie ein gut funktionierendes Zeitmanagement. Denn den meisten Menschen, wird das folgende Dilemma gar nicht bewusst. Gemäß des Eisenhower-Prinzips können Aufgaben hinsichtlich zweier Dimensionen bewertet werden:

❖ Dringlichkeit – steht für die zeitliche Dimension,
❖ Wichtigkeit – steht für den Wert einer Aufgabe.

Aus diesen beiden Prioritätenkriterien ergibt sich unser Zeitfenster.

Das Zeitfenster: Das Priorisieren von Aufgaben erfolgt gemäß den Dimensionen Dringlichkeit und Wichtigkeit. Bei zwei Abstufungen je Dimension ergeben sich die Prioritäten A, B, C und Q. Die Abbildung enthält zu jedem Bereich beispielhaft einige Aufgaben sowie den zeitlichen Erledigungsspielraum.

Die meisten Autoren verwenden bei der Priorisierung die Buchstaben A, B, C und D. Neu an unserer Art der Darstellung ist, dass wir die Q-Prioritäten aus diesem Spiel genommen haben, um ihre Sonderstellung zu unterstreichen.

Aktionismus bedeutet nun nichts anderes als dem *Diktat des Dringlichen* zu erliegen. Trotz fleißigstem Arbeiten geht nichts weiter. Das liegt daran, dass dringende Aufgaben Ihnen *von außen* angetragen werden. Dringende Aufgaben sind *für andere* wichtig. Für Sie selbst *können* diese Aufgaben wichtig sein (A-Prioritäten laut Zeitfenster), sind es jedoch in vielen Fällen nicht (B-Prioritäten). Dringendes erreicht Sie per E-Mail, Fax oder Telefon und erweckt auf verführerische Weise den *Anschein des Wichtigen.*

Wie sieht es umgekehrt mit den *für Sie* wichtigen Aufgaben aus? Einige davon sind zugleich wichtig, wie etwa Krisen und Probleme. Dann handelt es sich um A-Prioritäten, die augenblicklich zu erledigen sind. Viele wichtige Aufgaben gehören jedoch zu den Qualitäts-Aufgaben (Q-Prioritäten). Dazu zählen Weiterbildung, Strategie und natürlich der persönliche KVP (kontinuierlicher Verbesserungsprozess).

Wichtiges ist selten dringend! Dringendes ist selten wichtig!

Was passiert, wenn Sie die persönliche Weiterbildung vor sich herschieben? Wer wird Sie daran erinnern, sich auf eine Besprechung gründlich vorzubereiten? Sehen Sie, hier liegt der Hund begraben: Wenn diese Dinge nicht erledigt werden, kräht meist kein Hahn danach, denn sie sind eben nur für Sie wichtig. Wie steht es mit dem Buch, das Sie in Händen halten? Wer, glauben Sie, hat uns dazu gedrängt, dieses Buch bis zu einem bestimmten Termin fertig zu stellen? Es zu schreiben, ist unheimlich wichtig, aber niemand wäre uns lange hinterhergelaufen. Ein uns bekannter Verleger berichtete uns, dass zirka 50 Prozent der Autorenvereinbarungen niemals Taten folgen, weil die Autoren keine Zeit zum Schreiben »finden«. Dieser Umstand ist symptomatisch für Qualitätsaufgaben.

Der erste Schritt aus dem Hamsterrad besteht darin, Prioritäten zu vergeben. Einige Trainer für Zeitmanagement, wie etwa Lothar Seiwert (1998), gehen gar so weit zu behaupten, dass es keine Zeitprobleme gibt, sondern ausschließlich Prioritätenprobleme. Der Schlüssel für ein effektives Zeitmanagement liegt jedoch darin, diese Prioritäten mit entsprechenden Terminen zu versehen. Und zwar nicht nur jene Aufgaben, die von außen eintreffen, sondern vor allem Ihre eigenen Qualitätsaufgaben.

Diese Termine erhalten wie jeder andere Termin auch einen festen Platz in Ihrem Terminkalender. Das Zeitmanagement spricht vom »Termin mit mir selbst«.

> »Termine für die Prioritäten statt Prioritäten für die Termine!«
> *(Lothar Seiwert)*

Praxistipps: Termin mit mir selbst

- ❖ Behandeln Sie einen Termin mit sich selbst wie den Termin mit einem wichtigen Kunden! Frage: Wie oft können Sie einen solchen Kundentermin verschieben? Na also!
- ❖ Tragen Sie dafür Sorge, dass Sie während Ihres Termins mit sich selbst eine stille Stunde haben.
- ❖ Überlegen Sie sich, bei planerischen Tätigkeiten Ihren Termin mit sich selbst um einen Kollegen zu erweitern. Wir sind Verfechter des kleinen effizienten Teams.

Der Termin mit Ihnen selbst ist das entscheidende Instrument, um langfristig erfolgreich zu sein und aus dem Hamsterrad zu entkommen.

> **»Es kommt nicht darauf an, die Dinge richtig zu tun,
> sondern die richtigen Dinge zu tun!«** (Peter F. Drucker)

Diese Aussage war vermutlich als Provokation gedacht. In der Praxis kommt es selbstredend auf beides an. Dennoch: Prioritäten zu setzen bedeutet bis zu einem gewissen Grad, sich zu entscheiden zwischen »Die Dinge richtig tun« *oder* »Die richtigen Dinge tun« – was ist Ihrer Meinung nach *letztendlich* wichtiger?

Übung 60: Zeit für Qualitäts-Aufgaben (zwanzig Minuten)

Erstellen Sie eine möglichst vollständige Liste Ihrer persönlichen Q-Prioritäten.

1. Welche Aktivitäten bringen Sie *langfristig* Ihren beruflichen Zielen näher, obwohl es augenblicklich kaum auffällt, wenn Sie in diesen Bereichen Zeit »sparen«? (sieben Minuten)

   ....

   ....

   ....

2. Welche Aktivitäten bringen Sie Ihren privaten Zielen *langfristig* näher? (sieben Minuten)

   ....

   ....

   ....

3. Nehmen Sie Ihren Kalender zur Hand. Reservieren Sie für diese Aktivitäten entsprechende Termine in Ihrem Zeitplaner (sechs Minuten). Diese Zeit haben Sie nicht? Glauben Sie uns, Sie haben sie! Wenn Ihr Terminkalender frühzeitig gefüllt ist, führt das zwangsläufig zum Setzen von Prioritäten – Sie sagen eher einmal »Nein!« bei überflüssigen Aufgaben. Dieser Schritt ist mit Sicherheit einer der wichtigsten des gesamten WAAGE-Programms®! Es gibt keine bessere Stressprävention, als das zu tun, wovon Sie wissen, das es das Richtige ist. Machen Sie Schluss mit dem schlechten Gewissen!

Praxistipps: Umgang mit Qualitätsaufgaben

Die Beschäftigung mit Q-Prioritäten ist die beste Prophylaxe gegen den Zeitnotstand!

❖ Die Qualität Ihrer Arbeit leidet darunter, wenn Sie Wichtiges dringend werden lassen. Bestimmen Sie beizeiten Termine mit sich selbst. Sonst wandern diese Aufgaben entweder von selbst in den A-Quadranten und setzen Sie damit unter Termindruck. Oder aber diese Aufgaben sind nur für Sie von Bedeutung und versanden ohne einen entsprechenden Termin.

❖ Die größten Zeitreserven liegen in den Quadranten B und C. Doch auch bei den A-Prioritäten lässt sich Zeit einsparen. Aufgrund des natürlichen Zeitlimits werden wir *gezwungen*, spontan Prioritäten zu setzen. Diese Prioritäten erhöhen die Effektivität Ihrer Arbeit. So erklärt es sich, dass viele Menschen fälschlicherweise glauben, unter Zeitdruck am besten zu arbeiten. In Wahrheit ist jedoch nicht der Stress für die plötzliche Effektivitätssteigerung verantwortlich, sondern die längst fälligen Prioritäten (siehe 20:80-Regel)! Daher unser Rat: Setzen Sie sich speziell für größere Aufgaben ein Zeitlimit! Lassen Sie sich durch dieses Zeitlimit jedoch nicht in Stress versetzen. Es dient Ihnen lediglich als Hilfe zum Prioritätensetzen. Im Übrigen gelten die Tipps zum Arbeitstempo aus Kapitel A – Abkühlen und aktivieren (s. Seite 59).

Im Zusammenhang mit dem Stressgeschehen sollte eines aus der Erörterung des Prioritätensetzens deutlich geworden sein:

> **Es kommt darauf an, dass Sie Prioritäten setzen und sich Zeit für die wirklich wichtigen Dinge nehmen.**

Tagesplanung – den Tag beginnen

Von der langfristigen Strategie zurück zum Tagesgeschäft. Spezielle Planungsinstrumente würden den Rahmen dieses Arbeitsbuches sprengen. Wir verweisen auf die umfangreiche Literatur zum Zeitmanagement (siehe Literaturhinweise Seite 267 ff.) Ganz im Sinne des Prioritätensetzens werden wir jedoch einige Punkte herausgreifen, die unmittelbar mit Stress-Management zusammenhängen: Tagesplanung vornehmen, Zeitpuffer einplanen, Abschalten ermöglichen.

Praxistipps: Tagesplanung vornehmen

❖ Planen Sie den nächsten Tag grundsätzlich schon am Ende Ihres Arbeitstages. Erstens verleiht Ihnen das einen ruhigen Schlaf. Zweitens hilft es Ihnen, den Tag innerlich abzuschließen und in den wohlverdienten Feierabend zu gehen.

❖ Planen Sie Aufgaben, die Sie in jedem Fall zu tun gedenken, gleich für den Vormittag ein.

❖ Diese Empfehlung tritt dann außer Kraft, wenn Sie zu den Spätrhythmikern zählen, die erst am Nachmittag so richtig in Fahrt kommen.

❖ Damit Ihr Zeitplan nicht von vornherein hinfällig ist, müssen Sie herausfinden, wie viel Zeitpuffer Sie an jedem Tag für *Unvorhergesehenes* reservieren müssen.

❖ Die Praxis zeigt, dass die allermeisten Berufstätigen nicht den ganzen Tag planen können. Schaffen Sie aber zeitliche Leitplanken, indem Sie Ihren Tag um die großen Brocken herum organisieren. Einen konkreten Termin benötigen Termine mit Kunden, Kollegen etc.; A-Prioritäten und Q-Prioritäten bekommen häufig einen »Termin mit mir selbst«. B-Prioritäten und C-Prioritäten können Sie zwischendurch einschieben. Dazu ist unter anderem Ihr Zeitpuffer gedacht. Es lohnt sich, derartige Aufgaben sich ruhig ein wenig auf Ihrer To-do-Liste ansammeln zu lassen, um dann en bloc abzuarbeiten. Das erspart Ihnen auf Dauer viel Zeit.

Erliegen Sie nicht dem Irrglauben, ein Tag ließe sich von früh bis spät durchplanen!

Zeitpuffer einplanen

Wählen Sie einmal eine beliebige Erledigung gaus, die immer wieder anfällt. Schätzen Sie *spontan* den Zeitaufwand für diese Erledigung ab. Nur selten begegnen wir einem Seminarteilnehmer, der den von ihm benötigten Zeitpuffer nicht unterschätzt. Die meisten Berufstätigen planen ihren Arbeitstag, als ob dieser optimal und reibungslos verlaufen würde. Hören Sie auf, sich etwas vorzumachen! Dieses Wunschdenken katapultiert Sie in der Praxis zwangsläufig ins Hamsterrad zurück. Und – genauso fatal – Sie beenden jeden Arbeitstag mit dem Misserfolgsgefühl »Schon wieder habe ich mein Pensum nicht erfüllt!«. Auf diese Weise untergraben Sie langfristig Ihre eigene Motivation und Arbeitsfreude.

Sehen Sie die folgende Checkliste durch und halten Sie nach Bereichen Ausschau, für die Sie derzeit wahrscheinlich zu wenig Zeit einkalkulieren.

Zeitpuffer: Ihr Airbag gegen Zeitunfälle

Checkliste

Wie viel Zeit muss ich täglich für Unvorhergesehenes reservieren?

....

....

Gibt es möglicherweise zeitverzögernde Schwierigkeiten bei Erledigungen?

....

....

Plane ich sämtliche Arbeitsschritte im Vorhinein mit ein? Oder neige ich dazu, wesentliche Etappen zu vergessen? (Beispielsweise Anfahrtszeiten, Vor- und Nachbereitungszeiten etc.)

....

....

Wie viel Zeit will ich mir für mein Wohlbefinden nehmen?
(Zum Beispiel Pausen, kurzer Plausch mit den Kollegen)

....

....

Wie viel Zeit investiere ich in die Weiterentwicklung meiner persönlichen Arbeitsqualität? (Zum Beispiel Tages-Check, Weiterbildung)

....

....

Insbesondere kleine organisatorische Handgriffe werden gerne völlig außer Acht gelassen. Ist Ihnen bewusst, dass Sie, bevor Sie zu einem Termin beim Kunden aufbrechen können, den Computer herunterfahren, Ihre Unterlagen zusammensuchen, Ihr Handy einstecken, das Telefon umleiten, im Stadtplan nachschauen usw. ? Daher unser Ratschläge.

Praxistipps: Zeitpuffer einplanen

❖ Setzen Sie regelmäßig die vorhergehende Checkliste ein.

❖ Ermitteln Sie für regelmäßig anfallende Tätigkeiten die tatsächlich benötigten Zeiten. Der Kundentermin beginnt in unserem Beispiel in dem Moment, da Sie Ihren Computer abschalten! Er endet mit einer Nachbetrachtung Ihrer Fehler und »klugen Schachzüge« im Verlauf des Gesprächs.

❖ Gehen Sie bei Ihrer Planung von den ermittelten Durchschnittswerten aus und fügen Sie anschließend einen Zeitpuffer hinzu.

Wann hat die Aufgabe begonnen und wann ist sie abgeschlossen?

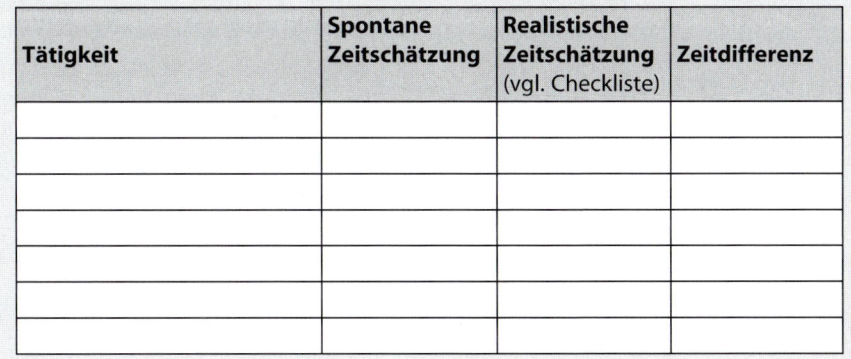

Übung 61: Mein Zeitpuffer (zehn bis fünfzehn Minuten)

Wie lange werden Sie, *realistisch betrachtet*, für Ihre Aufgaben brauchen? Gehen Sie einzelne Tätigkeiten durch. Schätzen Sie spontan die zu ihrer Erledigung benötigte Zeit. Führen Sie dann eine genauere Schätzung anhand der obigen Checkliste durch. Wenn Sie die beiden Schätzungen miteinander vergleichen: Zu welchem Schluss kommen Sie für sich?

Tätigkeit	Spontane Zeitschätzung	Realistische Zeitschätzung (vgl. Checkliste)	Zeitdifferenz

Abschalten ermöglichen

Abschalten ist nicht nur eine Frage von Entspannungstechniken, sondern hängt mindestens ebenso stark mit Ihren Gewohnheiten zusammen.

Praxistipps: Zeitplanung zum besseren Abschalten

Abschalten erleichtert das Umschalten auf das private Programm

Sie erinnern sich an unsere Forderung, nach Möglichkeit bei einer Sache zu bleiben und auf diese Weise Energiekreise zu schließen. Das Schließen von Energiekreisen fördert natürlich ebenfalls das Abschalten nach der Arbeit. Übertragen auf Ihr persönliches Zeitmanagements heißt das für die Praxis:

❖ Planen Sie Ihren Tag so, dass Sie Aufgaben nach Möglichkeit abschließen können. Dass eine Aufgabe als beendet anzusehen ist, wird Ihr Gehirn am leichtesten einsehen, indem Sie diese Tätigkeit auf Ihrer To-do-Liste abhaken.

❖ Wissen Sie von vornherein, dass Sie eine Aufgabe nicht innerhalb eines Tages abschließen können, so planen Sie in Etappen (Tageszielen).

❖ Ziehen Sie einen Trennstrich zwischen Arbeitstag und Freizeit (»Separator«), zum Beispiel indem Sie bewusst die Türe zu Ihrem Büro schließen oder bewusst den Powerknopf Ihres Computers betätigen. Dies signalisiert Ihrem Gehirn den Übergang zur Freizeit. Versichern Sie Ihrem Gewissen glaubhaft, dass Sie sich weiter mit den anstehenden Problemen befassen werden. Sind Sie nicht vertrauenswürdig, gilt das Gleiche wie schon beim Gedankenvertagen (s. Seite 96): Ihr Gehirn wird keine Ruhe geben.

❖ Sollte etwas Unerwartetes Ihren Tagesplan über den Haufen werfen, vertagen Sie unerledigte Aufgaben *bewusst*, indem Sie einen entsprechenden Ersatztermin in Ihrem Kalender vermerken.

❖ Verlassen Sie sich nicht darauf, rechtzeitig aufzuwachen. Menschen, die sich vom Wecker wachrütteln lassen, haben erwiesenermaßen einen tieferen Schlaf.

❖ Fällt Ihnen abends im Bett ganz unerwartet ein Termin oder eine besonders wichtige Angelegenheit ein, lohnt es sich, aufzustehen und eine kurze (!) Notiz anzulegen.

❖ Wenn alle Dämme reißen sollten und Sie nicht einschlafen können, empfiehlt Ihnen Reinhard Tausch (1996): Stehen Sie auf und tun Sie sich selbst etwas Gutes! Etwas, wofür Sie normalerweise nicht die Zeit finden (Lesen, Musikhören, einen Brief schreiben usw.). Durch diese Strategie nehmen Sie dem Schreckgespenst des Nicht-einschlafen-Könnens seine Macht.

❖ Alternativ können Sie es mit einer »Symptomverschreibung« probieren: Das Symptom ist hier die Schlaflosigkeit. Also verordnen Sie sich selbst, dass Sie während der nächsten Viertelstunde bewusst *nicht einschlafen* wollen!

❖ Abschließend eine vielleicht nicht uninteressante Frage: Was haben Sie davon, *nicht* einzuschlafen? Es mag Sie befremden, aber der »Nutzen« liegt möglicherweise darin, dass Sie den Stress zu vermeiden suchen, der entsteht, sobald Sie sich entschließen, nicht länger über einem Problem zu brüten. Das Problem Problem sein zu lassen bedeutet, mit einem *zwischenzeitlichen* Anwachsen der Furcht davor, dass sich das Problem nicht wird lösen lassen, zu leben. Doch seien Sie gewiss – die Spannung wird nach einiger Zeit der Konfrontation abklingen. Hier möchten wir Sie an die Prinzipien aus Kapitel A – Annehmen im Allgemeinen und die Wecker-Übung (s. Seite 74) im Speziellen erinnern. Und viele Probleme lösen sich, wenn Sie sich von ihnen lösen.

Persönliche Tagesschau – den Tag beenden

Um den Abweichungen von Ist und Soll auf die Schliche zu kommen, nehmen Sie sich am Ende eines jeden Tages mindestens zehn Minuten Zeit für die Beantwortung der folgenden drei Fragen, die Ihnen langfristig nicht nur zum besseren Abschalten, sondern auch zu mehr Erfolg verhelfen:

Erfolgskontrolle: Drei Fragen zum persönlichen Qualitätsmanagement

❖ »Was habe ich gut gemacht?« Konzentrieren Sie sich zunächst auf Ihre Erfolge: Welche Ziele haben Sie erreicht? Welche Aufgaben konnten Sie vielleicht sogar zusätzlich erledigen? Sprechen Sie sich für diese Leistungen ein Lob aus. Klopfen Sie sich ruhig auf die Schulter.

❖ »Was möchte ich verbessern?« Welche Probleme warten darauf, dass Sie sich ihnen liebevoll zuwenden?

❖ *»Wie* erreiche ich diese Verbesserungen?« Wenden Sie dazu das PALME-Modell zum Problemlösen an, das wir Ihnen im nächsten Teil vorstellen werden. Die Lösung der meisten Probleme nimmt nur wenig Zeit (nicht mehr als fünfzehn Minuten) in Anspruch, ist aber von entscheidender Wichtigkeit, um künftigen Stress-Situationen vorzubeugen.

Probleme erfolgreich lösen

Stress entsteht, wenn die Anforderungen der Umwelt die Bewältigungsmöglichkeiten der Person übersteigen. Dabei genügt es, wenn diese Diskrepanz von der Person subjektiv *wahrgenommen* wird. Es bieten sich somit zwei Punkte an, an denen wir den Hebel des Stress-Managements ansetzen können:

❖ **Umweltregulierung:** Die Stressauslöser selbst werden beseitigt (Lärm, schlechte Beleuchtung, stickige Luft etc.), die Umwelt wird an die Bewältigungsmöglichkeiten der Person angepasst.
❖ **Selbstregulierung:** Wir können beim Individuum, also bei Ihnen, ansetzen, indem wir neue Verhaltensweisen aufbauen, hilfreiche Lebenseinstellungen gewinnen und Sofortmaßnahmen vermitteln.

Regulieren Sie Ihre Energiekanäle

Wenn Sie das bisher Gesagte einmal Revue passieren lassen, so wird Ihnen auffallen, dass wir uns bislang in erster Linie mit der Strategie der Selbstregulierung befasst haben. Der Grund dafür: Es gilt dasselbe, wie schon bei den Schutz-Zielen – die Selbstregulierung unterliegt Ihrer eigenen Kontrolle und ist damit in vielen Fällen erfolgreicher. Aber auch der Umweltregulierung kommt eine nicht zu unterschätzende Bedeutung zu. Längerfristig betrachtet gilt es, immer wiederkehrende Probleme aus der Welt zu schaffen. Es darf nicht sein, dass wir uns ausschließlich darauf verlegen, uns jeder noch so untragbaren Situation anzupassen. Eine dauerhafte Überforderung führt zum »Burn-out« (Ausbrennen), eine dauerhafte Unterforderung zum »Rust-out« (Verrosten).

Jedes ungelöste Problem wirkt wie ein Leck in Ihrem Energietank. Dies gilt insbesondere für aufgeschobene Probleme, da die negativen Konsequenzen und der Zeitdruck anzuwachsen pflegen. Nur wenige Probleme erledigen sich von selbst. (Falls doch, dann war es im Sinne einer C-Priorität wahrscheinlich auch nicht Ihr Problem, sondern das eines anderen.)

Dennoch konfrontieren wir Menschen uns nur äußerst ungern mit Problemen. Vielmehr entwickeln wir diverse Strategien, Aus der Transaktionsanalyse ist das so genannte »Abwertungsschema« bekannt (vgl. Schlegel 1993):

- ❖ Die *Existenz* des Problems wird ausgeblendet (»Vogel-Strauß-Taktik«).
- ❖ Die *Bedeutung* des Problems wird ausgeblendet.
- ❖ Die *Lösbarkeit* des Problems wird ausgeblendet.
- ❖ Die eigenen *Fähigkeiten*, das Problem zu lösen, werden abgestritten.

Die ersten beiden »Taktiken« können als negative Auswüchse eines falsch verstandenen »positiven Denkens« auftreten. Die letzten beiden hingegen gehören eindeutig in die Sparte »negatives Denken«. Solange Sie sich nicht mindestens einen Zahn ausgebissen haben, ist es vielmehr realistisch, davon auszugehen, dass sich das Problem lösen lässt.

Was kann Sie daran hindern, die nötigen Schritte zur Lösung Ihrer Probleme zu ergreifen? Was verschleiert unseren Blick für Probleme? Meist ist es eine negative Erwartungshaltung: Wir sehen keine Chance einer positiven Lösung, sehen keinen Ausweg. Hier schließt sich übrigens der Kreis zum Selbstvertrauen. Je geringer das Selbstvertrauen, desto aussichtsloser erscheint die Situation. Ein gesundes Selbstvertrauen hingegen befähigt uns, Problemen locker entgegenzusehen. Die Wahrnehmung von Problemen lässt sich durch eine positive Einstellung gegenüber Krisensituationen verbessern. In Kapitel E werden wir in dieser Richtung intensiv weiterarbeiten. Hier ein Vorgeschmack:

- ❖ Jedes gelöste Problem trägt zu Ihrem persönlichem Wachstum bei.
- ❖ Ein Problem eröffnet Ihnen die Chance, Ihre Fähigkeiten unter Beweis zu stellen (Herausforderung).
- ❖ Jeder Mensch hat zu jedem Zeitpunkt in seinem Leben tatsächliche oder eingebildete Probleme.

Probleme sind die Vorboten von Erfolgen!

Viele geben sich allerdings einer Illusion hin: »Wenn ich nur reich, schön, klug, berühmt wäre, dann hätte ich all diese Probleme nicht mehr.« Stimmt! Dann hätten Sie nämlich *andere* Probleme! So mancher Milliardär bekommt es schon beim Gedanken daran, selbst einkaufen oder Auto fahren zu müssen, mit der Angst zu tun.

Ausschlaggebend für Ihren Erfolg bei der Lösung von Problemen ist Ihre spontane Reaktion. In welchen Bahnen Sie sich weiter bewegen, hängt in vielen Fällen von diesem ersten Reflex ab: Haben Sie Angst vor Krisen? Dann

Reden Sie sich selbst Mut zu

werden Sie wahrscheinlich häufig davonlaufen, das Problem nicht sehen wollen und seine Tragweite herunterspielen. Um diesem Impuls entgegenzuwirken haben wir die Selbstinstruktion *Stopp! – Kühl dich ab! – Denk nach!* entwickelt. »Selbstinstruktion« meint nichts anderes, als dass Sie ein Selbstgespräch führen.

Übung 62: Stopp! – Kühl dich ab! – Denk nach! (zehn Minuten)

1. Machen Sie einen Wohnungsspaziergang oder einen Rundgang durch Ihr Büro.
2. Halten Sie Ausschau nach etwaigen Problemen: Verbesserungswürdige organisatorische Abläufe, Unordnung, schlechte Raumaufteilung, liegen gebliebene Arbeit, veraltete Geräte etc.
3. Sobald Sie einen Missstand erspähen, sagen Sie bewusst »*Stopp!*« – jeder bleibt, wo er ist! (In diesem Fall Sie und Ihre Gedanken.) Entscheidend ist im Umgang mit Problemen/Krisen/Konflikten, vorschnelle Reaktionen zu unterbinden.
4. Stehen Sie vor einem großen Problem, lautet das nächste Kommando an Sie selbst: »*Kühl dich ab!*« Sie erinnern sich: Gedankenblockade und so. Vor dem Nachdenken überprüfen Sie, ob Sie sich überhaupt in der körperlichen Verfassung befinden, einen klaren Gedanken zu produzieren. Mit Techniken zum Abkühlen haben wir Sie zur Genüge versorgt. Handelt es sich um ein unbedeutendes Problemchen, können Sie diesen Schritt mitunter überspringen. Die geschrumpfte Formel lautet dann »*Stopp! – Denk nach!*«.
5. Suchen Sie gezielt nach Lösungsmöglichkeiten für Ihr Problem. Bedenken Sie, dass es während dieser Übung vornehmlich um das Einüben der Formel »Stopp! – Kühl dich ab! – Denk nach!« geht und nicht etwa um die unbedingte Bewältigung der Problemstellungen.

Der dritte Befehl »*Denk nach!*« bedarf einer ausführlichen Behandlung. Damit Sie die Probleme auf Ihrem persönlichen Weg zum Erfolg ab heute noch sicherer lösen können, möchten wir Ihnen das PALME-Modell als Instrument an die Hand geben.

Das PALME-Modell

Das PALME-Modell beinhaltet die fünf zielführenden Schritte des Problemlöseprozesses in für Sie leicht merkbarer Form.

P *Problem definieren*
A *Analysieren*
L *Lösungen erarbeiten*
M *Maßnahmen umsetzen*
E *Erfolg kontrollieren*

P – Problem definieren: Was?

Vielfach löst sich ein Problem förmlich in Luft auf, wenn es nur treffsicher definiert ist. Die erkannte Gefahr beinhaltet schon nur mehr die halbe Gefahr.

A – Analysieren: Warum?

Die Ursachenanalyse entspricht der Frage nach dem »Warum«. In diesem Zusammenhang unterscheiden wir zwei beliebte Fallstricke.

Die Kardinalfehler des Problemlösens

Erster Fallstrick: Viele verwechseln tief greifende, wiederkehrende Probleme mit einmaligen, aktuellen Krisen. Im Sinne des schon beschriebenen Aktionismus werden voreilig Lösungen zu den Auswirkungen des Problems erarbeitet, während die eigentlichen Wurzeln sträflich vernachlässigt werden.

❖ »Warum beschweren sich immer wieder so viele Kunden?« (Ursachenanalyse) oder nur »Wie werde ich mit der überlaufenen Hotline fertig?« (schnelle Lösung für die Auswirkungen).

❖ »Weshalb ist die Fluktuation bei uns überdurchschnittlich hoch?« (Ursachenanalyse) oder lediglich »Wo bekomme ich auf der Stelle neue, qualifizierte Arbeitskräfte her?« (schnelle Lösung für die Auswirkungen).

Fragen Sie sich: Wo hat das Problem begonnen?

Bei immer wieder auftretenden Krisen lohnt sich die Suche nach den Ursachen. Das ist alles eine Zeitfrage, schon klar. Aber es ist gut und richtig, damit einmal anzufangen. Krisenintervention *plus* Beseitigung der Problemquelle sind gefragt! Sie sehen auch:

❖ Die gewissenhafte Ursachenanalyse kann eine Neudefinition des Problems erforderlich machen. Zurück zum Start (Freude! Stellen Sie sich vor, Sie hätten Maßnahmen zur Behebung eines nicht existenten Problems ergriffen oder ein völlig unwesentliches Problem behoben).

❖ Ein Problem kommt selten allein. Aber denken Sie daran: Sie freuen sich über Herausforderungen! Wenn Sie so tun, als gäbe es kein Problem, hilft Ihnen das ja doch nichts. Das Problem existiert – ob Sie es wahrhaben wollen oder nicht.

Meist sind wir jedoch in der Hitze des Gefechts so gefangen, dass wir uns mit der Bewältigung der aktuellen Misere begnügen. Wir alle sind Meister im »Durchwursteln« (»muddling through«). Dörner (1989) nennt dieses Löcherstopfen auch »Reparaturdienstverhalten«. Nichts zehrt auf Dauer mehr an den eigenen Kräften als Aktionismus. Franke (1975) warnt: In manchen Kreisen sitzt die Angst vor Problemen so tief, dass man sich sogleich auf deren Lösung stürzt, ohne recht zu wissen, worin eigentlich das Problem besteht. Da man das Problem um jeden Preis abschütteln will, kommt es zu voreiligen Entscheidungen für nicht optimale Lösungen. Dieses Verhalten entspricht einer Flucht nach vorn und ließe sich als »Lösungsfixierung« bezeichnen. Sollten Sie sich hier angesprochen fühlen, gilt dasselbe wie schon beim Teufelskreis des Aktionismus: Widmen Sie sich – in der gebotenen Kürze – der Problemdefinition und Problemanalyse. Halten Sie während dieser Phasen der Spannung stand, die ein (noch!) ungelöstes Problem erzeugt!

Zweiter Fallstrick: Viele verwechseln einmalige, aktuelle Krisen mit tief greifenden, wiederkehrenden Problemen. In jüngster Zeit wurden Stimmen laut, die fordern, den zweiten Schritt des PALME-Modells nach Möglichkeit wegzulassen. Von dem Wiener Wirtschaftstrainer Walter Siebert stammt der Ausspruch:

> **»Wenn du ein Problem behalten willst,
> suche nach den Ursachen – wenn du ein Problem lösen willst,
> suche nach Lösungen und handle!«**

Was verbirgt sich hinter dieser bewussten Provokation? Dringend erwähnenswert scheint, dass deutlich zwischen »Ursachenanalyse« und »Problemanalyse« unterschieden wird. Die Frage nach dem Warum ist häufig nichts weiter als ein schlechte Frage. Analyseriesen entpuppen sich dann oft als Umsetzungszwerge. Ein Beispiel: »*Warum* sind wir nicht in der Lage, dass bei unseren Besprechungen mehr herauskommt als nur die Leute, die hineingegangen sind?« Diese Frage ist weit weniger hilfreich als die Frage »*Wie* schaffen wir es, dass am Ende unserer Besprechungen handfeste Ergebnisse stehen?«.

Die Suche nach den Ursachen rentiert sich eigentlich nur dort, wo ein Problem immer wieder auftritt oder das mit ihm verbundene Risiko sehr hoch ist. Bei sich wiederholenden Problemen liegt die Vermutung nahe, dass Sie nur Symptombekämpfung betreiben. Tritt es hingegen nie wieder auf, bleibt die Ursachenanalyse den Philosophen überlassen.

Wandern Sie vom Problemland ins Lösungsland!

L – Lösungen erarbeiten: Wie?

Hier gelten die Brainstormingregeln: Sammeln Sie zunächst einmal *alle* Lösungsansätze, die Ihnen spontan in den Sinn kommen, mögen sie auch noch so absurd erscheinen. Bewerten Sie diese Ideen nicht. Lassen Sie den Zensor des logischen Denkens vor der Türe. Wie der Kreativitätsguru Edward de Bono (1992) weiß, sind viele glorreiche Ideen erst im *Nachhinein* logisch. Außerdem, wo wir schon beim Thema Stress sind: Wie geht es Ihnen, wenn Sie jeweils nur eine Lösungsalternative überdenken? Ist diese zu verwerfen, stehen Sie gar vor dem Nichts! Vom Qualitätsstandpunkt kommt hinzu, dass es sich bei der gefundenen Lösung um die erstbeste handelt. Also Brainstorming, den Gedanken freien Lauf lassen und zunächst einmal dem Sammlerinstinkt frönen. Diese Methode setzt nicht nur den mit der Problembewältigung verbundenen Stress herab, sie fördert auch echte Entscheidungen. Denn aufgrund der Fülle an Handlungsalternativen können Sie später sicher sein, tatsächlich die beste Wahl getroffen zu haben. Bei wichtigen Entscheidungen verwenden Sie am besten von vornherein die Alternativen-Wertanalyse. Und bei der letztendlichen Auswahl der optimalen Lösung sollten Sie als zusätzliches Kriterium unbedingt Ihren persönlichen Einflusskreis beachten.

Den persönlichen Einflusskreis nutzen

Bei der Auswahl der besten Lösungsalternative gilt es, den persönlichen Einflusskreis zu berücksichtigen. Dieses Vorgehen beschert Ihren späteren Maßnahmen einen maximalen Wirkungsgrad:

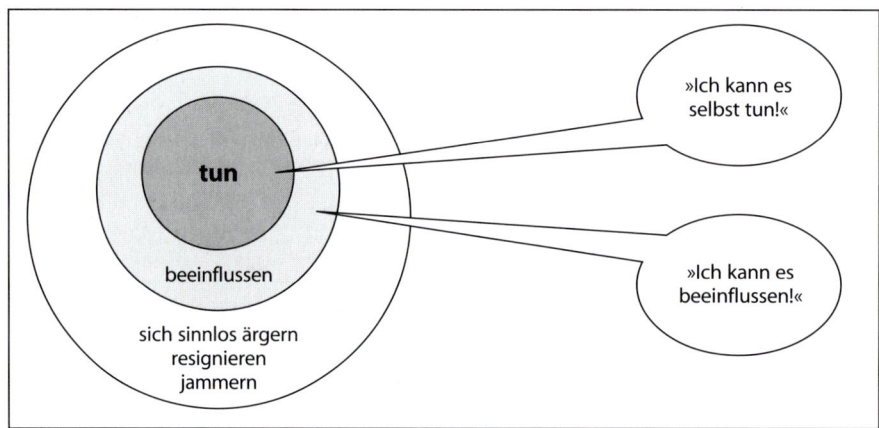

Ihr persönlicher Einflusskreis: Erfolgreiche Personen konzentrieren ihre Kräfte, indem sie ihre zeitlichen Ressourcen in den Bereichen »Ich kann es selbst tun« und »beeinflussen« investieren.

Der Einflusskreis veranschaulicht auf einfache Weise einen wichtigen Aspekt des mehrfach angesprochenen Erfolgsprinzips »Konzentration der Kräfte«: Eine Problemlösung, deren Umsetzung Ihnen selbst obliegt, Maßnahmen von denen Sie praktisch niemand abhalten kann (will!), weil *Sie allein* durch Ihre Handlungen darüber entscheiden, ob etwas geschieht oder nicht – diese Maßnahmen haben die beste Aussicht auf Erfolg. Zum Beispiel können Sie:

❖ mit anderen Kollegen sprechen oder zu Hause dem Partner Ihr Leid klagen, wie unterbezahlt Sie nicht sind (jammern),
❖ andere Kollegen anregen, bei der Bitte um eine Gehaltserhöhung mitzuziehen (beeinflussen),
❖ Ihren Chef nach einer Gehaltserhöhung fragen (tun).

Wie wir aus Erfahrung wissen, kann die Suche nach Verbündeten (beeinflussen) ein mächtiges Mittel sein. Wichtig ist daher, dass das Modell des Einflusskreises Sie nicht dazu verleitet, zum Einzelgänger zu werden. Vielmehr geht es um das Bewusstsein, dass es häufig am effektivsten sein wird, die Dinge selbst in die Hand zu nehmen, anstatt darauf zu warten, dass andere aktiv werden. Sonst droht leicht das alte Kindergartenspiel »Zuerst muss der Kollege XY etwas tun. Dann ziehe ich mit!«. So behauptet beispielsweise nur ein verschwindend geringer Teil unserer Seminarteilnehmer, über ein zufrieden stellendes Ablagesystem zu verfügen (ein nicht zu unterschätzender Stressfaktor übrigens!). Diejenigen, die sich um Einflussnahme bemühen, scheitern häufig am Trägheitsmoment des Systems. Wir fragen Sie deshalb: Wo können Sie etwas für sich tun?

Selbst ist der Mensch!

Ein Paradebeispiel für die Orientierung am persönlichen Einflusskreis lieferte uns der Träger des Friedensnobelpreises Albert Schweitzer (zitiert nach Tausch 1996, S.140): »So sehr mich das Elend in der Welt beschäftigte, so verlor ich mich doch nie in Grübeln darüber, sondern hielt mich an den Gedanken, dass es jedem von uns verliehen sei, etwas von diesem Elend zum Aufhören zu bringen.« Ein weiteres Beispiel: Sie haben die Wahl, ob Sie

❖ Ihren Freunden von Ihren gesundheitlichen Schwierigkeiten erzählen (jammern),
❖ zum Arzt gehen und sich Medikamente verschreiben lassen (beeinflussen),
❖ sich fortan gesund ernähren und regelmäßigen Sport betreiben (tun).

Ein Gespräch mit Freunden wurde bereits als »eigene Ressource« des Stress-Managements genannt. Bloß wird es darauf ankommen, welche *Qualität* dieses Gespräch hat. Erschöpft es sich zum wiederholten Male im Wehklagen oder werden nach einer Phase des Ausheulens (welche wichtig ist, siehe Kapitel A – Annehmen) konkrete Maßnahmen anvisiert?

Anhand des Beispiels ersehen wir auch, dass es zuweilen das Klügste sein wird, die Verantwortung auf Spezialisten zu übertragen (beeinflussen), wobei die *Verantwortung für die Übertragung der Verantwortung* selbstverständlich bei Ihnen bleibt! Eine zweite wichtige Form der Einflussnahme und zugleich

Delegieren heißt investieren

ein unerlässliches Führungsinstrument stellt die Delegation von Aufgaben (speziell von B-Prioritäten) dar. Während es also zwischen den beiden inneren Sphären sorgfältig abzuwägen gilt (ein *kombinierter Maßnahmenplan* ist ebenfalls in Erwägung zu ziehen), ist speziell der äußerste Bereich des Einflusskreises mit Vorsicht zu genießen.

Als wissenschaftlicher Hintergrund zum Modell des Einflusskreises ist die von Lazarus (1984) getroffene Unterscheidung zwischen problemzentrierter Bewältigung (»problem-focused coping«) und emotionszentrierter Bewältigung interessant. Bei der problemzentrierten Bewältigung konfrontieren Sie sich mit den eigentlichen Schwierigkeiten und setzen aktiv Schritte, um diese Schwierigkeiten zu überwinden.

Sie gehören einem älteren Jahrgang von Computerbenutzern an. Sie kennen sich nicht wirklich gut damit aus und verlieren viel Zeit im Kampf mit der Technik. Folgen Sie der problemzentrierten Strategie, werden Sie eine Fortbildung besuchen, um Ihre Qualifikation zu verbessern oder einen Wissenden um Rat fragen. Die emotionszentrierte Strategie ist für leicht auszuräumende Probleme ungeeignet. In solchen Fällen kann es nicht darum gehen, dass Sie sich dem Problem anpassen. Viele tun es trotzdem und noch dazu mit Hilfe des »Abwertungsschemas«: Sie versuchen, dem Problem künftig aus dem Weg zu gehen (»Ich benutze den Computer nur noch im Notfall.«), das Problem zu verleugnen (»Die Beherrschung des Computers ist unwichtig.«) oder zu verharmlosen (»Andere in meinem Alter sind auch nicht höher qualifiziert.«). Für kontrollierbare Stressoren eignet sich die emotionszentrierte Strategie also kaum.

Ist das Problem jedoch unkontrollierbar (zum Beispiel aufgrund unveränderlicher Rahmenbedingungen), nur unter unverhältnismäßig großem Einsatz aus der Welt zu schaffen, durch Ihre persönliche Art zu denken und daher zu fühlen verursacht, empfiehlt sich die emotionszentrierte Strategie. Durch Ihren Einsatz kommen Sie von der äußersten Sphäre des Einflusskreises (jammern, sich sinnlos ärgern, resignieren) zum Bereich »Ich kann es selbst tun!«.

M – Maßnahmen umsetzen: Machen!

Getreu unseres Einflusskreises sollten Sie in diesem Bereich Ihren Schwerpunkt setzen. Letztlich bilden Handlungen die Basis zum Erfolg. Deshalb steht hinter dem Doppelpunkt auch keine Frage mehr (»Was?«, »Wie?«, »Warum?«), sondern ein schlichtes »Machen!« mit Ausrufezeichen.

E – Erfolg kontrollieren

Hier schließt sich der (Energie-)Kreis. Häufig steht uns jedoch im Wege, was von Festinger als »Rechtfertigung des Aufwands« so treffend beschrieben wird: Jetzt habe ich mich angestrengt, so viel Zeit und Energie investiert, dass ich einfach nicht wahr haben möchte, dass es wieder Probleme gibt. Ob Sie Ihre Ziele erreicht haben oder nicht, lässt sich am besten durch eine gute Zeitplanung feststellen. Sie können dann am Ende des Tages die erreichten Ziele abhaken. Dazu bietet sich insbesondere die empfohlene »Tagesschau« an. Von der Theorie zur Praxis: Nehmen Sie nun ein Problem, welches Sie mit Hilfe der PALME-Technik beseitigen möchten.

Selbstvertrauen ist gut – Selbstkontrolle ist besser!

Übung 63: Die Palme erklimmen (zehn bis fünfzehn Minuten)

P – Problem definieren

....

....

A – Analysieren
Wo hat das Problem begonnen? Welches sind die Wurzeln, an denen Sie ansetzen können?

....

....

L – Lösungen erarbeiten
Denken Sie bitte an die Regeln des Brainstormings. Handelt es sich um ein tief greifendes Problem, so machen Sie bitte von der Alternativen-Wertanalyse (s. Seite 139ff.) Gebrauch.

....

....

Für welche der gefundenen Lösungen entscheiden Sie sich?

....

....

M – Maßnahmen setzen
Nutzen Sie Ihren persönlichen Einflusskreis. Was können Sie höchstpersönlich tun? Wie sieht Ihr »Schlachtplan« genau aus? Was Sie gleich jetzt tun können, tun Sie auf der Stelle (zumindest aber: Setzen Sie den ersten Schritt sofort!).

....

....

E – Erfolg kontrollieren
Welchen Termin vermerken Sie in Ihrem Terminkalender, um die Güte Ihrer Problemlösung nachträglich zu überprüfen?

....

....

Praxistipps: Probleme lösen/Entscheidungen treffen

❖ Die Beherrschung von Problemlösetechniken soll Sie nicht dazu verleiten zu meinen, Sie müssten alle Probleme auf eigene Faust lösen. Wir raten Ihnen zum Vier-Augen-Prinzip: Sprechen Sie mit anderen Menschen über Ihre Probleme und holen Sie sich deren Rat ein.

❖ Wenn Sie Ihre Fähigkeiten in Sachen Problemlösen weiter ausbauen möchten, machen Sie sich zum Thema Kreativität schlau. Allzu leicht verkünden wir, ein Problem lasse sich nicht lösen – bloß weil uns spontan nichts eingefallen ist.

❖ Lassen Sie sich beim Problemlösen ruhig etwas Zeit. Nicht jedes Problem lässt sich auf Anhieb lösen. Vielmehr kommen Ihnen die besten Ideen häufig erst dann, wenn Sie gar nicht (mehr) *bewusst* nach einer Lösung suchen.

❖ In diesem Sinne ist es ein vorrangiges Ziel des WAAGE-Programms®, dass Sie lernen, Probleme stehen lassen zu können. Beherzigen Sie dabei die Tipps zum Abschalten (s. Seite 162 f.).

❖ Lösen Sie komplexere Probleme schriftlich! Das Prinzip Schriftlichkeit erleichtert es Ihnen, den Überblick zu behalten und sich nicht stets neu eindenken zu müssen.

❖ Wissen Sie aus Erfahrung, dass Sie und/oder ihre Kollegen nur schwer in der Lage sind, sich aus der ewigen Ursachensuche und der Suche nach den Schuldigen zu befreien, geben wir Ihnen die Empfehlung, *vorläufig* die *beiden* ersten Schritte des PALME-Modells auszulassen bis das Denken in Lösungen für alle Beteiligten zur festen Gewohnheit geworden ist. Der Versuch, die Schuldigen dingfest zu machen, endet in aller Regel auf einem Verschiebebahnhof.

❖ Als Mittelweg schlagen Stone, Patton und Heen (2000) vor, anstelle der Schuldfrage, die Beitragsfrage aufzuwerfen – eine diffizile aber wichtige Unterscheidung.

Geduld zahlt sich aus: Viele Probleme lösen Sie über Nacht

Damit ist unser Kreislauf aus Zielen, Entscheidungen, Planen, Umsetzen und Problemlösen komplett. Zur Abrundung dieses Kapitels greifen wir zwei Themenkomplexe heraus, die uns wegen Ihrer engen Verbindung zum Stressgeschehen besonders am Herzen liegen: Zum einen das Erholungsmanagement, zum anderen die Ernährung.

»Was haben alle Beteiligten zur Entstehung des Problems beigetragen?« statt »Wer ist schuld daran?«

Sicherung der Lernergebnisse (drei Minuten)

In welcher Weise möchten Sie in Zukunft mit Problemen verfahren?

....

....

....

....

....

....

In welcher Weise hat sich Ihre Zuversicht, Probleme lösen zu können, verändert?

....

....

....

....

....

....

....

....

....

....

....

Erholung managen

Dass die Begriffe »Erholung« und »Management« hier in einem Atemzug genannt werden, mag auf den ersten Blick etwas befremdlich auf Sie wirken. Denn »Management« klingt doch sehr nach Arbeit. Wir glauben jedoch, dass in unserer heutigen Zeit, Erholung nicht mehr ohne weiteres »passiert«. Sie müssen sich aktiv Freiräume schaffen und für Erholung suchen – eben Erholung managen. Schon allein aus diesem Grund kommt der moderne Mensch nicht mehr ohne Zeitmanagement aus.

Erholen kommt von holen

Praxistipps: Erholung managen

❖ Investieren Sie 50 Prozent der durch Ihr neues Zeitmanagement gewonnenen Zeit in Ihre Erholung. Die restlichen 50 Prozent investieren Sie in Ihren beruflichen Erfolg. Diese 50 Prozent kommen Ihrem Unternehmen zugute.

❖ Wir haben gehört, dass nicht nur Überforderung und Beanspruchung Stress darstellen, sondern gleichfalls Langeweile und Sättigung. Daher müssen Sie sich nicht nur von Arbeitsüberlastung, sondern auch von unterfordernden Tätigkeiten erholen. Je nachdem, wie Ihr Arbeitsalltag aussieht, müssen Sie in Ihrer Freizeit für einen entsprechenden *Ausgleich* sorgen.

❖ Termin mit sich selbst: Tragen Sie auch Zeiten der Erholung in Ihren Terminkalender ein! Andernfalls droht der Beruf wie ein Oktopus immer stärker um sich zu greifen und weit in Ihre Privatsphäre einzudringen.

❖ Ihr Zeitpuffer muss auch Pausenzeiten beinhalten. Vor allem Kurzpausen steigern Ihren Erfolg. Bereits eine Ein-Minuten-Pause lädt Ihre Batterien wieder kräftig auf. Der Erholungswert der ersten Minute einer Pause ist mit Abstand am größten!

❖ Nochmals müssen wir betonen, dass Planung nicht zum Selbstzweck geraten darf. Sonst besteht die Gefahr, sich Erholung so lange zu verweigern, bis die Aufgabe endgültig abgeschlossen ist. Zwar ist es richtig, dass jedes erneute Einarbeiten zusätzlich Zeit kostet und den Sägeblatteffekt begünstigt. Doch muss hier als zweiter Einflussfaktor der Leistungsabfall berücksichtigt werden, der zu verzeichnen ist, wenn Sie ohne Pausen durcharbeiten oder Ermüdungserscheinungen ignorieren. Den entsprechenden Kompromiss haben Sie ja bereits kennen gelernt: Schließen Sie Arbeitsschritte ab und schließen Sie dadurch kleine Energiekreise.

❖ Henning Allmer (1996) empfiehlt zudem, den Übergang von Beanspruchung zu Erholung allmählich zu gestalten. Erholungseffekte lassen sich nicht auf Knopfdruck herbeiführen. Die »Sofort-Erholung« wird dann selbst zum Stressauslöser! »Ich habe jetzt genau zwei Stunden, mich zu erholen. Anschließend muss ich wieder hundertprozentig fit sein.«

❖ Und der vielleicht wichtigste Hinweis zum Abschluss (auf dass er Ihnen am längsten in Erinnerung bleibe!). Welchem Erholungstyp gehören Sie an? Können Sie Erholung vorprogrammieren? Falls nicht, so laufen Sie beispielsweise Gefahr, dass Sie nicht einschlafen können, wenn Sie sich bewusst früher ins Bett legen. Dann gerät Erholung für Sie zum Stress.

Sich gesund ernähren

Der Mensch ist ja bekanntlich, was er isst. So mancher hat sich schon mit Messer und Gabel langsam aber sicher sein eigenes Grab geschaufelt. Das meiste von dem, was wir, die Autoren, zum Thema Ernährung anzubieten haben, ist wohl bekannt. Doch der Weg vom Vorsatz zum Tun ist mit vielen Stolpersteinen gepflastert. Dabei ist es so einfach: Gesundes Leben braucht gesunde Körperzellen und gesunde Zellen benötigen Sauerstoff, Nährstoffe und eine funktionierende Beseitigung der Abfallstoffe. Wenn das alles gewährleistet ist, sind etwa 75 Billionen Miniaturkraftwerke, sprich Zellen, rund um die Uhr im Einsatz und versorgen Sie mit kraftvoller Lebensenergie. Erste Voraussetzung ist demnach der vitale Atem. Sie können einige Zeit ohne Wasser und Nahrung auskommen, aber nur wenige Minuten ohne Sauerstoff. Da Sie pro Tag rund 10.000 Liter Luft einatmen, spielt es schon eine wesentliche Rolle, wie Sie atmen. Wir bieten Ihnen dazu in unserem Buch einige wirkungsvolle und hilfreiche Atemübungen an (siehe Übungen 23 bis 27). Es ist verblüffend, mit wie wenigen und einfachen Maßnahmen Sie damit Ihr persönliches Stress-Management erfolgreich unterstützen können.

Viele wissen, was sie tun, aber sie tun nicht, was sie wissen

Richtig essen beginnt mit dem richtigen Trinken. Das bedeutet, schon eine Viertelstunde *vor* dem Essen ein Glas Wasser zu trinken. Wenn Sie unter Heißhungerattacken leiden, kann das oft auch durch Durst ausgelöst werden, weil Sie womöglich insgesamt zu wenig Flüssigkeit zu sich nehmen. Die Formel der zwei notwendigen Liter pro Tag wurde durch eine neue ersetzt, die dem unterschiedlichen Körpergewicht Rechnung trägt. Sie lautet

$$0{,}02 \text{ Liter} \times \text{Körpergewicht}$$

Ein 70 kg schwerer Mensch sollte demnach mindestens etwa 1,4 Liter Flüssigkeit (hauptsächlich Wasser und Tee) pro Tag trinken. Damit ist ausreichend für Schmiermittel Ihrer Minikraftwerke gesorgt. Das Trinken von Wasser und Tee entsäuert, verbessert die Fließfähigkeit Ihres Blutes, entlastet Ihre Nieren und beugt Verstopfung vor.

Ist Fett immer schlecht? Auch in großen Mengen unbedenklich ist das fett Gedruckte in diesem Buch!

Jetzt geht es um den Nährwert der »Brennstoffe«, also Fette, Kohlehydrate, Proteine (Eiweiß), Vitamine, Mineralstoffe und Spurenelemente, die Sie Ihrem Körper zuführen. Gleich zu Beginn lassen wir die Fahndung nach dem Staatsfeind Nummer eins aller Hirnarbeiter anlaufen. Er hat vier Buchstaben: F E T T. So empfiehlt auch Christiaan Barnard (1999), der vielleicht bekannteste Arzt des 20. Jahrhunderts: Überprüfen Sie gedanklich Ihren Fettkonsum, insbesondere den von tierischen Fetten und minderwertigen Ölen. Stellen Sie für sich fest, ob Sie zu den Missetätern gezählt werden müssen. Schauen Sie dass Sie mildernde Umstände bekommen, indem Sie rasch sichtbares Fett meiden und auf pflanzliche Fette und hochwertige, das heißt kaltgepresste, pflanzliche Öle umsteigen. Mit dem Genuss von Olivenöl, Leinöl, Weizenkeim- und Sonnenblumenöl, Hanföl sowie dem Verwenden ungehärteter Margarine gelten Sie in puncto Fett als rehabilitiert.

Ansonsten wächst alles, was Sie für ein qualitätsvolles, gesundes Leben brauchen, auf Bäumen, Sträuchern und in der Erde. Oder haben Sie schon einmal einen Keksbaum gesehen? Für die Ernährungspraxis heißt das *mehr* Obst, Gemüse, Getreide und Hülsenfrüchte, dagegen *weniger* (fettes) Fleisch, Zucker und Salz. Barnard bemerkt dazu, dass, wer genug Obst und Gemüse isst, praktisch kein Fettproblem haben kann.

Unsere entfernten Verwandten, die Gorillas, leben ausschließlich von Früchten und Bambusblättern. Was die Gorillas allerdings nicht daran hindert, die mächtigsten Tiere des Dschungels zu sein. Obwohl kein Tierwärter jemals für sie ein Steak gebraten hat. Aber Sie wissen auch: Schränken Sie den Genuss von Rohkost am Abend ein, sonst laufen Sie Gefahr, über Nacht zu einem lebenden, vor sich hin gährenden Mostfass zu werden.

Jetzt wollen Sie zu Recht wissen, weshalb Sie bestimmte Lebensmittel einschränken sollen. Unsere Antwort lautet: weil sie keine Lebens-Mittel sind!

Beispiel Fleisch: Allzu viele Proteine (Eiweiß) führen zu einem Überangebot an Stickstoff im Blutkreislauf und erzeugen lähmende Müdigkeit. Sie fallen sozusagen ins »Schnitzel-Koma«! Zudem lassen Ihre Gelenke, Knorpel und Sehnen schön grüßen, denn die werden von der Harnsäure im Fleisch scharf angegriffen. Rheuma und Gicht warten schon auf ihr nächstes Opfer.

Beispiel Zucker: Der weiße Zucker macht es ganz raffiniert und verbraucht im Stoffwechsel den Vitamin-B-Komplex. Der Preis für zu viel Schokolade heißt also Nervosität, denn unser Nervenkostüm benötigt die B-Vitamine für mehr Ruhe und Gelassenheit. Zucker fährt mit Ihrer Energie auch noch Achterbahn, denn einem kurzen Energieanstieg nach Zuckerkonsum folgt ein umso tieferes Energieloch. So ist zum Beispiel Traubenzucker im Ausdauersport seit langem verpönt.

Beispiel Salz: Salz bindet Wasser im Organismus und erhöht damit den Blutdruck, was denkbar ungeeignet für gestresste, rotköpfige Hirnarbeiter ist.

Womit wir bei den Vitaminen angelangt wären und da allen voran beim Vitamin C. Täglich ausreichend natürliches Vitamin C (500–1.000 mg) zu sich zu nehmen ist wie eine Schutzimpfung gegen Umweltgifte und freie Radikale. Letztere sind wild gewordene Killerzellen aus Umweltgiften und Ernährungsrückständen, die lawinenartig Millionen gesunder Körperzellen angreifen. Wenn man sie lässt. Wir empfehlen Naturprodukte mit Vitamin C aus Acerolakirschen und Hagebutten, die vom Körper bestens genutzt werden. Die Stärkung des Immunsystems als Vorbeugung gegen Erkältungskrankheiten und zur Verbesserung der Wundheilung ist ein wertvoller Zusatznutzen des Vitamin C. Um die ausreichende tägliche Versorgung mit Vitaminen der A-, B-, C- und E-Klasse sicherzustellen und um genügend Mineralstoffe, wie zum Beispiel das Nerven- und Muskelsalz Magnesium, sowie Spurenelemente in den Körper zu bekommen, ist der zusätzliche Weg in die Apotheke zu empfehlen. Denn wohl dosierte Präparate mit Vitaminen, Mineralstoffen und Spurenelementen sichern Ihnen eine ausreichende Zufuhr aller lebenswichtigen Nährstoffe. Um auf Nummer sicher zu gehen, empfehlen wir Ihnen, in jedem Fall Ihren Gesundheitsstatus regelmäßig gemeinsam mit Ihrem Hausarzt zu überprüfen. Wir haben Sie gewarnt, dieses Buch zu lesen. Jetzt ist es noch schwieriger, wider besseres Wissen das Gute und Richtige nicht zu tun.

Praxistipps: Umgang mit Ernährungstipps

Beziehen Sie bitte in Ihre Überlegungen zur richtigen Ernährung mit ein:

❖ Unserer Erfahrung nach besteht die Gefahr, dass etwas, das als richtig erkannt wurde, aber nicht gelebt wird, als »trivial« abgetan wird. Unserer Meinung nach können wir uns ein solches Urteil erst dann erlauben, wenn wir etwas *wissen und tun.*

❖ Die Informationsfülle bezüglich richtiger Ernährung führt bei vielen dazu, dass sie sich mit der Begründung »Wenn selbst die Experten sich untereinander nicht einig sind …!« den Magen voll schlagen.

Faule Ausreden verhindern reifes Essverhalten

Um diese »Notausgänge« ein wenig unwegsamer zu machen, haben wir Ihnen hier nur jene Empfehlungen präsentiert, die praktisch unumstritten sind.

Sicherung der Lernergebnisse (fünf Minuten)

Welche persönlichen Erkenntnisse ziehen Sie für sich aus diesem Kapitel?

....

....

....

....

....

....

....

....

Welche konkreten Lernziele leiten Sie aus Ihren Erkenntnissen ab?

....

....

....

....

....

....

....

Übertragen Sie Ihre wichtigsten Lernziele in die Ideen-Schatztruhe (s. Seite 12).

E – Einstellungen entwickeln

Von den täglichen Verhaltensgewohnheiten zu den dahinter stehenden Einstellungen ist es im Grunde nur ein kleiner Schritt. Verhalten und Einstellung beeinflussen sich wechselseitig. Und so lässt sich das angestrebte Ziel des folgenden Kapitels, konstruktive Einstellungen zu gewinnen, auch als Verhaltensgewohnheit beschreiben: die Angewohnheit, positive Selbstgespräche zu führen. Denn diese basieren auf konstruktiven Einstellungen.

Der enge Zusammenhang zwischen dem Stressgeschehen und Ihren Einstellungen, Gedanken, Interpretationen wurde bereits mehrfach angedeutet und soll hier vertiefend dargestellt werden. Wenn wir von Stress sprechen, liegt ein *Teil* der Verantwortung praktisch *immer* bei Ihnen. Denn die vielfach vertretene Meinung, Gefühle von Ärger, Wut, Verzweiflung, Angst und Nervosität würden ausschließlich durch die äußeren Umstände geschaffen, ist schlichtweg falsch. Ein ausschlaggebender Faktor für das Zustandekommen von Stress ist, wie Sie wissen, Ihre *Interpretation,* dass eine unangenehme, schwer oder gar nicht zu kontrollierende und für Sie persönlich bedeutsame Situation vorliegt. Daraus erklärt sich, dass Menschen unterschiedlich auf ähnliche Belastungen reagieren. Und auch Sie selbst reagieren zu verschiedenen Gelegenheiten völlig verschieden.

Stress hängt zu einem Gutteil von Ihrer subjektiven Wahrnehmung ab!

Wie Mark Aurel so treffend bemerkte: »Die Dinge selbst berühren in keiner Weise die Seele noch haben sie einen Zugang zur Seele noch können sie sie verändern oder bewegen. Nur die Werturteile, die die Seele fällt, stempeln das Wesen der Dinge, die von außen an sie herantreten.« Sätze wie etwa »Du machst mich wahnsinnig!« oder »Du hast mich verletzt!« sind daher in dieser Einseitigkeit von der Hand zu weisen. Es muss immer auch einen »Haken« bei Ihnen geben, an dem sich der »Wahnsinn« oder die »Verletzung« aufhängen lässt. Wer sich allerdings philosophisch vorkommt in der Behauptung, *jeglicher* Stress sei hausgemacht, der muss vielleicht an folgende Tatsachen erinnert werden: Unser Aktivierungsgrad beispielsweise wird in beträchtlichem Maße über den Gehörsinn gesteuert. Und auch sonst hat unsere Umweltsituation ein bedeutendes Wörtchen bei der Entstehung von Stress mitzureden – so gibt es *unbedingte* Stressreize, das sind solche, die nicht erlernt werden müssen, sondern uns von Natur aus einprogrammiert sind, zum Beispiel: Lärm!

In diesem Sinne kann die Untersuchung von Pennebaker, Burnam, Schaeffer und Harper (1977) interpretiert werden: Zwei Versuchsgruppen wurden derselben Lärmsituation ausgesetzt (unangenehme, laute Töne). Bei einer Gruppe war ein Schalter im Raum installiert. Bei Bedarf, so wurde diesen Personen mitgeteilt, könne der Lärm mit Hilfe des Schalters abgedreht werden. Man ersuchte sie jedoch höflich darum, nicht von dem Schalter Gebrauch zu machen (woran sich alle Versuchspersonen tatsächlich hielten). Eine zweite Gruppe von Personen war objektiv derselben Lärmsituation ausgesetzt, besaß jedoch keinen Schalter. Der Ergebnis war, dass jene Versuchspersonen, die der Überzeugung waren, den Lärm *kontrollieren* zu können, weitaus *weniger* körperliche Stresssymptome (Kopfschmerzen, Herzklopfen, Atembeschwerden, Schweiß, Magenprobleme) aufwiesen als jene Personen, die meinten, keine Kontrolle zu haben. Dennoch waren auch in der Gruppe mit dem Schalter durchwegs deutliche Anzeichen von Stress messbar. Der Stressreiz »Lärm« rief automatisch Stress hervor, der allerdings durch entsprechende Kontrollerwartungen *verstärkt* oder *abgeschwächt* werden konnte. Darüber dass Einstellungen, Erwartungen und andere gedankliche Vorgänge einen starken Einfluss auf das Zustandekommen von Emotionen haben, ist man sich in der Wissenschaft längst einig. Wie der berühmte Stressforscher Lazarus (1991) ausführt, ist lediglich unklar, wie groß dieser Einfluss genau ist.

Interpretationen hängen nicht nur von den äußeren Umständen und Ihrer derzeitigen Stimmungslage ab, sondern sind vor allem eine Folge von gewohnheitsmäßigen Einstellungen und Haltungen. Wie das Lärmexperiment eindrucksvoll bewiesen hat, können Sie durch die Veränderung Ihrer Einstellungen Stress reduzieren. Dieses Ziel verfolgen wir in diesem Kapitel. Unser besonderes Augenmerk wird dabei Ihrer Arbeitszufriedenheit gelten (selbstverständlich soll auch Ihr Privatleben dabei nicht kurz kommen). Denn selbst wenn die Arbeitszeit auch in Zukunft weiter verkürzt werden sollte, verbringt der Mensch doch den Löwenanteil seiner Lebenszeit mit Arbeiten. Wer diese Zeit nicht als etwas Erfüllendes erlebt, dem geht ein wertvolles Stück Lebensqualität verloren.

Ob Ihre Arbeit in Zukunft auf Sie als Distress oder als Eustress wirken wird, hängt ab: von Ihrer inneren Haltung gegenüber Leistung und Zielerreichung, von Ihrer Einstellung zu Fehlern und Problemen und noch von vielem mehr. Wir möchten Ihnen den Weg weisen, wie Sie Ihre Arbeit schätzen lernen. Die *Entscheidung*, Ihrer Arbeit mehr Freude abzugewinnen, liegt ganz klar bei Ihnen.

> »Wenn du liebst, was du tust, wirst du nie wieder in deinem Leben arbeiten!«
> *(Confuzius)*

Bevor wir jedoch an Ihrer Arbeitseinstellung weiterarbeiten können, müssen Sie sich zunächst *für* oder *gegen* Ihren derzeitigen Arbeitsplatz entscheiden (beziehungsweise vielleicht sogar für oder gegen Ihren *Beruf*). Ein wertvolles Entscheidungsinstrument haben Sie mit der Alternativen-Wertanalyse kennen gelernt (s. Seite 139ff.). Falls Sie sich gegen Beruf oder Arbeitsplatz entscheiden, nutzen Sie die Inspiration der Unzufriedenheit, um sich eine neue Stelle zu suchen. Falls Sie sich jedoch für Ihre jetzige Tätigkeit entscheiden, *tun Sie es richtig!*

> **Eine Entscheidung braucht nicht endgültig zu sein, sie kann auch auf Zeit getroffen werden!**

Aber irgendeine Entscheidung muss in jedem Falle her. Denn es macht klarerweise keinen Sinn, Ihre Einstellung zu Ihrer Arbeit zu verbessern, wenn Sie gute Gründe haben, Ihren Arbeitsplatz zu wechseln. Dadurch würden Sie Ihre Entscheidung nur noch länger hinauszögern.

Kommen wir auf unseren Rat aus Kapitel G zurück: den bewussten Einsatz von (realistischen!) Zielen. Wir möchten Ihnen anhand eines einfachen Beispiels den positiven Effekt von *bewussten* Zielen auf Ihre Arbeitszufriedenheit demonstrieren.

> **Übung 64: Der Nutzen meiner Arbeit (zehn Minuten)**
>
> Welche Ziele verfolgen Sie mit Ihrer derzeitigen Arbeit?
> (Selbstverwirklichung, Karriere, Wohlstand usw.)
>
> ....
>
> ....
>
> Welchen *zusätzlichen* – vielleicht auf den ersten Blick verborgenen – Nutzen[1] ziehen Sie aus Ihrer Arbeit?
> (Freundschaften/Kontakte/Sozialleistungen/Pension/Erfahrungen/lebenslanges Lernen usw.)
>
> ....
>
> ....
>
> Welchen Nutzen bringt Ihre Arbeit für *andere* mit sich?
> (Kinder/Partner/Gesellschaft/Kunden /Weitergabe von Erfahrungen usw.)
>
> ....
>
> ....

1 Die Unterscheidung zwischen Nutzen und Zielen ist hier nicht das Wesentliche. Sie ist aber insofern nützlich, als schon die Veränderung eines einzigen Wortes zusätzliche Denkprozesse anregt und neue Informationen zu Tage fördert.

Werfen Sie im Anschluss an diese Übung einen neuerlichen Blick auf Ihre Einstellung zu Ihrem Beruf. Gehen wir recht in der Annahme, dass sich Ihre Arbeitszufriedenheit schon mit diesem ersten Schritt spürbar verbessert hat? Vorausgesetzt natürlich, dass Sie konkrete Ziele und Nutzen festmachen konnten – wovon wir allerdings ausgehen. Denn gäbe es diesen Nutzen nicht, so würden Sie etwas anderes tun. Dieser Nutzen liegt zuweilen im Verborgenen:

> **Ein Nutzen kann auch darin bestehen,**
> **dass Sie nicht auf Alternativen zurückgreifen müssen,**
> **die noch unangenehmer für Sie wären!**

Das wird nur allzu gerne vergessen. Ganz im Sinne der Trotzhaltung »Ich hätte etwas besseres verdient!«. Diese Einstellung bringt Ihnen jedoch nichts als Scherereien. Denn die Erwartung, dass die übrige Welt sich für Ihre Bedürfnisse und Ihr Lebensglück verantwortlich fühlt, muss zwangsläufig enttäuscht werden. Das Schlimmste daran ist aber: Sie wissen nicht einmal das zu schätzen, was Sie im Augenblick haben.

Müssen wollen

Bevor Sie nun weiterlesen: Schreiben Sie hier einige Dinge auf, an denen Sie keine Freude haben, von denen Sie aber dennoch meinen, sie (regelmäßig) tun zu müssen. (eine Minute)

Verwandeln Sie Wasser in Champagner – Machen Sie aus Müssen Wollen!

....

....

....

Menschen, die eine Situation als unangenehm erleben, behaupten gerne, dass sie »keine andere Wahl« haben. Frei nach dem Motto: »Ich will ja gar nicht, aber ich muss!« Worin besteht jedoch der Unterschied zwischen »müssen« und »wollen«?

Wenn Sie etwas tun »müssen«, haben Sie keine Wahl, wenn Sie etwas tun »wollen« schon. Aufgrund der Freiheitsbeschränkung bedeutet »müssen« nichts anderes, als keine Kontrolle über die Situation zu haben, *hilflos* zu sein. Und das wiederum erzeugt Stress.

 Manfred fotografiert gerne in seiner Freizeit und lange Zeit hat er mit dem Gedanken gespielt, dieses Hobby zu seinem Beruf zu machen. Genauso begann es auch bei einem Freund von Manfred, der heute tatsächlich Fotograf ist. Während Manfred nach wie vor leidenschaftlich gerne fotografiert, bereitet dem Profi das Fotografieren nur noch selten Freude – er betrachtet es als ein Muss!

Der Beruf wird häufig als »Muss« erlebt. Das Kind fragt: »Wo ist Mutti?« Die Antwort darauf: »Die muss heute arbeiten.« Jetzt fragen wir Sie: »Muss« das sein? Zunächst einmal: Müssen heißt, wirklich *keine* andere Wahl zu haben (Hilflosigkeit!). Trifft das auf Ihren Beruf zu? Kann Sie tatsächlich jemand daran hindern, Ihre Stelle aufzugeben? Oder ist es nicht vielmehr so, dass Sie sich hindern *lassen*, weil es eine ganze Reihe *triftiger Gründe* gibt, weshalb Sie Ihren derzeitigen Beruf ausüben?

Anhand der Studien zur wahrgenommenen Wahlfreiheit ließe sich ein »Kleiner Almanach des Selbstbetrugs« zusammenstellen:

Der kleine Almanach des Selbstbetrugs

- ❖ Wenn unter den Alternativen, aus denen wir wählen können, eine Alternative besonders positiv heraussticht, behaupten wir gerne: »Ich habe *keine* Wahl! Ich *muss* mich ja für diese Alternative entscheiden!«
- ❖ Wenn wir uns in früheren Zeiten für diese herausragende Alternative entschieden haben und die beste Alternative damit bereits vergeben ist, behaupten wir ebenfalls: »Ich habe keine Wahl (*mehr*)!« Es ist, als ob wir auf dem höchsten Berg stehen und uns beschweren, dass es rundum nur »Hügel« gibt. Richtig ist jedoch, Sie haben sich entschieden. Vielleicht haben Sie eine schlechte Wahl getroffen, aber Sie haben gewählt!
- ❖ Wenn wir zwischen zwei unattraktiven Alternativen auswählen dürfen, behaupten wir ebenfalls »Ich habe *überhaupt keine* Wahl!«.
- ❖ Welches Gefühl macht sich in Ihnen breit, wenn Sie lauter gute – und zwar gleich gute – Alternativen zur Wahl haben? Richtig, dann haben Sie die Qual der Wahl. Überschreitet die Anzahl der Alternativen einen kritischen Wert, nimmt laut Harvey und Jellison (1974) paradoxerweise die erlebte Entscheidungsfreiheit sogar wieder ab! Stress kann also dazu führen, dass wir die Tatsachen verdrehen, bloß weil sie uns nicht gefallen.

Diese Behauptungen, keine Wahl zu haben – treffen sie zu? Nein! Wahr ist, dass die Entscheidungsfreiheit *eingeschränkt* ist, denn diese hängt ab von (vgl. dazu Herkner 1991)

- ❖ der *Anzahl* der Alternativen,
- ❖ dem *absoluten* Wert der Alternativen (der Wert an sich),
- ❖ dem *relativen* Wert der Alternativen (der Wert im Vergleich zu anderen Alternativen),
- ❖ den *Kosten*, die mit der Wahl der Alternativen verbunden sind,
- ❖ der zur Verfügung stehenden *Zeit:* Je mehr Zeit wir haben, desto höher empfinden wir die Wahlfreiheit.

Es geht uns allerdings wieder einmal gar nicht um die »Rechtslage«, sondern wir möchten Sie fragen: Tun wir uns etwas Gutes damit, »wahllos« zu behaupten, keine Wahl zu haben? Wir streiten die Verantwortung ab, die wir für unser Leben tragen und bringen uns selbst durch die vermeintliche Hilflosigkeit in Stress. Vorhang auf für die obligatorische Wozu-Frage:

Wer »keine Wahl« hat, braucht sich nicht einzugestehen, dass er keine Wahl treffen möchte!

❖ Vielfach ist es einfach bequemer, den eigenen Entscheidungsspielraum herunterzuspielen. Wir sind dadurch »unschuldig«. Das heißt, auch hier herrscht die Frage nach »Schuld« oder »Unschuld« vor und verdeckt die Sicht auf unsere Verantwortlichkeit. Das tragische Element daran: Wir reden uns so überzeugend die eigene Hilflosigkeit ein, dass wir am Ende selbst daran glauben.

❖ In anderen Fällen soll die vermeintlich fehlende Wahlfreiheit die eigene Angst vor Entscheidungen kaschieren.

So weit der Tragödie erster Teil. Wie Sie sehen, hängt es in vielen Fällen (nicht in allen!) von Ihrer Perspektive ab, ob Sie glauben, etwas tun zu müssen oder etwas tun zu wollen. Es kommt aber noch besser: Der so genannte »Untergrabungseffekt« wurde in vielen wissenschaftlichen Experimenten bestätigt (Calder & Staw 1975; Deci 1972): Wenn ich einer interessanten Tätigkeit ohne äußeren Zwang nachgehe, nehme ich an, dass ich eine positive Einstellung zu dieser Tätigkeit habe, dass ich aus freien Stücken handle. In der Psychologie sprechen wir von »intrinsischer Motivation«, also von Motivation, die von innen kommt. Die Aufgabe selbst wirkt als Belohnung. Sobald jedoch gewichtige äußere Gründe hinzukommen – ich beispielsweise großzügig bezahlt werde –, passiert es leicht, dass ich von diesen inneren Beweggründen abgelenkt werde und interpretiere: »Ich tue das ja nicht meinetwegen, sondern um der Belohnung willen!« Der Lohn wird dann oft zur Belohnung. Meine Motivation wird auf diese Weise durch Belohnung von außen untergraben. Es sei denn …

> **Halten Sie sich in Bezug auf Ihre wichtigsten Tätigkeiten und Lebensrollen regelmäßig Ihre Beweggründe vor Augen.**

Zwei Arten von Beweggründen können wir bereits abhaken: Ziele und Nutzen Ihrer Arbeit. Gehen wir nun zu Ihren persönlichen Werten und Fähigkeiten über.

Übung 65: Meine persönlichen Werte und Fähigkeiten (zehn Minuten)

1. Welche ethischen Werte (zum Beispiel Fairness, Verlässlichkeit, Ehrlichkeit, Hilfsbereitschaft, Treue, Toleranz, Verantwortungsbewusstsein, Vertrauen …) sind Ihnen persönlich bei der Wahrnehmung Ihrer Lebensrollen besonders wichtig? Diese Frage bezieht sich sowohl auf jene Werte, die Sie bereits leben, als auch auf Werte, die Ihnen in weiterer Zukunft wichtig sein werden.

2. Welche Fähigkeiten und Eigenschaften zeichnen Sie bei der Ausübung dieser Rollen besonders aus? (Menschenkenntnis, Überzeugungskraft, Fachwissen, Flexibilität, Erfahrung, Kreativität, Durchhaltevermögen, Begeisterung usw.). Diese Eigenschaften dürfen ruhig in verschiedenen Lebensbereichen auftauchen. Wiederholungen sind erwünscht.

Lebensrollen	Persönliche Werte	Fähigkeiten und Eigenschaften
Vater/Mutter[1]		
Tochter/Sohn[2]		
Lebensgefährte/ Lebensgefährtin		
Arbeitskollege/ Arbeitskollegin		
Freund/Freundin		

Spüren Sie einmal bei sich nach: Welche gefühlsmäßigen Veränderungen können Sie aufgrund der letzten Übungen feststellen?

---

1 Also in Bezug auf Ihre eigenen Kinder (sofern Sie welche haben).
2 Sie als Kind Ihrer Eltern.

Dass es tatsächlich Ihre eigene Einstellung ist, die zu Arbeitslust oder Arbeitsfrust beiträgt, möchten wir Ihnen anhand der Fragen in der nächsten Übung beweisen.

Übung 66: Müssen und Wollen (fünf Minuten)

Zählen Sie mindestens drei Tätigkeiten auf, denen Sie aus freien Stücken nachgehen, die andere Personen jedoch vielleicht als Arbeit ansehen oder nur mit Widerwillen ausführen würden (zum Beispiel berufliche Führungsaufgaben, Sport, Gartenarbeit, Briefmarkensammeln, Ehrenämter, Kindererziehung usw.)

....

....

....

Kennen Sie Personen oder können Sie sich solche Personen vorstellen, die an Ihren *beruflichen* Aufgaben verzweifeln (würden), weil diese Aufgaben nicht der Persönlichkeit dieser Menschen entsprechen?

....

....

....

Falls Sie selbst am Verzweifeln sind: Durch welche Einstellung könnten Sie alles noch schlimmer machen?

....

....

....

Sie sehen, ob Sie »arbeiten« oder nicht, hängt in entscheidendem Maße von Ihrer Einstellung zur Sache ab! Fassen wir noch einmal die Beweggründe, welche Sie sich von Zeit zu Zeit ins Bewusstsein rufen sollten, zusammen: Ziele, Motive, Visionen, persönlicher Nutzen, persönliche Werte (dazu zählt auch der Nutzen für *andere*), individuelle Fähigkeiten (Was Sie besonders gut beherrschen, das bereitet Ihnen vermutlich auch Freude!).

Praxistipps: Müssen wollen

❖ Halten Sie sich in Bezug auf Ihre wichtigsten Tätigkeiten und Lebensrollen regelmäßig Ihre Beweggründe, Ziele, Nutzen und Fähigkeiten vor Augen.

❖ Erinnern Sie sich stets daran, welche Wahlmöglichkeiten Sie in der Vergangenheit gehabt haben – selbst wenn Sie heute keine Wahlmöglichkeit mehr haben, vielleicht aus Alters- oder Gesundheitsgründen (zum Beispiel keine Kinder zu bekommen, Profisportler zu werden).

❖ Fragen Sie sich ernsthaft, ob Sie wirklich keine Wahl haben. Oder ob es nicht vielmehr so ist, dass Sie von den Möglichkeiten, die Ihnen zur Verfügung stehen, so enttäuscht sind, dass Sie Ihre Wahlfreiheit klammheimlich unter den Tisch fallen lassen. Mindern Sie Ihren Stress, indem Sie sagen »Die Wahl, die ich habe, gefällt mir nicht, aber ich habe eine Wahl!«.

❖ Entscheiden Sie sich täglich neu für die Dinge, die Sie vor langer Zeit einmal gewählt haben und die Sie heute glauben, tun zu müssen.

❖ Desgleichen: Angenommen Sie sind mit Ihrer Situation in einem bestimmten Lebensbereich nicht zufrieden und die Alternativen, die Ihnen ansonsten zur Verfügung stehen, sagen Ihnen auch nicht zu – entscheiden Sie sich bewusst für das, was Sie bereits tun!

Die Opferrolle ablegen

Übernehmen Sie ab heute die volle Verantwortung für Ihr Leben!

Damit leiten wir direkt zum nächsten Thema über. Menschen, die sich ständig in der Position sehen, etwas tun zu »müssen«, fühlen sich hilflos. Sie sind Opfer der widrigen Umstände oder Ihrer eigenen Unzulänglichkeit, sie haben keine Wahl. Folgende Fragen sind im Zusammenhang mit der Opferrolle zu klären:

❖ Welche negativen wie positiven Auswirkungen sind mit dem (teilweise selbst auferlegten) »Opferdasein« verbunden?
❖ Wie kommt es zur Opferhaltung?
❖ Und wie kommen Sie davon wieder los?

Opfer (und damit hilflos) sein ist das genaue Gegenteil von Kontrolle ausüben. Die Überzeugung, keine Kontrolle zu besitzen, löst automatisch eine Alarmreaktion aus (Stress). Forschungsergebnisse bestätigen tatsächlich, dass sich widerstandsfähige Menschen nicht als Opfer, sondern als ihres eigenen Glückes Schmied betrachten. Diese Geisteshaltung stellte Suzanne Kobasa (1984) an solchen Personen fest, die über eine ausgeprägte Widerstandsfähigkeit verfügen. Kobasa spricht von »hardiness«, andere Autoren wählen die Bezeichnung »Resilienz«. Darüber hinaus konnte sie zwei weitere Erfolgsfaktoren solcher Menschen dingfest machen, sodass sich ingesamt drei Schlüsseleigenschaften ergeben: Widerstandsfähige Menschen

❖ nehmen Probleme und Veränderungen als *Herausforderungen* wahr.
❖ haben das Gefühl von *interner Kontrolle* über ihr Tun.
❖ weisen eine ausgeprägte *Tunorientierung* auf. Sie setzen sich aktiv für die Erreichung ihrer Ziele ein.

Natürlich halten wir unser Schicksal nicht vollständig selbst in Händen, aber wir können auf unser Schicksal *Einfluss* nehmen: In etwa so, wie ein Kapitän sein Schiff über den Ozean manövriert. Im Grunde genommen geht es nämlich gar nicht darum, *inwieweit* wir unser Schicksal nun *genau* beeinflussen können. Entscheidend ist, *dass* Sie Ihre Rolle als Kapitän wahrnehmen.

Viele Menschen allerdings schütten das Kind mit dem Bade aus (in diesem Fall den Dampfer mit dem Ozean): Das Meer erscheint ihnen so übermächtig, dass sie glauben, es lohne sich nicht, ihm zu trotzen. »Trotzen« ist vielleicht auch nicht die richtige Strategie. Taktisch am klügsten wird es wohl sein, sich Wind und Wetter *flexibel anzupassen.* Dazu ist es nicht nur nötig, ein »bisschen« zu steuern, sondern die entscheidenden Manöver selbst in die Hand zu nehmen! Laut Wicklund und Brehm (1976) fühlen sich die meisten Menschen jedoch nur dann verantwortlich, wenn zwei Bedingungen erfüllt sind:

* ❖ Die Konsequenzen ihres Verhaltens sind vorhersehbar.
* ❖ Ihr Verhalten beruht auf Freiwilligkeit.

Die erste Bedingung führt nicht selten dazu, dass wir uns trotzig zurücklehnen: »Das konnte ich doch nicht ahnen! Jetzt will ich mit der ganzen Sache nichts mehr zu tun haben!« Die zweite Bedingung *glauben* wir häufig nicht erfüllt – siehe obiger Almanach des Selbstbetrugs.

Wir weisen noch einmal auf den feinen Unterschied zwischen Schuld und Verantwortung hin: »Schuld« setzt voraus, Sie hätten einen Fehler begangen und impliziert weiter, Sie hätten diesen Fehler in *voller Absicht* begangen. »Schuld« geht darum noch einen Schritt weiter: Sie sollen nun büßen! Von all dem sind wir mit dem Begriff »Verantwortung« weit entfernt. »Verantwortung« bedeutet lediglich, dass, wenn Ihnen etwas missfällt, Sie unzufrieden mit einer Wendung des Schicksals sind, es an Ihnen ist, auf diese Situation zu »antworten« – zu reagieren! Im Sinne des Einflusskreises eben etwas zu *tun.*

Verantwortung steckt Ihren Handlungsbereich ab. Natürlich gibt es Schicksalsschläge, Naturkatastrophen etc., welche in unserer Metapher dem Ozean entsprechen und an deren Folgen Sie absolut keine Schuld tragen. Dennoch liegt es bei Ihnen, sich mit diesen Schicksalsschlägen zu arrangieren, sich auf die inneren Sphären Ihres Einflusskreises zu konzentrieren: »Was kann ich tun? Was kann ich beeinflussen?« Jammern, sich ärgern oder resignieren sind da die am wenigsten Erfolg versprechenden Strategien.

Für etwas verantwortlich zu sein heißt nicht, an etwas schuld zu sein!

Aber kommen wir auf die Gründe für die Beliebtheit des Jammerns zu sprechen. Ein erster Grund ist, dass Jammern in unserer Gesellschaft vielfach *belohnt* wird:

Jammer liebt den Jammer

* ❖ Über das Jammern werden Gemeinsamkeiten und somit Beziehungen hergestellt. »Geteiltes Leid ist halbes Leid« sagt der Volksmund. Dem ist uneingeschränkt zuzustimmen. Gefährlich wird es erst, wenn sich der persönliche Aktionsradius auf diese äußerste Sphäre des Einfluss-

kreises beschränkt. Und das kann leicht passieren: Die Inspiration der Unzufriedenheit geht durch das Jammern verloren. Der Psychologe spricht vom Abbau des »Leidensdrucks«. Die an den Leidensdruck gebundene Energie wird durch das Wehklagen entladen statt in Handlungsenergie umgewandelt zu werden – was *langfristig* bedeutend zielführender ist.

❖ Jammern resultiert außerdem im Mitgefühl uns *nahe stehender* Menschen. Wer sich in der Familie, bei Freunden und Bekannten beklagt, wird oftmals mit psychologischen Streicheleinheiten belohnt. Das kann so weit gehen, dass Jammern zum Selbstzweck wird: Seit Freud spricht man vom »Krankheitsgewinn«. Das Leid bringt so viele positive Aspekte mit sich, dass wir gar keine Lust mehr verspüren, gesund zu werden. Gleiches gilt eben auch für das Jammern. Dieser Krankheitsgewinn ist gut maskiert und wir gestehen ihn uns nur höchst ungern ein.

❖ Wer jammert, legt ganz offiziell die Verantwortung für sich selbst ab und muss daher wenig tun. Eine gute Portion Bequemlichkeit ist also auch mit im Spiel.

Das Steuer übernehmen

Beschließen Sie, sich selbst als Ursache in Ihrem Leben zu begreifen!

McCombs und Marzano (2000) gehen wie viele andere ihrer Forschungskollegen davon aus, dass unsere Gefühle und Handlungen von unseren Gedanken kontrolliert werden. Die beiden Wissenschaftler sprechen vom »Selbst als Ursache« (»self as agent«).

Gefühle werden von vielen Menschen mystifiziert. Romantische Stimmen in uns verleihen Emotionen gerne einen geradezu unantastbaren Charakter: »Ich fühle halt so! Daran lässt sich nichts ändern.« Wir hingegen raten Ihnen, sich als Ursache Ihrer Gedanken zu betrachten. Diese Wahl beinhaltet, dass Sie sich nicht länger von Ihren eigenen Gefühlen (wie beispielsweise Angst oder dem Gefühl von Unzulänglichkeit) einschüchtern lassen. Denn diese Gefühle können Sie durch die »Kultivierung« Ihrer Gedanken beeinflussen.

Das Gefühle der Hilflosigkeit ist häufig erworben

Der beschriebenen Haltung steht die Opferrolle entgegen. Wie angekündigt, werden wir uns nun eingehender damit auseinander setzen, wie es zur Opferrolle, wie es zu dem Gefühl der Hilflosigkeit kommt. Jammern, resignieren und sich sinnlos ärgern setzen voraus, dass eine Situationskontrolle nicht oder nur unzureichend gegeben ist, beziehungsweise Handlungsmöglichkeiten *nicht gesehen* werden. Das Stichwort in diesem Zusammenhang lautet: erlernte Hilflosigkeit. Martin Seligman (1992) hat in jahrelanger Forschungsarbeit festgestellt, dass das Gefühl der Hilflosigkeit nicht vom Himmel fällt – es wird auf vielfältige Weise erworben. Seine ersten Experimente fanden an Hunden statt und sind mittlerweile ebenso klassisch wie die pawlowschen. Im Wesentlichen liefen seine Versuche darauf hinaus, dass die Versuchstiere einem »Hilflosigkeitstraining« ausgesetzt wurden: Die Hunde fanden sich in experimentellen Bedingungen wieder, in denen sie unangenehme Reize ohne jede Fluchtmöglichkeit zu ertragen hatten. Die erschreckende Erkenntnis war, dass solche Tiere später auch unter Bedingungen, wo ihnen eine Flucht objektiv leicht möglich gewesen wäre, ihren Handlungsspielraum nicht mehr wahrnahmen! Nach intensiverem Hilflosigkeitstraining blieben sie apathisch liegen und *probierten* nicht einmal zu entkommen. Anders ausgedrückt: Die Lernprozesse dieser Tiere wurden dauerhaft gehemmt! Die Hunde hatten gelernt, dass sie durch ihr Verhalten keinen Einfluss auf die äußeren Ereignisse hatten. In der Sprache Seligmans hatten sie die »Unabhängigkeit von Reaktion und Konsequenz« gelernt (»Was ich auch tue – es bringt ja doch nichts!«). Diese Erfahrung behindert in weiterer Folge die Wahrnehmung von *tatsächlich vorhandener* Abhängigkeit von Reaktion und Konsequenz. Die Ergebnisse konnten in zahllosen Untersuchungen auch am Menschen erbracht werden (natürlich ohne derartige Stromstöße!). Insgesamt wurde festgestellt, dass erlernte Hilflosigkeit schwerwiegende Konsequenzen hat:

❖ **Passivität** aufgrund der Erwartung, das eigene Verhalten habe ohnedies keinen Einfluss auf die Umwelt. Man lässt auf diese Weise zahlreiche Gelegenheiten ungenutzt verstreichen.
❖ **Traurigkeit bis hin zu depressiven Verstimmungen**
(extremer Disstress).
❖ **Fehlende Motivation, allgemeine Antriebslosigkeit:** Eine wenig tierfreundliche Untersuchung hierzu stammt von Richter (1957). Richter hielt wilde Ratten so lange in seiner Hand gefangen, bis diese aufgehört hatten zu zappeln. Später setzte er sie in einen Wasserbehälter ohne Fluchtmöglichkeit. Ratten mit dem beschriebenen Hilflosigkeitstraining gaben das Schwimmen innerhalb von 30 Minuten auf. Ratten ohne Vorbehandlung schwammen durchschnittlich 60 Minuten lang. Entscheidend ist: In der Hand festgehalten zu werden und in einem Wasserbehälter zu schwimmen sind zwei voneinander gänzlich unabhängige Erfahrungen. Die Hilflosigkeit hatte sich also im Bewusstsein des Tiers ausgebreitet.
❖ **Allgemeine Hemmung von Lernprozessen.**
❖ **Beeinträchtigung des Selbstwertgefühls.**

Aus der Sicht Ihres persönlichen Einflusskreises (s. Seite 170) kommt hinzu, dass die Betätigungen »Jammern« und »Resignieren« im wahrsten Sinne des Wortes in die Kategorie »Zeitvertreib« gehören. Etwas selbst tun zu können bedeutet, maximale Kontrolle über sich und die Situation zu besitzen und damit maximale Erfolgswahrscheinlichkeit.

Wie entsteht Hilflosigkeit und was hält sie aufrecht?

❖ **Hilflosigkeitserfahrung**, wie sie in den beschriebenen Experimenten gemacht wurde.

❖ **Belohnung** durch unsere soziale Umwelt. Diese Möglichkeit haben Sie bereits bei der Klärung der Wozu-Frage kennen gelernt. Mitgefühl, die Aussicht, keine Verantwortung tragen zu müssen etc. verstärken erlernte Hilflosigkeit.

❖ **Stellvertretende Verstärkung:** Eine »Verstärkung« entspricht umgangssprachlich einer »Belohnung«. Wir beobachten also, wie eine andere Person für Ihre Hilflosigkeit belohnt wird. Dies ist beispielsweise der Fall, wenn einem Arbeitskollegen, der sich »dumm stellt« (und möglicherweise auch fühlt!), die Arbeit abgenommen wird.

❖ **Ursachenzuschreibung** (»Kausalattributionen«): Was ist damit gemeint? Wenn wir in der Metapher des Ozeandampfers bleiben, so lautet hier die Frage: »Auf welche Faktoren führen Sie Ihre Erfolge und Misserfolge beim Bezwingen des Ozeans zurück?« Von der Beantwortung dieser Frage wird es abhängen, welchen Einfluss Sie als Kapitän glauben, auf die Ereignisse um sich herum ausüben zu können.

❖ **Beobachtung und Nachahmung:** Erlernte Hilflosigkeit wird unter Menschen in erheblichem Maße durch das Beobachten und Kopieren anderer gelernt. In vielen Bereichen des täglichen Lebens ist es common (non)sense: »Da kann man halt nichts machen!« Jammern ist sogar ansteckend! Ein verzweifelter, vor sich hin jammernder Kollege wirkt auf seine Mitstreiter demoralisierend (Brown & Inouye 1978). Jammern raubt den übrigen Anwesenden ebenfalls wertvolle Energie. Je öfter Sie also mit »jämmerlichen« Aussprüchen konfrontiert sind, desto geneigter sind Sie, dem Glauben zu schenken. Sie schenken einen Teil Ihres Einflusskreises kampflos her.

In wie vielen Bereichen Ihres Lebens bleiben Sie unter der tropfenden Regenrinne stehen in der festen Überzeugung, es würde regnen?

Anhand des folgenden Tests können Sie feststellen, inwieweit Sie ein »Opfer« erlernter Hilflosigkeit sind oder nicht.

Test 1: Erlernte Hilflosigkeit	Diesen Satz denke ich so oder so ähnlich …			
Wie oft beobachten Sie die folgenden Gedanken im inneren Dialog mit sich selbst? Kreuzen Sie bei den folgenden zehn Fragen die zutreffenden Häufigkeiten an. (Beachten Sie die imaginäre elfte Frage »Bin ich ehrlich zu mir selbst?«)	… immer	… häufig	… gelegentlich	… nie
1. *Die ungünstigen Umstände (Wirtschaftslage, Gesellschaft) sind die Ursache für meine Probleme.*				
2. *An meinen Problemen wird sich in absehbarer Zeit wenig ändern.*				
3. *Unter anderen Umständen (anderer Beruf, anderes Umfeld) hätte ich mit denselben Problemen zu kämpfen.*				
4. *So sehr ich mich auch anstrenge, was ich auch tue – es ändert sich ja doch nichts.*				
5. *Meine Fähigkeiten sind einfach generell zu gering.*				
6. *(Nicht nur meine Fähigkeiten sind zu gering,) es fehlt mir an Begabung.*				
7. *Ich war schon immer ein Pechvogel.*				
8. *Bei Erfolgen denke ich mir: »Dieses Mal habe ich ausnahmsweise Glück gehabt.«*				
9. *Ich schätze Probleme als unlösbar ein oder sage mir: »Da kann man halt nichts machen!«*				
10. *Ich denke mir: »Ich muss das tun. Ich habe ja keine andere Wahl!«*				
Addieren Sie die Anzahl der Kreuze je Spalte				
Multiplizieren Sie die einzelnen Summen mit folgenden Werten	x 3	x 2	x 1	x 0
Addieren Sie die einzelnen Summen zur Gesamtpunktzahl				

Auswertung

Stufe 1	0-5 Punkte	Praktisch keine Hilflosigkeit
Stufe 2	6-10 Punkte	Geringe Hilflosigkeit
Stufe 3	11-15 Punkte	Bedeutsame Hilflosigkeit
Stufe 4	16-20 Punkte	Beträchtliche Hilflosigkeit
Stufe 5	21-30 Punkte	Alarmierend hohe Hilflosigkeit

Was bedeutet Ihr Ergebnis?

Die Autoren gehen davon aus, dass ein gewisses Maß an Hilflosigkeit vertretbar und durchaus realitätsbezogen ist. Denn einige Ihrer Probleme mögen durchaus unlösbar, einige Ihrer Probleme sicherlich auf die Umstände zurückzuführen sein. Mit dem Ergebnis dieses Kurztests ist natürlich nichts darüber ausgesagt, inwieweit Ihre Hilflosigkeit sich auf Tatsachen gründet – wir wissen ja nicht, welche *objektiven* Einflussmöglichkeiten Sie auf Ihre derzeitige Umwelt haben. Die Trennlinie ziehen wir zwischen den Stufen drei und vier. Ab 16 Punkten kann von beträchtlicher Hilflosigkeit gesprochen werden, die sich negativ auf Ihre Gesamtbefindlichkeit, Ihre Motivation und Ihre Lernprozesse niederschlägt. Ab 21 Punkten sollten Sie erwägen, zusätzlich zu diesem Buch professionelle Hilfe zu suchen. Unabhängig davon, auf welcher Stufe Sie mit Ihrem Testergebnis angesiedelt sind, eine kritische Durchleuchtung der Ursachenzuschreibung lohnt sich in jedem Fall! Primär geht es uns darum, Ihnen darzulegen, welche Auswirkungen Ihre Gedanken auf Ihr Wohlbefinden haben. Was konkret können Sie tun?

Übung 67: Das Geheimnis meines Erfolges (drei Minuten)

Bevor Sie weiterlesen: Tragen Sie je drei persönliche Erfolge und drei persönliche Misserfolge aus der jüngsten Vergangenheit in die nachstehende Tabelle ein. Worauf führen Sie Ihren Erfolg/Misserfolg jeweils zurück? Schreiben Sie jene Erklärungen nieder, die Ihnen spontan in den Sinn kommen.

Drei persönliche Erfolge	
Erfolg	**Ursache**

Drei persönliche Misserfolge	
Misserfolg	**Ursache**

Der nun folgende Gedankengang mag auf den ersten Blick etwas kompliziert erscheinen – es lohnt sich jedoch, ihn konsequent mit zu vollziehen. Für das Zustandekommen von Hilflosigkeit ist die so genannte Ursachenzuschreibung (»Kausalattribution«) verantwortlich. Dabei dreht sich alles um die Frage, wie Sie sich Erfolge und Misserfolge erklären. In Abhängigkeit davon, machen Sie Gewinne auf Ihrem »Selbstvertrauenskonto« – oder eben nicht. Selbstvertrauen ließe sich als die Überzeugung definieren, das Leben mit all seinen Schwierigkeiten aus eigener Kraft meistern zu können (Bandura (1997) spricht von »Selbsteffizienz« bzw. »self-efficiency«).

Das Gefühl von Selbsteffizienz bildet den Gegenpol zum Gefühl der Hilflosigkeit

Drei Dimensionen der Ursachenzuschreibung beeinflussen in systematischer Weise Ihr Selbstvertrauenskonto – oder, anders herum ausgedrückt, das Ausmaß der erlernten Hilflosigkeit:

❖ **internal** im Gegensatz zu **external**
   (in der Person begründet versus in der Umwelt begründet),
❖ **stabil** im Gegensatz zu **veränderlich**,
❖ **global** im Gegensatz zu **spezifisch**.

Sweeney, Anderson und Bailey (1986) konnten in einer Analyse der Ergebnisse aus 104 Untersuchungen mit insgesamt mehr als 15.000 Versuchsteilnehmern die Bedeutsamkeit dieser drei Dimensionen belegen. Konzentrieren wir uns zunächst auf die beiden erstgenannten Dimensionen, ergibt sich folgendes Vierfelderschema (Weiner 1986): Gleichgültig, ob Erfolg oder Misserfolg – Sie können sich diese Ereignisse auf vier Arten erklären.

	innen	**außen**
Stabil	Begabung Fähigkeiten	Aufgabenschwierigkeit
Veränderlich	Einsatz Wollen	Zufall Glück/Pech

Sie können Ihre (Miss-)Erfolge also hauptsächlich auf vier verschiedene Ursachen zurückführen: auf Ihre eigene Begabung, auf die Aufgabenschwierigkeit, auf Ihren Einsatz und schließlich auf den Zufall. Je nachdem, ob ein Misserfolg oder ein Erfolg vorliegen, sind diese unterschiedlichen Erklärungen Ihrem Selbstvertrauen förderlich oder schädlich und bewahren Sie vor dem Gefühl der Hilflosigkeit oder schüren es.

Übung 68: Selbstvertrauen schützen – Hilflosigkeit ablegen (zwei Minuten)

Lassen wir in diesem ersten Gedankenschritt einmal die Wirklichkeit – also die »wahren« Ursachen – außer Betracht.
Fall Nr. 1: Welche Erklärungen sind theoretisch bei Misserfolgen ratsam? Entscheiden Sie durch Ankreuzen in den entsprechenden Feldern.

	innen		**außen**	
Stabil	☐	»Ich bin unbegabt«	☐	»Die Aufgabe war zu schwierig«
Veränderlich	☐	»Ich habe mich nicht genügend eingesetzt«	☐	»Ich habe einfach Pech gehabt«

Fall Nr. 2: Welche Erklärungen sind bei Erfolgen günstig?

	innen		**außen**	
Stabil	☐	»Es liegt an meinen Fähigkeiten«	☐	»Die Aufgaben waren leicht«
Veränderlich	☐	»Ich habe mich gut eingesetzt«	☐	»Ich habe einfach Glück gehabt«

Auflösung

❖ Fall Nr. 1: Wenn Misserfolge auf ungenügenden Einsatz zurückgeführt werden, ist die Ursache für das Scheitern erstens internal (das heißt von Ihnen abhängig) und zweitens veränderlich (durch größeren Einsatz lassen sich in Zukunft Erfolge erzielen).

❖ Fall Nr. 2: Bei Erfolgen ist die Zuschreibung zur eigenen Fähigkeit/Begabung dem Selbstvertrauen förderlich. Durch die Stabilität von Begabung und Fähigkeit ist auch in weiterer Zukunft mit Erfolgen zu rechnen. Die Situation ist unter Kontrolle, es tritt keine Hilflosigkeit auf.

In der beschriebenen Weise reagieren so genannte »Erfolgserwarter«. »Misserfolgserwarter« hingegen schaden systematisch Ihrem Selbstvertrauen.

❖ Erfolge werden von Misserfolgserwartern auf die glücklichen äußeren Umstände zurückgeführt.

❖ Misserfolge werden unzureichenden Fähigkeiten zugeschrieben.

Bevor wir konkrete Empfehlungen an Sie aussprechen, erweitern wir unser Gedankenspiel durch die dritte Dimension: globale versus spezifische Ursachenzuschreibung. Bei Erfolgen ist eine *globale, interne, stabile* Ursachenzuschreibung (theoretisch) günstig: »Ich bin *ganz allgemein* ein toller Kerl«, während Niederlagen weniger schwer wiegen, wenn sie in ihrer Tragweite eingegrenzt werden: »Ich habe mich *heute* nicht genügend eingesetzt« (*spezifisch, intern, variable*). Sie sehen wieder einmal, dass die Nutzung des persönlichen Einflusskreises Ihr Selbstvertrauen stärkt und vor Stress schützt. Die Ursachen sowohl bei Erfolg als auch bei Misserfolg sind innerhalb Ihrer eigenen Person angesiedelt und damit unter Ihrer internen Kontrolle. Misserfolgserwarter hingegen tendieren dazu, ihre Erfolge sehr spezifisch zu sehen: »Heute habe ich ausnahmsweise Glück gehabt«, die Misserfolge hingegen sehr global: »Ich bin ein Versager!«, oder: »Ich habe einen schlechten Charakter.«

Falls Sie misstrauisch geworden sind: Nach wie vor beabsichtigen wir nicht, Ihnen eine Anleitung zum Selbstbetrug zu liefern. Wir sind der festen Überzeugung, dass ein *realistisches Selbstbild* die beste Voraussetzung für Erfolg und Stressbewältigung bildet. Jeden Glückstreffer einzuheimsen, indem Sie plötzlich alles auf Ihre Fähigkeiten zurückführen – diesen Versuch der Selbsttäuschung würde Ihr Unterbewusstsein sofort durchschauen. Denn es ist klar, dass sich nicht die ganze Welt unter Ihrer Kontrolle befindet. Manches Mal sind tatsächlich mangelnde Fähigkeiten die Ursache für einen Misserfolg.

Praxistipps: Selbstvertrauen schützen/Hilflosigkeit ablegen

❖ Unter diesen Gesichtspunkten warnen wir vor Einseitigkeiten. Bringen Sie die Ursachenzuschreibung in die rechte Balance.

❖ Seien Sie fair zu sich selbst. Fragen Sie sich bei Erfolgserlebnissen *auch*, welche Ihrer persönlichen Eigenschaften und Fähigkeiten Ihnen zum Erfolg verholfen haben. Es ist undenkbar, dass Sie Ihre Erfolge ausschließlich dem Glücksrad zu verdanken haben. Dieser Rat *bedeutet nicht*, dass Sie äußere Ursachen außer Acht lassen.

❖ Speziell bei Misserfolgen warnen wir vor *unzulässigen Verallgemeinerungen* in Bezug auf die eigenen Fähigkeiten oder, noch schlimmer, in Bezug auf die eigene Begabung. Betreiben Sie Schadensbegrenzung: *Verabschieden Sie sich vom Begabungskonzept.* Reden Sie von Ihren »Fähigkeiten« – diese lassen sich unter entsprechendem Einsatz erwerben.

❖ Finden Sie bei Misserfolgen heraus, welche *spezielle* Fähigkeit noch nicht genügend entwickelt ist. Treffen Sie niemals globale Aussagen wie »Ich bin ein Versager«.

❖ Fragen Sie sich bei Misserfolgen, in welchen Bereichen Sie Ihre Vorgehensweise und Strategie noch verbessern können. Fragen Sie sich immer: »Was kann ich tun?« Manchmal müssen Sie dazu etwas weiter in die Vergangenheit oder Zukunft blicken. Aber Handlungsmöglichkeiten bieten sich praktisch immer. Dieses Vorgehen bewahrt Sie vor dem Gefühl der Hilflosigkeit.

❖ Definieren Sie in Situationen, denen Sie sich hilflos ausgeliefert vorkommen, die *tatsächlichen* zeitlichen, räumlichen und inhaltlichen Grenzen: Greifen Sie zu ausgewogenen, gerechten, realistischen Gedanken.

Unausgewogener Gedanke	Ausgewogener Gedanke
»Die Gesellschaft ist daran schuld!«	»*Zum Teil* ist die Gesellschaft daran schuld.«
»Da kann man nichts machen!«	»*Bisher* ist mir noch nichts eingefallen.«
»Ich werde das *nie* schaffen!« (Wir sind keine Wahrsager!)	»Ich sehe *noch nicht*, wie ich das schaffen werde.«
»Die Welt ist ungerecht!« (Bei diesem Satz fragt es sich, wer hier ungerecht ist!)	»Diesen *Bereich* empfinde ich als ungerecht.«
»Ich bin ein Versager!«	»Dieses Mal hat es in dieser Sache nicht geklappt.«

Uns geht es wieder einmal vor allem um die Praxistauglichkeit der angebotenen optimistischen Einstellung. Seligman und Schulmann (1986) legten einer Gruppe von Versicherungsverkäufer einen Fragebogen vor, der den Attributionsstil erfasste. Sie stellten fest, dass optimistisch denkende Verkäufer, innerhalb von zwei Jahren um 37 Prozent mehr Versicherungen verkauften als ihre pessimistisch denkenden Kollegen.

Übung 69: Ausgewogene Gedanken finden (zehn Minuten)

1. Schlagen Sie zurück zu Übung 4 »Immer wenn …« (s. Seite 32f.). Untersuchen Sie, ob Ihnen in den dort angeführten Situationen unausgewogene Gedanken durch den Kopf gehen. Unausgewogene Gedanken sind solche, die in unzulässiger Weise verallgemeinern (»*Alle* sind gegen mich!«, »*Nichts* mache ich richtig!«, »Das wird *nie* etwas!«) oder Ihnen einseitig die Schuld in die Schuhe schieben (»Was bin ich doch für ein Versager!«, »Ich habe es nicht besser verdient!«).

2. Ersetzen Sie diese unausgewogenen Gedanken unter Zuhilfenahme der obigen Tabelle und Praxistipps durch ausgewogene Aussagen.

Unausgewogener Gedanke	Ausgewogener Gedanke

3. Wenden Sie das mentale Training (s. Seite 264ff.) an, um die identifizierten unausgewogenen Gedanken gewohnheitsmäßig durch realistische Aussagen zu ersetzen (drei Minuten).

Übung 70: Das Geheimnis meines Erfolges II (fünf Minuten)

Zum Abschluss eine weitere Übung zur Stärkung Ihres Selbstvertrauens: Welche Ihrer persönlichen Eigenschaften (Charakter, Persönlichkeit) und Fähigkeiten (sozial, fachlich) verhelfen Ihnen regelmäßig zu Erfolgen? Erfahrungsgemäß fallen den meisten Menschen im ersten Augenblick nur zwei bis drei Eigenschaften ein. Nehmen Sie sich Zeit für eine gründliche Bestandsaufnahme. Falls Ihnen partout nichts einfallen will, fragen Sie Ihre Freunde/Familie.

1. ....

2. ....

3. ....

4. ....

Erfolgreiche Menschen knüpfen an ihren Stärken an. Wenn Sie sich vornehmlich damit beschäftigen, Ihre Schwächen auszumerzen, werden Sie bestenfalls in allen Belangen durchschnittlich!

Praxistipps: Jammern, aber richtig!

❖ Verbieten Sie sich das Jammern nicht grundsätzlich! Achten Sie aber umso stärker darauf, dass Sie es nicht dabei belassen, sondern trotzdem zu Taten schreiten.

❖ Legen Sie anstelle des Jammerns Ihren Schwerpunkt auf lösungsorientierte Gespräche über Ihre Probleme. Dadurch vervielfachen Sie Ihre Effizienz: Erstens sehen vier Augen mehr als zwei. Zweitens kommen Sie ins Handeln. Drittens lassen Sie mehr positive Energie in die Beziehungen zu Ihren Mitmenschen einfließen.

❖ Wenn Sie das Jammern zugunsten höherer Effektivität reduzieren möchten, müssen Sie bereit sein, den Preis dafür zu zahlen: Weniger Mitleid von Ihnen nahe stehenden Personen. Und es wird seltener vorkommen, dass jemand Ihnen die Arbeit abnimmt. Man wird Sie weniger schonungsvoll behandeln (dafür aber umso größeren Respekt vor Ihnen haben).

❖ Der beste Schutz vor Jammern: Halten Sie in allen Lebenslagen nach Möglichkeiten zur Beeinflussung Ihres Schicksals Ausschau – diese Möglichkeiten sind wesentlich mannigfaltiger als sich die meisten Menschen träumen lassen.

Sich sinnvoll ärgern

Bleiben wir noch für einen Augenblick bei Ihrem persönlichen Einflusskreis (s. Seite 170). Die äußerste Sphäre beinhaltet neben dem Tal des Jammerns auch das Tal des sinnlosen Ärgers. Wir sind übereingekommen: Ärger im Sinne von Unzufriedenheit ist dann zweckmäßig, wenn er zu Veränderungen der ärgerlichen Situation führt (Inspiration der Unzufrieden). Ärger ist jedoch immer dann sinnlos, wenn

❖ die Situation entweder nicht veränderbar ist (dann ärgern wir uns erfahrungsgemäß am meisten) oder
❖ die infrage kommenden Veränderungsmaßnahmen in keinem Verhältnis zu dem damit verbundenen Aufwand stehen würden.

In beiden Fällen werden wir durch unseren Ärger weiter nichts bewirken, als unser eigenes Unglück. Beispiele für sinnlosen Ärger sind: Sie geraten in einen Stau. Sie stehen beim Einkaufen Schlange. Ihr Flugzeug ist zu spät dran.

Warum liegt uns das Thema des sinnloses Ärgers eigentlich so am Herzen? Weinberger, Hiner und Tierney (1987) konnten nachweisen, dass eine Häufung kleiner Ärgernisse den Gesundheitszustand negativer beeinflussen als die selteneren großen Rückschläge im Leben eines jeden Menschen. Was aber macht Ihren Ärger so sinnlos? Ganz einfach: Der Stau löst sich durch Ihren Ärger nicht schneller auf, das Flugzeug landet nicht früher und die Schlange wird nicht kürzer. In letztgenannter Situation könnten Sie sich wohl vordrängen. Aber das Vordrängen ist Ihnen die damit verbundenen Komplikationen wahrscheinlich nicht wert. Der Ärger ist die reinste Zeit- und Energieverschwendung.

Nun ist uns das Dilemma vollkommen bewusst: Ihr Ärger fragt Sie nicht um Erlaubnis »Gestatten? Darf ich dich ein bisschen ärgern?« Zu dem Zeitpunkt, da sich Ihr Ärger breit macht, ist Ihnen ja nicht bewusst, ob sinnvollerweise oder sinnloserweise. Daher empfehlen wir Ihnen in den Praxistipps eine »gesündere« Vorgehensweise.

Praxistipps: Ärgern, aber richtig!

❖ Fragen Sie sich stets, in welchem Bereich Ihres Einflusskreises Sie sich mit Ihrem Ärger bewegen.

❖ Fragen Sie sich: »Möchte ich in dieser Sache etwas unternehmen?« Falls ja, so dient Ihnen Ihre Unzufriedenheit als Antriebsmotor. Suchen Sie, wie gehabt, vor allem im Zentrum Ihres persönlichen Einflusskreises nach Lösungsmöglichkeiten (»Was kann ich – unabhängig von anderen Personen – tun?«). Falls Sie nichts zu unternehmen gedenken, ist Ihr Ärger sinnlos.

❖ Wie stellt man Ärger ab? Genau wie jeden anderen unliebsamen Gedanken auch (siehe die Tipps zum Abschalten, Seite 93 ff.).

❖ Es gelten weiterhin dieselben Prinzipien der Stressbewältigung: Kämpfen Sie nicht gegen Ihren Ärger an. Versuchen Sie nicht, sich nicht zu ärgern: Vor allem aber: Ärgern Sie sich nicht über Ihren Ärger – wie eine »Ärgerspirale« aussieht, können Sie sich wahrscheinlich gut vorstellen.

❖ Achtung vor Missverständnissen: Es geht auch hier nicht darum, ob Ihr Ärger »berechtigt« oder »unberechtigt« ist. Das ist vollkommen unerheblich. Sie können (juristisch oder moralisch betrachtet) hundertmal im »Recht« sein. Wenn Sie nicht die geringste Aussicht haben, jemals Recht zu *bekommen*, ist Ihr Ärger »vergebene Liebesmüh«!

Sobald klar ist, dass Ihr gegenwärtiger Ärger »sinnlos« ist, lenken Sie Ihre Aufmerksamkeit »einfach« auf etwas anderes (Erfreulicheres)!

Realistische Erwartungen aufbauen

Die Bedeutung von Erwartungen für das Stressgeschehen ist denkbar einfach: Erwartungen werden erfüllt (Eustress) oder aber enttäuscht (Distress). Speziell zu hohe Erwartungen bringen Ihnen nichts als Kummer ein:

❖ Je höher Sie Ihre Erwartungen stecken, desto öfter werden Sie enttäuscht (von sich selbst oder anderen) oder müssen sich ärgern. Es gilt im Grunde dasselbe, wie schon beim Zielestecken.
❖ Andere Menschen meiden Ihre Gesellschaft. Denn so sehr man sich auch bemüht – man hinkt Ihren Ansprüchen immer hinterher.

Damit Sie nicht den Eindruck bekommen, wir hacken einseitig auf Leuten herum, die zu hohe Erwartungen haben, wollen wir jetzt das Gleiche mit Leuten tun, die zu niedrige Erwartungen haben:

❖ Wer sich gar nichts vom Leben erwartet, leidet mit höchster Wahrscheinlichkeit an depressiver Verstimmung. Er oder sie wird zwar nicht enttäuscht, hat aber auch keine Freude am Leben. Einen derartigen Zustand haben wir bereits bei der erlernten Hilflosigkeit angetroffen.
❖ Zu geringe Erwartungen führen zu Motivationslosigkeit.
❖ Im Gegensatz zu den überhöhten Erwartungen stört es andere Menschen kaum, wenn Sie zu wenig von Ihnen erwarten. Bloß werden Sie selbst auch wesentlich weniger bekommen.

Auf die Auswirkungen zu niedriger Erwartungen sind wir im Zusammenhang mit erlernter Hilflosigkeit bereits eingegangen. Auch erlernte Hilflosigkeit bezieht sich bei genauerer Betrachtung auf Erwartungen, nämlich auf zu geringe »Kontrollerwartungen«.

Es ist an der Zeit, uns auf unrealistische Erwartungen im Sinne von *überzogenen* Ansprüchen zu konzentrieren. Hier zunächst ein kurzer Selbsttest, um grob abschätzen zu können, über wie viele solcher unrealistischen Erwartungen.

Test 2: Überprüfen Sie Ihre Erwartungen	Diesen Satz denke ich so oder so ähnlich …			
Wie oft treten bei Ihnen die folgenden Erwartungen im Gespräch mit sich selbst auf? Kreuzen Sie bei nachstehenden Aussagen die jeweils zutreffenden Häufigkeiten (immer/häufig/gelegentlich/nie) an. (Beachten Sie die imaginäre elfte Frage »Bin ich ehrlich zu mir selbst?«)	… immer	… häufig	… gelegentlich	… nie
1. *Ich erwarte, dass andere Menschen sich in Ihrem Charakter grundlegend ändern mögen.*				
2. *Ich erwarte, dass alle Menschen mich lieben, schätzen oder akzeptieren.*				
3. *Ich erwarte, dass andere Menschen dieselben Wertvorstellungen/Ansichten haben wie ich.*				
4. *Ich erwarte, dass die Kommunikation zwischen mir und Kollegen/Mitarbeitern/Freunden etc. ohne Missverständnisse abläuft.*				
5. *Ich erwarte, dass meine Beziehungen zu mir nahe stehenden Menschen keiner Pflege bedürfen.*				
6. *Ich erwarte, dass ich eines Tages keinen Stress mehr haben werde.*				
7. *Ich erwarte, ein Problem jetzt und auf der Stelle lösen zu können.*				
8. *Ich erwarte, dass andere Menschen von selbst drauf kommen, was ich mir von ihnen erwarte oder wünsche.*				
9. *Ich erwarte, mich eines Tages nicht mehr weiterentwickeln zu müssen.*				
10. *Ich erwarte, dass eine Entscheidung für mich nur Vorteile mit sich bringt.*				
Addieren Sie die Anzahl der Kreuze je Spalte				
Multiplizieren Sie die einzelnen Summen mit folgenden Werten	x 3	x 2	x 1	x 0
Addieren Sie die einzelnen Summen zur Gesamtpunktzahl				

Auswertung

Stufe 1	0–4 Punkte	Praktisch keine unrealistisch hohen Erwartungen
Stufe 2	5–9 Punkte	Geringfügig unrealistisch hohe Erwartungen
Stufe 3	10–14 Punkte	Einige unrealistisch hohe Erwartungen
Stufe 4	15–19 Punkte	Beträchtliches Ausmaß unrealistisch hoher Erwartungen
Stufe 5	20–30 Punkte	Alarmierendes Ausmaß unrealistisch hoher Erwartungen

Was bedeutet Ihr Ergebnis?

Wenn Sie auf den Stufen eins bis zwei zu Hause sind, können wir Ihnen einstweilen gratulieren. Dieser Test sagt allerdings nichts darüber aus, ob Ihre Erwartungen nicht vielleicht zu *gering* sind, wie das bei erlernter Hilflosigkeit der Fall ist. Und nicht das Gesamtergebnis allein gibt den Ausschlag. Praktisch ist jede überzogene Erwartung für Ihren Stresspegel relevant und es lohnt sich, daran zu arbeiten (was wir im Anschluss tun werden). Frage 3 beispielsweise bezieht sich auf einen »absolutistischen Denkstil«, der sich in Gedanken äußert wie etwa: »*Man* muss …«, »*Man* soll …«, »*Man* darf nicht …« Wer absolutistisch denkt, ist der Ansicht, ein für alle Mal zu wissen, wie es auf dieser Welt zu laufen hat und welcher Lebensstil für andere Menschen angemessen ist. Die amerikanischen Wissenschaftler Ostell und Oakland (1999) fanden heraus, dass Menschen, die versuchen, der übrigen Welt Ihr eigenes perfektionistisches Weltbild überzustülpen, vermehrt unter psychosomatischen Beschwerden leiden. Absolutistische Einstellungen führen dazu, dass unser eigenes Wertesystem ständig angegriffen wird, sobald sich ein anderer nicht nach unseren Wertvorstellungen verhält.

Angemessene Erwartungen an die Umwelt richten

Das persönliche Anspruchsniveau wird schon in Kindheitstagen erlernt. Es hängt unter anderem davon ab, wie hoch die Erwartungen Ihrer Eltern und weiterer Bezugspersonen an Sie und andere waren, wie stark Sie sich einsetzen mussten, um ein positives Echo Ihrer Eltern zu erhalten, für welche Erfolge sich Ihre Eltern selbst belohnten etc. Die gute Nachricht ist in jedem Fall: Nachdem Ihr Anspruchsniveau (zumindest zum Teil) in der Vergangenheit

Erwarten kommt von Warten

beeinflussbar war, können Sie es selbst heute in die rechte Bahn lenken. Die Vergangenheit ist ein Prolog der Zukunft. Wir möchten nun den Einstieg in das Thema »Erwartungen an die Umwelt« anhand eines konkreten Falls wagen, der unsere Absichten als Autoren besonders gut illustriert.

Ein Vorgesetzter ärgert sich beinahe täglich über seine Mitarbeiter und Mitarbeiterinnen. Er erwartet, dass sie vollkommen selbstständig arbeiten. Fakt ist jedoch, dass er derzeit wegen jeder Kleinigkeit konsultiert wird und alles selbst entscheiden muss. Werfen wir gemeinsam einen Blick hinter die Kulissen. Welche Konstellationen von Persönlichkeiten und Situation sind denkbar?

- ❖ Die Mitarbeiter sind unterqualifiziert und objektiv nicht imstande, eigenverantwortliche Entscheidungen zu treffen.
- ❖ Die Mitarbeiter sind nicht darüber informiert, was ihr Manager von ihnen erwartet.
- ❖ Den Mitarbeitern ist die Erwartung ihres Chefs bekannt. Doch der Chef ahndet Fehlentscheidungen durch Sanktionen (gleich welcher Art). Denken wir systemisch, passen der Ruf nach Selbstständigkeit und die Bestrafung von Fehlern nicht zusammen. Entweder ich gebe Verantwortung ab (dann muss ich Fehler tolerieren) oder eben nicht.
- ❖ Die Mitarbeiter sind informiert, jedoch von Ihrer Persönlichkeitsstruktur her so angelegt, dass Sie jedwedes Risiko scheuen. In diesem Fall bräuchten Sie erst recht die Zusage ihres Vorgesetzten, dass sie nicht mit negativen Konsequenzen zu rechnen haben, sollte ihnen ein Fehler unterlaufen.
- ❖ Die Mitarbeiter beabsichtigen, den Manager zur Weißglut zu treiben.

Enttäuschungen sind das Ende von Täuschungen!

In all diesen Fällen ist die Erwartungshaltung des Managers unrealistisch. Die objektiven Gegebenheiten verhindern, dass seine Erwartungen erfüllt werden. Insbesondere der letzte Fall (die Mitarbeiterinnen und Mitarbeiter stellen sich wissentlich dumm) verleitet dazu, dass wir auf unserem Standpunkt beharren. Wir sind schließlich im »Recht«: Die Mitarbeiterinnen und Mitarbeiter könnten, wenn sie nur wollten. Sie wollen aber nicht! Das ist eine Tatsache! Ein Sachverhalt, der auf Tatsachen beruht, nämlich dem schlechten Verhältnis zum Chef. Der Chef will dies jedoch nicht wahrhaben und stemmt der Realität trotzig seine Erwartung entgegen.

Was lernen Sie aus diesem Beispiel? Sie können hundertmal im »Recht« sein. Das wird Ihnen in mindestens 95 Fällen nichts einbringen. Der Grund: In intakten Beziehungen handeln Menschen aufgrund von Interessen, nicht aufgrund von Recht oder gar Macht! Die Ebene des Rechts erzeugt *Gegnerschaft*. Diese fundamentale Erkenntnis wird gerne außer Acht gelassen. Und weil diese Erkenntnis nicht weniger als eine *Tatsache* ist, erreichen Sie, so lange Sie trotzig auf Ihrem »Recht« beharren, nur eines: Ihr eigenes Unglück!

Sie können jedoch leicht erkennen, dass Ihre Erwartungen an Ihre Mitmenschen zu hoch, unrealistisch, überzogen sind:

> **Wo immer Sie in zwischenmenschlichen Beziehungen regelmäßig enttäuscht werden (oder sich ärgern), haben Sie wahrscheinlich eine unrealistische Erwartung!**

Die andere Person *weiß nicht, kann nicht* oder *will nicht*! Angenommen der andere weiß und kann, will aber nicht, dann wird er Ihrer Erwartung nicht Folge leisten. Ein Fall aber, der niemals eintritt, ist unrealistisch. So einfach ist das. Wenn Sie jedoch wollen, dass etwas geschieht, müssen Sie etwas *tun*!

Wunsch – Erwartung – Ziel

Was können Sie *für sich* tun? Zunächst einmal müssen Sie unterscheiden zwischen »Erwartung«, »Wunsch« und »Ziel«.

* ❖ **Erwartung:** Wer etwas erwartet, der nimmt dies als selbstverständlich an. Wird seine Erwartung nicht erfüllt, hat er das Gefühl, dass ihm etwas vorenthalten wird. Er befindet sich im Recht und ist damit von der Verantwortung entbunden, selbst etwas für dieses Etwas zu *tun*.
* ❖ **Wunsch:** Der *Wunsch* stellt eine abgespeckte Version einer Erwartung dar. Bei einem Wunsch gehen Sie nicht davon aus, dass Ihnen etwas zusteht (wäre der Vorgesetzte auch verärgert, wenn Selbstständigkeit lediglich auf seinem *Wunsch*zettel stünde?). Auf der anderen Seite ergibt sich aus einem Wunsch nicht zwangsläufig ein Handlungsbedarf.
* ❖ **Ziel:** Wenn Sie hingegen ein *Ziel* haben, definieren Sie etwas Erstrebenswertes. Ihnen ist bewusst, dass Sie im Tausch für Ihr Ziel etwas hergeben müssen: Zeit, Energie oder sonstige Ressourcen. Das heißt, Sie sind bereit zu *handeln* und etwas herzugeben. Damit agieren Sie auf der Ebene der *Interessen*.

Erwartungen verleiten Sie zu Passivität!

Wenn der Manager in unserem Beispiel seine Erwartung als Ziel definiert, stehen ihm als *Handlungsalternativen* zur Verfügung:

❖ Mitarbeiter schulen,
❖ Mitarbeiter bezüglich seiner Erwartungen in Kenntnis setzen – »Fördern durch fordern«,
❖ seinen Führungsstil anpassen,
❖ Beziehung zu den Mitarbeiter verbessern,
❖ Mitarbeiter zur Selbstständigkeit zwingen (nicht empfohlen).

Eine Entscheidung muss her: Wollen Sie für die Erfüllung Ihrer Erwartung etwas tun?

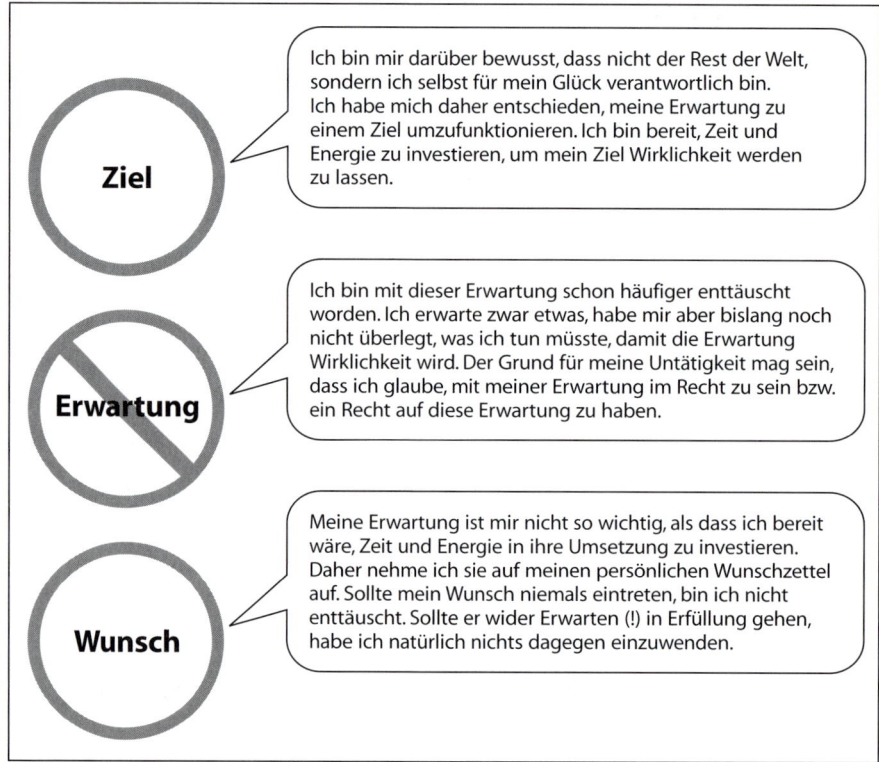

Ich bin mir darüber bewusst, dass nicht der Rest der Welt, sondern ich selbst für mein Glück verantwortlich bin. Ich habe mich daher entschieden, meine Erwartung zu einem Ziel umzufunktionieren. Ich bin bereit, Zeit und Energie zu investieren, um mein Ziel Wirklichkeit werden zu lassen.

Ich bin mit dieser Erwartung schon häufiger enttäuscht worden. Ich erwarte zwar etwas, habe mir aber bislang noch nicht überlegt, was ich tun müsste, damit die Erwartung Wirklichkeit wird. Der Grund für meine Untätigkeit mag sein, dass ich glaube, mit meiner Erwartung im Recht zu sein bzw. ein Recht auf diese Erwartung zu haben.

Meine Erwartung ist mir nicht so wichtig, als dass ich bereit wäre, Zeit und Energie in ihre Umsetzung zu investieren. Daher nehme ich sie auf meinen persönlichen Wunschzettel auf. Sollte mein Wunsch niemals eintreten, bin ich nicht enttäuscht. Sollte er wider Erwarten (!) in Erfüllung gehen, habe ich natürlich nichts dagegen einzuwenden.

Wunsch – Erwartung – Ziel. Werden Sie des Öfteren enttäuscht? Dann sollten Sie Ihre Erwartungen überprüfen. Entscheiden Sie unbedingt, ob Sie aus dieser Erwartung ein Ziel oder einen Wunsch machen.

Praxistipps: Umgang mit Enttäuschungen

❖ Ein häufiger Fehler ist es, sich nach den *vermeintlichen* Erwartungen des anderen zu richten und anschließend enttäuscht zu sein, dass der andere meine Wünsche nicht erraten hat. Enttäuschungen sind ja bekanntlich das Ende von Täuschungen. Wenn wir unsere Wünsche und Erwartungen nicht von jenen unserer Mitmenschen auseinander halten, wird dies als »Konfluenz« (Zusammenfließen) bezeichnet. Dieses Phänomen tritt besonders häufig in Liebesbeziehungen auf, steht jedoch der echten Begegnung zweier Menschen im Wege.

❖ Formulieren Sie daher beizeiten Ihre Erwartungen an Kollegen, Familienmitglieder, Freunde und Bekannte. Gemäß unserer Definition haben Sie damit Ihre Erwartung zu einem Ziel gemacht. Aber seien Sie vorsichtig: Seine Erwartungen zu äußern bedeutet noch lange nicht, dass diesen Erwartungen auch entsprochen wird. Zumindest aber liegen die Karten offen auf dem Tisch und Sie werden erfahren, was Sie *wirklich* zu erwarten haben.

❖ Fragen Sie Ihren Chef, Ihre Mitarbeiter, Arbeitskollegen, Freunde und Verwandte nach deren Erwartungen. Gleichen Sie gemeinsam Ihre Erwartungen ab.

> »Vorwürfe sind Wünsche hinterher!«
> *(Friedemann Schulz von Thun)*

Was tun bei ungleichen Erwartungen?

❖ Sollte eine Erwartung ein *wichtiges* Anliegen für Sie darstellen, bildet das Treffen von *Vereinbarungen* nach wie vor die beste Möglichkeit. Vereinbarungen entsprechen beiderseitigen Interessen. Sollten Sie hingegen versuchen, jemandem ein *Versprechen* abzuringen, werden Sie wenig Aussicht auf Erfolg haben. Versprechen sind *einseitig*, weshalb sich Ihr Gegenüber nicht verpflichtet fühlt. Außerdem sind solche Versprechen häufig mit einem Schuldeingeständnis verbunden.

❖ Im Zuge einer Vereinbarung werden Sie wahrscheinlich Abstriche machen müssen, dafür aber fühlt sich Ihr »Verhandlungspartner« einer Vereinbarung *verpflichtet*.

Wir raten Ihnen, wie folgt mit immer wieder enttäuschten Erwartungen umzugehen. Liegen Ihre Erwartungen im Rahmen des Möglichen,

❖ verwandeln Sie *wichtige* enttäuschte Erwartungen in *Ziele*. Ziele sind wert, dafür zu kämpfen, Erwartungen tendieren hingegen dazu, als Selbstverständlichkeit angesehen zu werden – was ein Bemühen darum überflüssig erscheinen lässt;

❖ verwandeln Sie *weniger wichtige* enttäuschte Erwartungen in *Wünsche*. Ein enttäuschter Wunsch löst weniger Frustration aus als eine enttäuschte Erwartung. Zudem gibt ein Wunsch Ihren Mitmenschen mehr Freiraum.

Liegen Ihre Erwartungen jenseits des Machbaren,

❖ wird es häufig das Vernünftigste sein, diese Erwartungen neu zu definieren. Bedenken Sie: Dass Sie Ihre Ansprüche herunterschrauben, hindert Ihre Wünsche ja nicht daran, doch noch in Erfüllung zu gehen. Vielleicht ist es sogar gerade Ihre Erwartung, die andere Menschen davon abhält, Ihnen einen Gefallen zu tun. Menschen bevorzugen das Gefühl, etwas *freiwillig* zu tun. Wo dies nicht der Fall ist, entsteht »Reaktanz«, was man umgangssprachlich näherungsweise mit »Trotz« übersetzen kann;

❖ streichen Sie diese Erwartungen ersatzlos von Ihrer Liste!

Grundsätzlich gilt:

Wie-Fragen statt Warum-Fragen

Richten Sie bei Enttäuschungen Ihren Blick nach vorne: Wie werden Sie und die übrigen Beteiligten weiter miteinander umgehen? Was werden Sie tun? Vereinbarungen sind da häufig das Mittel der Wahl. Gegenseitige Vorwürfe sind Teil des kurzfristigen Denkens. Sie führen – ähnlich dem Ausrasten – zu augenblicklicher Befriedigung, belasten jedoch langfristig die Beziehung und verhindern, dass sich etwas *in ihrem Interesse* verändern wird.

Das Teuflische an Erwartungen ist: Wir haben sie einfach. Versäumen Sie es nicht, sich anlässlich von Frust und Enttäuschung über Ihre Ansprüche bewusst zu werden, diese zu hinterfragen und dann zu entscheiden, wie Sie im Sinne der eben genannten Tipps mit Ihren Erwartungen verfahren wollen. Dies ist eine sehr wirksame Methode, um Stress langfristig vorzubeugen.

Blick nach vorn, statt zurück im Zorn!

> **Übung 71: Erwartungen umformen (fünfzehn Minuten)**
>
> 1. Übertragen Sie jene unrealistischen Erwartungen, bei denen Sie im Selbsttest »immer« oder »häufig« angekreuzt haben, in die folgende Tabelle.
> 2. Schlagen Sie zurück zu Übung 4 »Immer wenn …« (s. Seite 32f.). Welche unrealistischen Erwartungen orten Sie in den dort angeführten Situationen? Ihr Spürsinn wird dabei unterstützt durch die Erkenntnis, dass unrealistische Erwartungen gehäuft in Situationen auftreten, in denen Sie mit Ungeduld, Verärgerung, Enttäuschung oder Resignation reagieren.
> 3. Formen Sie jede einzelne dieser unrealistischen Erwartungen wahlweise in eine realistische Erwartung, in ein Ziel oder in einen Wunsch um.
>
> | Situation | Unrealistische Erwartung | Realistische Erwartung Ziel/Wunsch |
> |---|---|---|
> | | | |
> | | | |
> | | | |
> | | | |
> | | | |
> | | | |
> | | | |
>
> 4. Streichen Sie die mittlere Spalte mit den unrealistischen Erwartungen mit einem dicken Filzstift durch. Diese Maßnahme unterstützt, dass die früheren Erwartungen aus Ihrem Gehirn gestrichen werden.
> 5. Setzen Sie das mentale Training (s. Seite 264ff.) ein, um in den jeweiligen Situationen Ihre neu definierten hilfreichen Erwartungen auch wirklich parat zu haben (sieben Minuten).

Zukunftsängste bewältigen

Zukunftsängste sind eine besonders intensive Form negativer Erwartungen. Im Sinne unserer Metapher könnten Sie sich als Kapitän beispielsweise fragen »Wie wird sich der Ozean verhalten? Wird ein Unwetter aufziehen, ein Sturm losbrechen?«.

Welche Zukunftsängste plagen Sie derzeit?

1. Beruflich:

....

....

....

2. Privat:

....

....

....

Die Vergangenheit ist ein Prolog der Zukunft

Die Katastrophenfantasien, die wir bezüglich unseres weiteren Lebens mit uns herumschleppen, sind jedoch häufig reichlich unrealistisch. Lichtenstein und seine Mitarbeiter (1978) wiesen nach, dass Todesursachen, die regelmäßiger Gegenstand von Zeitungsmeldungen sind, in ihrer Häufigkeit überschätzt werden. Dazu zählen Flugzeugabstürze, Autounfälle, Umweltkatastrophen und dergleichen. Andere, weniger spektakuläre Todesursachen wiederum werden systematisch unterschätzt, wie zum Beispiel Diabetes. Die Begründung für dieses Phänomen: Menschen schätzen Wahrscheinlichkeiten anhand der Information, die ihnen zur Verfügung stehen (»Verfügbarkeitsheuristik«). Je öfter wir von einem Unglück hören, desto wahrscheinlicher erscheint uns, dass es auch uns eines Tages treffen wird.

Das Problem mit einem »größten anzunehmenden Unfall« ist nun: Beim bloßen Gedanken daran, erschrecken wir so sehr, dass wir wie die Salzsäulen erstarren und gar nicht wagen, weiter zu denken: »Das wäre nicht auszudenken!«, oder: »Lass uns lieber von etwas anderem sprechen.« Und genau hier liegt der Hase im Pfeffer!

Was passiert nun, wenn wir uns die ominöse Frage doch stellen? Wir haben gehört, dass sich viele Probleme durch bloßes Benennen in Luft auflösen. Ganz ähnlich verhält es sich bei unseren Lebensängsten. Bei genauerer Betrachtung entpuppen sie sich als völlig irrationale Katastrophenfantasien. Das Worst-case-scenario tut nichts anderes, als die entscheidende Frage »Was kann mir im schlimmsten Fall passieren?« in den Status einer Technik zu erheben. Was dieses Szenario jedoch auszeichnet, ist, dass es mit der Aufforderung verbunden ist, *realistisch* zu bleiben.

❖ Nicht wenige Menschen leben in ständiger Furcht davon, arbeitslos zu werden. Vor lauter Angst sehen sie nicht, wie das Leben weitergehen würde:

❖ »Wir müssten das Haus verkaufen/in eine kleinere Wohnung ziehen. Ein Auto könnten wir uns wohl nicht mehr leisten. Na ja, dann würde ich eben mit dem Fahrrad zum Einkaufen fahren, beziehungsweise irgendwo hinziehen, wo wir möglichst kein Auto brauchen. Über Urlaubsreisen bräuchten wir ebenfalls gar nicht nachzudenken. Aber wir würden halt die Großeltern wieder öfter besuchen usw.«

❖ »Gleich als Erstes würde ich mich arbeitslos melden. Die vom Arbeitsamt würden mir dann schon sagen, welche Chancen ich am Arbeitsmarkt noch habe. Eigentlich könnte ich gleich nächste Woche mal dort anrufen und mich erkundigen. Schlimmstenfalls müsste ich eben einen Job annehmen, in dem weniger bezahlt wird oder der nicht meinen Qualifikationen entspricht. Dann würde ich nur noch so viel verdienen wie Herr Meier. Aber dessen Familie schafft es ja auch irgendwie usw.«

❖ »Jedenfalls würde ich mich nicht hängen lassen. Jeden Morgen würde ich eine Runde joggen – momentan tue ich ohnedies viel zu wenig für meine Fitness. Für die Kinder hätte ich mehr Zeit. Und finanziell würde es erst nach einem Jahr richtig eng werden. Bis dahin werde ich ja wohl neue Arbeit gefunden haben usw.«

Bevor Sie die nächste Übung angehen, sei nochmals betont: Diese Übung ist kontraproduktiv, wenn Sie nicht auf dem Boden der Tatsachen bleiben. Es bringt nichts, wenn Sie sich zu Ihrer Arbeitslosigkeit ausmalen, dass Ihr Mann sich scheiden lässt, Opa auf der Stelle einen Herzinfarkt bekommt, gleichzeitig eine Weltwirtschaftskrise ausbricht, Ihr Hund Durchfall hat und ein Meteorit auf Ihr Haus stürzt!

Stehen Sie mit beiden Beinen fest in den Wolken?

Übung 72: Katastrophenschutz (zehn bis fünfzehn Minuten)

1. Kommen wir nun auf Ihre eingangs formulierten Zukunftsängste zurück, die Sie bitte in die erste Spalte der unten stehenden Tabelle übertragen.
2. Nehmen Sie sich je »Horrorszenario« je fünf Minuten die Zeit und entwerfen Sie ein freundlicheres Bild, indem Sie die beiden Fragen beantworten:
»Was würde ich *tun*?«, »Welche positiven Entwicklungsmöglichkeiten stecken in meiner misslichen Lage?«

Zukunftsangst	Das würde ich *tun* …
	Das wäre das Gute am Schlechten …
Zukunftsangst	Das würde ich *tun* …
	Das wäre das Gute am Schlechten …
Zukunftsangst	Das würde ich *tun* …
	Das wäre das Gute am Schlechten …

Angemessene Erwartungen an sich selbst richten

Ihre Ansprüche sind keineswegs nur an Ihre Umwelt gerichtet. Auch Sie selbst sind Adressat diverser Erwartungen. Wobei – wie Sie sich wahrscheinlich vorstellen können – die negativen Auswirkungen von unrealistischen Erwartungen hier noch weitreichender sind. Wir werden uns daher einige für das Stressgeschehen besonders wichtige Erwartungen an sich selbst genauer unter die Lupe nehmen. Dabei werden wir zu Erklärungszwecken – unter anderem – das Konzept der »inneren Antreiber« heranziehen. Diese inneren Antreiber wurden von Taibi Kahler benannt und in die von Eric Berne begründete Transaktionsanalyse (TA) eingebracht.

Fünf innere Antreiber lassen uns nicht zur Ruhe kommen

Antreiber »Beeile dich!«

Das Konzept der inneren Antreiber begegnete uns (unausgesprochen) schon im Zusammenhang mit dem Aktionismus. Auf die Sinnlosigkeit von Beeilung und wie Sie Ihr begegnen können, sind wir ausführlich eingegangen. Den Antreiber »Beeile dich!« betrachten wir daher als abgehakt. Aber es gibt noch weitere Antreiber: Wie war das doch gleich beim Erholungsmanagement (s. Seite 177f.)? Was hält Sie davon ab, eine Pause einzulegen oder gar in Urlaub zu fahren, wenn Sie merken, dass Sie es »eigentlich« dringend nötig hätten? Sind es immer nur die äußeren Umstände, die Sie davon abhalten? Scheinheilige Frage, nicht wahr? Natürlich liegt die Entscheidung weiterzuarbeiten, in den allermeisten Fällen bei Ihnen. Dafür könnten auch die übrigen inneren Antreiber verantwortlich sein.

Antreiber »Sei stark!« und Antreiber »Streng dich an!«

Häufig wird übermäßige Belastung schlichtweg verleugnet oder heruntergespielt. Der erste Schritt des WAAGE-Programms®, die Wahrnehmung der Stressanzeichen, wird dadurch behindert. Diese Tendenz tritt häufig gepaart mit der Unfähigkeit, sich zu entspannen, auf. Das heißt, selbst wenn wir merken sollten, dass wir eine Pause benötigen und diese sogar einlegen, können wir nicht abschalten.

Insgesamt gibt es fünf innere Antreiber, uns fehlen also noch zwei dieser überzogenen Erwartungen an sich selbst, die da lauten:

Antreiber »Sei perfekt!« und Antreiber »Mach es allen recht!«

Diese Antreiber werden im Sinne von Lebensprogrammen immer dann verstärkt aktiviert, wenn wir uns selbst nicht in Ordnung, als »nicht o.k.« im Sinne von Harris und Harris (1990), fühlen. Wie kommen Sie von diesen Antreibern los?

❖ Indem Sie die verborgenen Annahmen kritisch hinterfragen.
❖ Indem Ihnen die bereits angeklungenen negativen Konsequenzen noch deutlicher vor Augen geführt werden.
❖ Indem Sie alternative Einstellungen zur Verfügung haben.

Diese Schritte wollen wir nun gemeinsam mit Ihnen unternehmen. Beginnen wir in bewährter Manier mit der Wozu-Frage – wozu eigentlich innere Antreiber? Warum halten viele von uns bewusst an ihnen fest? Nicht selten ist es die Furcht vor dem völligen Zusammenbruch. »Wenn ich meine inneren Antreiber nicht hätte«, so glauben Sie vielleicht, »würde ich alles hinschmeißen, gar nichts mehr tun!« Diese Vermutung ist falsch. Dahinter verbirgt sich eine Einstellung, die Sie mit Recht bestreiten würden, wenn sie von Ihrem Vorgesetzten käme: dass nämlich der Mensch von Natur aus faul sei. Der Organisationspsychologe Lutz von Rosenstiel (1996) hält dem entgegen, dass die Arbeit selbst – unabhängig vom Zweck, den der Ausübende damit verfolgt – eine ganze Reihe menschlicher Bedürfnisse erfüllt. Allen voran das Bedürfnis nach Energieabfuhr. Arbeitsüberlastung ist unangenehm, gänzliches Untätigsein jedoch nicht minder. Darüber hinaus nennt Rosenstiel die Bedürfnisse

❖ nach sozialem Kontakt,
❖ nach Selbstbestätigung durch Leistung,
❖ nach Einfluss und
❖ nach Sinn und Selbstverwirklichung.

Beim Verzicht auf innere Antreiber kann eine vorübergehende Motivationsflaute eintreten

Wie sieht das Worst-case-scenario beim Verzicht auf Antreiber aus? Zugegeben: Zwischenzeitlich können Sie den Eindruck gewinnen, es sei vorbei mit Ihrem Arbeitseifer. Doch der Schein trügt. Da Sie in der Vergangenheit fortwährend mit fast leeren Energietanks gefahren sind, brauchen Sie eine Weile, um sich von dieser Beanspruchung zu regenerieren. Es verhält sich so ähnlich wie im Sport. Wer echte Fortschritte machen möchte, sollte seine Kondition mit Bedacht aufbauen. Ein Raubbau am eigenen Körper führt zu Erschöpfungszuständen und Ausfallzeiten beim Training.

Der Wind wird also schon bald kräftiger denn je in Ihre Segel blasen. Und auch vor der Faulheit brauchen Sie sich nicht zu fürchten. Denn als Mensch suchen Sie (trotz aller Bequemlichkeit, die wir nicht abstreiten möchten) die Herausforderung. Sie sind wie alle Menschen neugierig, Sie wollen etwas erleben (oder etwa nicht?). Mit anderen Worten: Solange es etwas zu lernen gibt, sind Sie auf natürliche Weise positiv motiviert. Die inneren Antreiber entsprechen hingegen einer negativen Motivation, die auf Dauer zermürbend wirkt. Wir werden daher – anhand von konkreten Inhalten – die Rolle der Antreiber in Beruf und Privatleben aufzeigen.

Sein Bestes geben

Als Einstieg in die Thematik eignet sich die folgende Übung.

Übung 73: Anstrengung (zwei Minuten)

Sie können diese Übung wahlweise im Sitzen oder im Stehen ausführen.

1. Strecken Sie Ihren Arm horizontal vor dem Körper aus.
2. Strecken Sie auch Ihren Daumen aus, allerdings in Richtung Zimmerdecke.
3. Drehen Sie in dieser Haltung Ihren Oberkörper, bis es nicht mehr weiter geht (beliebige Richtung).
4. Merken Sie sich jenen Punkt im Raum, den Sie sehen, wenn Sie geradewegs über Ihren Daumen hinaus blicken.
5. Kehren Sie in eine bequeme Körperhaltung zurück.
6. Schließen Sie die Augen und wiederholen Sie die Übung in Gedanken. Stellen Sie sich vor, wie Sie *mühelos* über jenen Punkt hinausdrehen, wo Sie eben noch glaubten, nicht mehr weiter zu können.
7. Wiederholen Sie nun die Schritte eins bis vier in der Realität. Bis zu welchem Punkt kommen Sie dieses Mal?
8. Wenn Sie glauben, es geht nicht mehr weiter, sagen Sie zu sich »Ich kann mich weiter drehen – das geht ganz leicht!« Bis zu welchem Punkt kommen Sie jetzt?

»Unnütze Anstrengungen machen den Körper kürzer!«
(Moshé Feldenkrais)

Anhand dieser einfachen Übungen konnten Sie die Wirksamkeit des mentalen Trainings und die Kraft des optimistischen Denkens am eigenen Leib erfahren. Besonders wichtig ist jedoch, dass überflüssige Anstrengung zu einem Abfall der Leistung führt. Ist Ihnen jemals aufgefallen: Der Jongleur, das Musikgenie, die Bodenturnerin – ihnen allen gehen ihre Spitzenleistungen mit einer scheinbaren Leichtigkeit und Selbstverständlichkeit von der Hand, dass die Fernsehmoderatoren uns immer wieder warnen müssen: »Liebe Fernsehzuschauer, probiert das zu Hause besser nicht!« Nehmen wir das Beispiel des Sprinters. Auch dort erliegen wir allzu leicht dem Trugschluss »Der ist so *überlegen* (damit meinen wir ›begabt‹), dass er *locker* allen anderen davonläuft!«

Ihre persönliche Bestleistung erreichen Sie durch Lockerheit und Einsatzwillen!

Haben Sie sich schon einmal überlegt, ob *gleichzeitig* auch das Gegenteil wahr sein könnte? »Der ist so *locker*, dass er allen anderen *überlegen* ist.« Denn die eigentlichen »Begabungsunterschiede« an der Weltspitze sind verschwindend gering. Die Wahrheit liegt irgendwo in der Mitte zwischen den beiden angebotenen Extremen – Begabung *und* Lockerheit sind ausschlaggebend, um den Sieg zu erringen. Hinzu kommt eine gehörige Prise Einsatzbereitschaft. Dass bloße Anstrengung uns zum Ziel führt, wird uns schon in frühester Kindheit eingetrichtert. Erging es nicht auch Ihnen so: Wenn Sie mit Ihren Leistungen den Erwartungen nicht entsprachen, gab man Ihnen – in Ermangelung von Wissen und Zeit – den schlichten Rat: »Gib dir doch ein bisschen Mühe!« Oder Sie bekamen zu hören: »Du musst dich einfach mehr anstrengen!« Demzufolge heißt denn auch der »innere Antreiber« in der Transaktionsanalyse »Streng dich an!«.

> »Wer keine Wahl hat, dem wird Anstrengung zur Gewohnheit!«
> (Moshé Feldenkrais)

Mit dieser feinen Beobachtung bringt Feldenkrais (1978) zum Ausdruck, dass immer dann, wenn uns nichts Besseres einfallen will, wir dazu übergehen, uns anzustrengen (was wir bereits als die Strategie des »mehr desselben« entlarvt haben). Aber den persönlichen Olymp erklimmen wir auf diese Weise gewiss nicht!

Geben Sie Ihres Bestes – nicht mehr und nicht weniger!

Wichtig ist: Anstrengung ist von *Einsatz* zu unterscheiden. Einsatz befähigt uns tatsächlich zu höherer Leistung. Es gilt also, jenen Punkt zu erspüren, wo der Einsatz aufhört und die Anstrengung beginnt. Doch unabhängig davon, ob Sie eine Aufgabe lösen oder nicht, Ihr Bestes können Sie immer geben.

Zu sich stehen

Unser nächster Antreiberkandidat lautet »Mach es allen recht!«. Schon der Name lässt vermuten, dass dieser Antreiber einen direkten Gegensatz zu unserer Überschrift »Zu sich stehen« bildet. Eine Folge dieses Antreibers ist, dass ich mein Fähnchen nach dem Wind drehe. Deswegen zeige ich jeweils nur meine Schokoladenseite. Die Psychologie bezeichnet ein solches Verhalten mit »vorauseilendem Gehorsam«. Dieser Balanceakt hindert Sie daran, Ihre wahre Persönlichkeit voll zur Entfaltung zu bringen. Es ist jedoch nicht nur kräftezehrend, es allen Menschen recht machen zu wollen, sondern schlicht ein Ding der Unmöglichkeit. Das liegt daran, dass aus jedem Wert durch *Übertreibung* ein entsprechender »Unwert« hervorgeht. Aus »Sparsamkeit« beispielsweise wird »Geiz«, aus »Diplomatie« wird »Heuchelei« und so weiter. Ob jedoch etwas »übertrieben« ist oder nicht, ist reine Ansichtssache. Was der Eine noch als höflich betrachtet, wird ein anderer bereits als »Schleimerei« verunglimpfen.

> »Lass dir aus dem Wasser helfen, du wirst sonst ertrinken«, sagte der freundliche Affe und setzte den Fisch sicher auf den Baum.

Übung 74: Die Miesmacher-Übung (fünf Minuten)

1. Greifen Sie eine Person aus Ihrem Bekannten- oder Kollegenkreis heraus, die in ihrem Ansehen bei Ihnen besonders hoch steht. Welche positiven Eigenschaften weist diese Person auf?
2. Spielen Sie den »Miesmacher«: Suchen Sie – ausnahmsweise – nach den Nachteilen dieser positiven Charakterzüge. In welcher Weise können Sie diese positiven Eigenschaften *gegen* die angesehene Person verwenden? Es ist praktisch ausgeschlossen, dass Ihnen zu einer positiven Eigenschaft nicht auch eine negative einfällt.

Positive Eigenschaft	Und das sagt der »Miesmacher« dazu
Ehrlich	schonungslos, undiplomatisch, taktisch unklug
Zuverlässig	spießig, penibel, langweilig
Fleißig	»Streber!«

3. Welche Erkenntnisse ziehen Sie für sich aus dieser Übung?

....

....

Da es unmöglich ist, allen Menschen zu gefallen, ist das Prioritätensetzen nicht nur im Zeitmanagement von Vorteil, sondern gleichfalls im zwischenmenschlichen Bereich. Was Sie als Mensch brauchen ist Sicherheit. Und diese Sicherheit entsteht durch Klarheit darüber, wie Sie sich verhalten wollen. Die nächste Übung, bildet die beste Voraussetzung, um im Einklang mit sich selbst zu leben.

Übung 75: Mach es einigen recht! (fünfzehn Minuten)

Welche Menschen liegen Ihnen besonders am Herzen? Mit wem möchten Sie es sich unter keinen Umständen »verscherzen«?

. . . .

. . . .

. . . .

Rücksicht auf diese Menschen zu nehmen ist vollkommen begründet. Jede andere Strategie wäre dazu angetan, Ihren Stress zu vergrößern. Demnach müssen Sie sich fragen: Worauf legen diese Personen besonderen Wert? Was wird von Ihnen erwartet?

. . . .

. . . .

Welche Menschen sind Ihnen relativ unwichtig?

. . . .

. . . .

Was erwarten diese Personen von Ihnen?

. . . .

. . . .

Rücksicht müssen Sie aber auch auf sich selbst nehmen. Vor allem sich selbst müssen Sie es recht machen. Darum die Frage: Auf welche Ihrer Persönlichkeitseigenschaften sind Sie besonders stolz (spätestens ab heute!)? Und zwar zunächst einmal *unabhängig* davon, ob auch andere Menschen diese Eigenschaften in Ihnen schätzen.

Im Anschluss an diese Überlegungen stellen die meisten Menschen erleichtert fest:

> **In der Regel besteht kein allzu großer Unterschied zwischen dem,
> was Sie besonders an sich schätzen, und dem,
> was viele (aber eben nicht alle!) an Ihnen schätzen!**

Das ist nicht weiter verwunderlich. Denn unser Gewissen beruht ja zum großen Teil auf Erziehung.

Wir unterscheiden nun zwei Fälle:

1. Bestehen zwischen dem, was *wichtige* Menschen sich von Ihnen erwarten, und dem, was Sie tun müssen, um sich selbst im Spiegel betrachten zu können, Diskrepanzen, so müssen unbedingt Entscheidungen her. Wiederum verweisen wir auf die Alternativen-Wertanalyse (s. Seite 139ff.). Welche Entscheidungen treffen Sie?

   ....

   ....

2. Gibt es Diskrepanzen zwischen dem, was *unwichtige* Menschen gerne an Ihnen sehen, und dem, was Sie selbst an sich schätzen, so entscheiden Sie sich für das, was Ihr Selbstbild ausmacht. Setzen Sie Prioritäten mit allen dazugehörigen Konsequenzen. Welche Erwartungen werden Sie in Zukunft nicht mehr erfüllen?

   ....

   ....

Welche negativen Konsequenzen nehmen Sie dafür gerne in Kauf?

....

....

Was ist das Gute an diesen »unerwünschten Nebenwirkungen«?

....

....

Nein sagen

Eine weitere Konsequenz des Antreibers »Mach es allen recht!« besteht in der konsequenten Selbstverleugnung. Was ich brauche oder möchte, das zählt nicht. Wichtig ist, dass es den anderen gut geht. Dies zeigt sich im »Nicht-nein-sagen-Können«. Das fehlende Nein führt dann leicht zur Arbeitsüberlastung.

Das kann nicht im Sinne des Erfinders sein. Jedes »Ja«, das eigentlich viel lieber ein »Nein« wäre, zehrt an Ihren Kräften. Nicht nur, dass Sie auf magische Weise Arbeit anziehen und Ihre vorschnellen Zusagen brechen müssen. Auf Dauer brennen Sie aus (Burn-out) und können es *niemandem* mehr recht machen. Die Wurzel allen Übels liegt also auch hier im kurzfristigen Denken. In den folgenden Situationen ist es legitim oder sogar dringend erforderlich, »Nein!« zu sagen: bei Überschreiten Ihrer Fähigkeiten, bei (wahrscheinlich) undurchführbaren Arbeitsaufträgen, bei Überschreiten Ihrer Verantwortung, beim Wahren von Geheimnissen/Datenschutz, bei begründetem Verdacht, ausgenutzt zu werden, bei eigener Arbeitsüberlastung, bei nicht gegebener Zuständigkeit. Und haben Sie sich schon einmal über die positiven Aspekte des Neinsagens Gedanken gemacht? Lassen Sie uns gemeinsam überlegen:

- ❖ Sie sind ehrlich. Das schätzen andere Menschen ganz besonders. Denn man weiß, woran man bei Ihnen ist. Diese Sicherheit bewirkt das Gegenteil von Stress, nämlich Wohlbefinden.
- ❖ Sie beweisen Vertrauenswürdigkeit und Loyalität. Sie geben keine vertraulichen Informationen preis
- ❖ *Langfristige* Entlastung der Beziehung: Ist es nicht so? Den Leuten, die Sie ausnutzen, gehen Sie mit der Zeit bestenfalls aus dem Weg. Vielleicht entwickeln Sie sogar Aggressionen gegenüber diesen Personen.
- ❖ *Langfristig* verhindern Sie Arbeitsüberlastung.
- ❖ Sie erwerben die Fähigkeit, für sich selbst zu sorgen.
- ❖ Sie stecken Grenzen ab und ernten auf diese Weise mehr *Respekt* von Ihren Mitmenschen. Die Achtung steigt, weil Sie anderen das Gefühl vermitteln, sich nicht alles gefallen zu lassen.
- ❖ In gleicher Weise erlangen Sie *Selbstachtung*.
- ❖ Sie verhindern *langfristig*, dass Ihre Motivation untergraben wird (Allzu viele Aufgaben, fördern Ihre Motivation ganz sicher nicht!).
- ❖ Sie fördern die Selbstständigkeit des Fragenden. Dieses Argument darf natürlich nicht dahingehend missbraucht werden, dass Sie sich einfach Ihrer Verantwortung entledigen. Wie Sie Hilfe und Hilfeverweigerung ins rechte Lot bringen, formuliert Ruth Cohn (1997) etwas provokant:

> **»Wer weniger gibt als nötig, ist ein Dieb;**
> **wer mehr gibt ein Mörder!«**

Die überspitzte Formulierung wird dadurch gerechtfertigt, dass sehr viele Menschen Angst vor dem Neinsagen haben. In jeder Seminarveranstaltung treffen wir Leute, denen es ähnlich geht. Die negativen Folgen von Hilfestellung sind den wenigsten bewusst. In Ihrem Modell der Bedrohung des Selbstwertes weisen jedoch Nadler und Fisher (1986) darauf hin, dass zwischenmenschliche Beziehungen, die durch Abhängigkeit geprägt sind, das Selbstwertgefühl des Hilfeempfängers bedrohen. Personen mit hohem Selbstwert setzen sich übrigens nicht selten gegen eine solche unerwünschte Hilfe zur Wehr. Folgende Gesprächsstrategien stellen sicher stellen, dass es beim Nein bleibt.

❖ **Argumentatives Nein:** Zurecht fühlen sich die meisten Menschen schlecht behandelt, wenn Sie es nicht für nötig halten, Ihre Entscheidung zu vertreten. Die Weigerung besagt nämlich auf der Beziehungsebene: »Du bist mir den Konflikt nicht wert. Ich sage unabhängig davon, wie es dir geht, nein!« Also: Welche Argumente fallen Ihnen ein? Zeigen Sie Verständnis für die Gegenargumente, aber bleiben Sie bei Ihrem Nein.

Nein ist das zeitsparendste Wort der deutschen Sprache!

❖ **Ja, wenn …-Techniken:** *Bedingungen stellen.* Sie signalisieren Ihre prinzipielle Arbeitsbereitschaft, fordern jedoch im Sinne Ihrer Verlässlichkeit noch konkrete Unterstützung ein. *Kuhhandel-Technik.* Um welchen Gefallen können Sie Ihrerseits bitten. Solch ein Tauschgeschäft ist durchaus legitim. *Bedenkzeit oder Aufschub erbitten* (»Ich überlege es mir. Sprich mich bitte morgen noch einmal darauf an.«).

❖ **Hilfe zur Selbsthilfe:** Bieten Sie dem Bittsteller andere Alternativen an. Achten Sie darauf, dass Sie selbst nicht Teil der Lösung sind: Sagen Sie Ihrem Kollegen, wo er die betreffende Information finden kann, wer sich in dieser Sache auskennt oder was er tun muss, um sein Problem selbst zu lösen.

Selbstachtung schafft Achtung!

❖ **Gemeinsame Bewältigung:** Machen Sie sich notfalls gemeinsam an die Lösung des Problems. Vermeiden Sie es, Ihrem Kollegen die Arbeit abzunehmen.

❖ **Die »Notbremse«:** *Die harte Tour.* Wechseln Sie auf die Metaebene der Diskussion, indem Sie klarstellen: »Du verschwendest deine Zeit. Wir können gerne noch fünf Stunden diskutieren – am Ende werde ich doch nein sagen!« Ein Zauberspruch, der seine Wirkung niemals verfehlt. *Die weiche Tour:* Sollten Ihnen die Argumente ausgehen, greifen Sie zu folgendem Spruch »Ich verstehe deinen Standpunkt. Ich bitte dich, den meinigen auch zu verstehen. Belassen wir es dabei!« Ebenso gut können Sie es mit dem einfachen Rezept von Fensterheim und Baer (1993) halten:

> **»Sagen Sie nein, wenn Sie nein sagen wollen!«**

Im Sinne von »handeln statt denken« wird diese Strategie in vielen Fällen von Erfolg gekrönt sein.

> **Übung 76: Nein sagen I (fünf Minuten)**
>
> In welcher Hinsicht wollen Sie in Zukunft verstärkt nein sagen?
>
> ....
>
> ....
>
> Wem gegenüber beginnen Sie damit? So gemein es klingt: Suchen Sie sich eine Person aus, bei der Sie mit relativ wenig Gegenwehr zu rechnen haben.
>
> ....
>
> ....

Rechnen Sie damit, dass andere Leute Ihr Nein nicht ohne Weiteres schlucken werden. Man wird es zunächst mit Freundlichkeit versuchen. Wenn diese »Masche« jedoch nicht zieht, wird man härtere Geschütze auffahren. Um Ihnen ein schlechtes Gewissen zu machen, wird man Ihnen Egoismus vorwerfen oder Hartherzigkeit. Doch schließlich, wenn alle Überredungskunst fehlgeschlagen ist, wird man Sie für Ihre Standhaftigkeit bewundern – immerhin ist auch den anderen bewusst, dass Sie Grenzen setzen.

Übung 77: Nein sagen II (zehn Minuten)

Gehen wir im Folgenden davon aus, dass Ihr Nein angemessen ist und Ihr einziges Problem darin besteht, tatsächlich standhaft zu bleiben. Weiter unten finden Sie eine kleine Auswahl der Vorhaltungen, mit denen Sie zu rechnen haben, wenn Sie erst einmal mit dem Neinsagen beginnen. Ihr Arbeitsauftrag lautet:

1. Lesen Sie sich die Aussagen in der ersten Spalte sorgfältig durch.
2. Entlarven Sie in der zweiten Spalte die Taktik Ihres Gegenübers.

   ❖ Den anderen um den Finger wickeln und sich einschmeicheln.
   ❖ Schuldgefühle erzeugen.
   ❖ Sich dumm stellen, Hilflosigkeit vorgaukeln.
   ❖ Zeitdruck ausüben.
   ❖ Offene Drohungen aussprechen oder gar Sanktionen verhängen.

Diese Taktiken entspringen der Verunsicherung Ihres Gegenübers, der das Gefühl haben muss »Ich kenne dich gar nicht mehr!«. Das verursacht ihm Stress. Diese Taktiken haben daher alle das Ziel »Sei doch wieder der/die Alte!«.

3. Doch Sie sind standhaft. Erklären Sie Ihrem Mitmenschen, weshalb es für Sie wichtig ist, in diesem Fall einmal »Nein« zu sagen. Greifen Sie auf die oben angebotenen Gesprächsstrategien zurück.
4. Schreiben Sie in die vierte Spalte ein klares »NEIN« in Blockbuchstaben.

Aussage	Taktik	Ihre Strategie	NEIN
Und ich dachte, man könnte sich auf dich verlassen!	Schuldgefühle erzeugen.	Es tut mir Leid, aber wie du siehst, bin ich selbst vollkommen ausgelastet.	NEIN
Wenn das alle so machen würden!			
Du kannst das doch so gut!			
Ich finde mich nicht zurecht!			
Du bist ein schöner Kollege!			
Du bist meine letzte Rettung!			
So kenne ich dich gar nicht.			
Ich habe mich in dir getäuscht!			
Das nächste Mal helfe ich dir auch nicht mehr!			
Ich muss ganz dringend weg!			

> **Übung 78: Nein sagen III (fünf Minuten)**
>
> Üben Sie das Neinsagen mittels mentalem Training (s. Seite 264ff.). Beachten Sie als Checkliste für das Neinsagen, dass Ihre Antworten
>
> ❖ unverzüglich (Sie kommen ohne Herumdrucksen sofort auf den Punkt),
> ❖ kurz und prägnant (keine umständlichen Erklärungen oder Rechtfertigungen),
> ❖ ehrlich (keine Ausreden, sonst ist Ihr »Nein« auch nicht gerechtfertigt!),
> ❖ nachdrücklich (Sie demonstrieren Ihre feste Entschlossenheit, in dieser Sache nicht nachzugeben) sind.

Praxistipps: Nein sagen

Anfänglich wird man versuchen, Sie doch noch herumzukriegen. Gehen Sie nach obiger Checkliste vor, wird man jedoch bald von Ihnen ablassen.

❖ Achten Sie auf Konsequenz! Sagen Sie fünfmal »nein« und dann wieder einmal »ja«, können Sie sich darauf gefasst machen, dass es der andere noch mindestens *zehn* weitere Male bei Ihnen probieren wird: »Vielleicht sagt er/sie ja doch noch ja!« Es ist das Gleiche, wie mit einem bettelnden Hund. Wenn er nach zwei Stunden doch noch seinen Willen durchsetzt, belästigt er Sie das nächste Mal vier Stunden lang. Ein solches (V)erziehungskonzept funktioniert nach dem Prinzip der »intermittierenden Verstärkung«, das heißt eine Belohnung mit Unterbrechungen. Der Hund lernt, dass er sich mächtig ins Zeug legen muss, um schließlich zu seiner Belohnung zu kommen. Dieses Vorgehen macht ein Verhalten besonders *unverwüstlich* (»löschungsresistent«).

❖ Aus diesem Grund wirkt sich die Unfähigkeit zum Nein bei Führungskräften und Pädagogen (Eltern eingeschlossen) geradezu katastrophal aus.

❖ »Was liegt, das liegt!«, sagen die Kartenspieler. Ähnlich ist es mit Unterlagen, die Ihnen andere zur Erledigung unterjubeln wollen. Verhindern Sie also, das Ihnen irgendjemand ungefragt und ohne dass Sie dazu Stellung nehmen können, etwas auf Ihrem Schreibtisch deponiert.

❖ Abschließend ein Tipp zum Besuchermanagement: Bei überraschenden Unterbrechungen an Ihrem Arbeitsplatz stehen Sie einfach auf und veranstalten eine »Stehparty« und geleiten den »Störenfried« langsam, aber sicher zur Tür.

Sich selbst wertschätzen

Der Mensch kann auf vieles verzichten, auf eines sicher nicht: Wertschätzung. Diese Wertschätzung kann durch Sie selbst erfolgen oder aber durch andere. Der letzte Abschnitt befasste sich damit, wie Sie nicht länger die Wertschätzung durch sich selbst zugunsten der Wertschätzung durch andere Personen aufgeben. Die Selbstwertschätzung muss ein deutliches Gegengewicht zur Wertschätzung durch andere bilden. Wer sich zur Gänze vom Urteil Dritter abhängig macht, lässt sich auf eine emotionale Achterbahnfahrt ein. Manche Menschen verfallen aufgrund dieser Überlegung ins gegenteilige Extrem: »Was die denken, ist mir doch egal!« Wer so denkt, verbaut sich nicht nur die Chance auf persönliches Wachstum. Diese Einstellung ist zugleich ein Zeichen eines angeknacksten Selbstwertgefühls – das Selbstwertkonto wird vollkommen abgeschirmt, da sich der Eigentümer des Kontos nicht mehr die kleinste Abbuchung erlauben kann. Das ist jedoch die verkehrte Strategie. Angemessen wäre es, das eigene Urteil wichtiger zu nehmen und auf diese Weise Einzahlungen zu erzielen. Wie Sie lernen können, positive Dinge verstärkt wahrzunehmen, darauf werden wir noch zu sprechen kommen.

Der höchste Wert des Menschen ist sein Selbstwert!

Praxistipps: Umgang mit Feedback

- ❖ Wie nun umgehen mit Feedback von außen? Im Sinne Ihres persönlichen kontinuierlichen Verbesserungsprozesses (KVP) empfehlen wir Ihnen, Rückmeldungen von außen sehr ernst zu nehmen.
- ❖ Achten Sie jedoch darauf, Werturteile keinesfalls unhinterfragt zu übernehmen. Vielmehr schalten Sie eine Art Qualitäts-Check davor: Teile ich diese Auffassung? (Zum Beispiel, dass ich »immer so überstürzt« handle) oder habe ich meine eigene Meinung dazu? (»*Manchmal* bin ich tatsächlich sehr impulsiv. Manchmal handle ich wiederum sehr besonnen!«)

Die Höhe Ihres eigenen Selbstwertes hängt außerdem davon ab, welchen Stellenwert Sie Ihren *Leistungen* in Beruf und Privatleben geben. Wenn Sie Ihre Daseinsberechtigung auf diesem Planeten ausschließlich von beruflichen wie privaten Heldentaten abhängig machen, dann beruht Ihre Leistung nicht mehr auf Freiwilligkeit, sondern gerät zu einem unbedingten Muss. Stress ist die unausweichliche Folge. Wohlgemerkt, wir sprechen hier von größtenteils *unbewussten* Prozessen. Den meisten von uns wird die mit den inneren Antreibern verbundene Grundhaltung schon in frühester Kindheit und nicht zuletzt während unserer Schullaufbahn vermittelt (übrigens von Menschen, die es auch nicht anders erfahren haben). Später denken wir gar nicht mehr darüber nach, warum und für wen wir eigentlich erfolgreich sein wollen.

Der Wert eines Menschen bemisst sich jedoch nicht nur nach seinen Erfolgen oder gar nach seiner »Funktionstüchtigkeit«. Jeder Mensch besitzt eine Existenzberechtigung unabhängig von seinem Nutzen für die Gesellschaft. Diese Behauptung wurde in der Vergangenheit oft infrage gestellt. Diskutieren wollen wir dies an dieser Stelle ganz sicher nicht. Wir laden Sie aber ein, sich Ihre eigenen Gedanken zu diesem ewig jungen Thema zu machen. Die hier angebotene Sichtweise empfehlen wir Ihnen nicht deshalb, weil sie die letztgültige »Wahrheit« darstellt, sondern weil es sich um eine »stressimprägnierende« Einstellung handelt. Unser Anliegen ist es, Ihnen den Zusammenhang zwischen Leistungswahn auf der einen Seite und leistungsminderndem Stress auf der anderen Seite klar vor Augen zu führen. Denn die Gleichsetzung von Leistung und menschlichem Wert sabotiert, was Sie zu fördern beabsichtigt: menschliche Spitzenleistungen. Die teilweise Entkoppelung von beruflichem/privatem Erfolg und Ihrer Daseinsberechtigung bringt eine leistungs*steigernde* Haltung mit sich.

Ein Experte ist ein Mensch der von immer weniger immer mehr weiß, bis er von nichts alles weiß

So geht die Expertiseforschung den Fragen nach, was einen Experten zum Experten macht und wie Menschen zu Experten werden. Dieser Forschungszweig belegt, dass menschliche Höchstleistungen aufgrund von Hingabe, aufgrund einer tief empfundenen Liebe zur Sache/Aufgabe/Mission/Vision, wie immer Sie es nennen wollen, zustande kommen. Vielfach hat sich gezeigt, dass es sehr wohl hilfreich ist, wenn der Experte vom Willen zum Erfolg beseelt ist. Wir finden hier die gleiche Situation vor wie schon bei der Erörterung der Vor- und Nachteile von handlungs- und ergebnisorientierten Zielen: Das letztendlich angestrebte Resultat bleibt immer im Hinterkopf. Entscheidend wird jedoch sein, wie kommen Sie dort hin?

Leistungsdruck steigert die Leistung zwar kurzfristig (bis zu einem gewissen Grad!), doch wer sich auf diese Weise *negativ motiviert*, hat ungleich mehr Widerstände zu überwinden, um in die Gefilde seiner persönlichen Spitzenleistungen vorzustoßen (wenngleich die Erfahrung zeigt, dass es nicht unmöglich ist). Sie selbst haben bereits erfahren, dass Lockerheit in Verbindung mit optimalem Einsatz leistungsfördernd wirkt. Diese Lockerheit und diese Einsatzbereitschaft entstehen nicht durch Leistungsdruck, sondern durch *Arbeitsfreude*! Der Merkspruch dazu lautet »Fördern durch Fordern!,« und nicht etwa »Fördern durch *Über*fordern!« Ersteres bewirkt Flow, letzteres Stress.

»Fördern durch Herausfordern!«

Im Zusammenhang mit Gewohnheiten hat die Expertiseforschung übrigens ergeben: Der wichtigste Faktor für das Zustandekommen von Spitzenleistungen ist nach wie vor *wohl überlegtes Üben* (»deliberate practice«). Rein mechanisches und unsystematisches Wiederholen einer Tätigkeit (Aktionismus) führt nur zu sehr geringem Leistungszuwachs (vgl. dazu Ericsson 1997; Davidson et al. 1997). Auch hier zeigt sich also, dass handlungsorientierte Strategie Ihnen langfristig zu maximalem Erfolg verhilft.

Aus Fehlern lernen

»Überforderung« ist auch unser Stichwort für den nächsten Antreiber: »Sei perfekt!« Beginnen wir gleich mit der Frage, was denn das Fatale am Perfektionismus ist? Der Perfektionist sucht mit dem Vergrößerungsglas nach seinen Fehlern. Dadurch ist er selten mit sich und seiner Leistung zufrieden. Sofern er denselben Maßstab auch bei anderen anlegt, macht ihn das obendrein bei seinen Mitmenschen nicht gerade beliebt. Seine Gewohnheit, Fehler hervorzuheben und Gelungenes zu übersehen, macht ihn nicht gerade zu einer »Stimmungskanone«. Da er sich selbst so eng an die Kandare nimmt, kann er nicht verstehen, weshalb anderen Menschen so viele Schnitzer unterlaufen. Und er ist überzeugt davon, dass diese Fehler absichtlich begangen wurden. Diese irrwitzige Vorstellung führt zu zahlreichen Konflikten mit seiner Umwelt.

Wollen Sie Schluss machen mit dem Perfektionismus? Dann müssen Sie eine konstruktive Einstellung zu Fehlern entwickeln, sowohl, was Ihre eigenen Missgeschicke betrifft als auch jene Ihrer Mitmenschen. Vieles zum Thema »Einstellung zu Fehlern« haben wir bereits im Zusammenhang mit dem Lösen von Problemen vorweggenommen. Hier geht es also darum, das Bild zu vervollständigen. Wie schon früher angedeutet, harmoniert eine einsatzorientierte Einstellung mit der Einsicht, dass Sie aus Fehlern lernen und aus Schaden klug werden. Sie lässt sich am besten mit dem einprägsamen Merksatz ausdrücken:

**Ein Anagramm: Durch Umstellen der Buchstaben
geht aus dem Wort »Fehler« das Wort »Helfer« hervor.
Fehler sind Helfer!**

Der Ergebnisorientierte indessen hat eine wesentlich negativere Einstellung in Bezug auf Probleme, denn sie vermögen, ihn von seinem Ziel abzuhalten. Folgende Reaktionen lassen sich bei ihm beobachten:

❖ Der allzu Ergebnisorientierte starrt gebannt auf das Problem wie das Kaninchen auf die Schlange (Schreck).

❖ Er geht zum Angriff über. Seine Offensive im Sinne von »Angriff ist die beste Verteidigung« ist jedoch nichts anderes als eine Flucht in Richtung auf das gefürchtete Problem. Dabei versucht er nicht etwa, das Problem zu lösen, sondern lediglich, es so schnell wie möglich loszuwerden. Im Zuge dessen sagt oder tut er Dinge, die ihm anschließend Leid tun.

❖ Der allzu Ergebnisorientierte will sich mit dem Problem nicht auseinander setzen, schiebt die Angelegenheit auf die lange Bank oder »verdrängt« es (Flucht im herkömmlichen Sinne). Ein ungelöstes Problem, das wir vor uns her schieben, kommt jedoch, wie schon gesagt, einem Leck in unserem Energiehaushalt gleich.

> »Der größte Fehler, den jemand haben kann, ist die Angst, einen zu machen.«
>
> (Bertolt Brecht)

Die Angst vor Fehlern ist in unserer Gesellschaft weit verbreitet. Bei wem sich zum Perfektionsanspruch jedoch noch zusätzlich der Antreiber »Sei stark!« hinzugesellt, den trifft es besonders hart. Dementsprechend könnte die »Anleitung zum Unglücklichsein« folgendermaßen lauten:

❖ Lieber verdopple ich meine Anstrengungen oder rechtfertige den bisherigen Aufwand, als dass ich einen Fehler eingestehe.

❖ Lieber schiebe ich anderen die Schuld in die Schuhe, lüge und belaste damit die Beziehung zu meinen Mitmenschen, als dass ich einen Fehler eingestehe.

❖ Lieber investiere ich reichlich Zeit in das Verwischen von Spuren, als dass ich einen Fehler eingestehe.

❖ Lieber lebe ich mit der permanenten Angst, doch noch irgendwann entdeckt zu werden, als dass ich einen Fehler eingestehe.

So kommt es, dass dem Perfektionisten bei allem, was er tut, die Angst vor möglichen Fehltritten im Nacken sitzt. Perfektionistische Führungskräfte setzen diese Ängste in strenge Kontrollen um und drangsalieren damit ihre Mitarbeiter. Die Entscheidung liegt ganz klar bei Ihnen: Möchten Sie zu den Perfektionisten gehören? Nein? Nun denn, da Sie mit zukünftigen Gewohnheiten sofort beginnen müssen, dazu gleich die erste Übung.

Übung 79: Fehler eingestehen (fünfzehn Minuten)

1. Überlegen Sie, wem gegenüber es Ihnen am leichtesten fallen würde, Fehler zuzugeben.
2. Welche Fehler haben Sie in (jüngster) Vergangenheit begangen. Geben Sie sich ruhig ein wenig Mühe. Irgendetwas wird sich schon finden lassen. Suchen Sie nach Fettnäpfchen, in die Sie gestiegen sind. Vielleicht fällt Ihnen im Nachhinein eine Bemerkung auf, die Ihre Vertrauensperson verletzt haben könnte. Bei einer Vertrauensperson zu beginnen wird es Ihnen erleichtern. Denn diese Person wird Ihr »Geständnis« nicht ausnutzen.

   ....

   ....

   ....

   ....

3. Greifen Sie dann, ohne nachzudenken, zum Telefonhörer, um diese Person anzurufen.
4. Geben Sie Ihre Fehler unumwunden zu. Wenn es Ihnen hilft, weihen Sie die Person ein, dass es sich um eine Übung handelt. Wenn Sie große Schwierigkeiten mit dem Zugeben von Fehlern haben, bitten Sie Ihren Gesprächspartner darum, Ihnen nicht sofort zuzustimmen. Es könnte bei Ihnen der Eindruck entstehen: »Ja, du bist wirklich ein Dummkopf!«

   ....

   ....

   ....

   ....

Welche positiven Erfahrungen konnten Sie anhand dieser Übung sammeln? Nicht selten stellt sich heraus, dass der vermeintliche Fehler gar nicht wahrgenommen wurde oder nur »halb so schlimm« war. Häufig wird man Sie sogar in Schutz nehmen.

   ....

   ....

   ....

Praxistipps: Umgang mit Fehlern

Fassen wir die Empfehlungen zum konstruktiven Umgang mit Fehlern zusammen:

❖ Wenn Sie ein neues Verhalten einüben wollen, sehen Sie das als Experiment an. Nicht alles kann gleich beim ersten Versuch gelingen. Planen Sie also eine Phase des Ausprobierens ein.

❖ Dem Perfektionisten fehlt der Sinn für das Wesentliche. Er steht vor dem i-Tüpfelchen und sieht nicht mehr das I, geschweige das dahinterstehende Wort »Sinn«. Verschaffen Sie sich also einmal mehr Klarheit bezüglich Ihrer persönlichen Prioritäten.

❖ Nehmen Sie eine großzügige Haltung sich selbst gegenüber ein und gönnen Sie sich auch mal den ein oder anderen Fehler.

Werden Sie zum bekennenden Fehlermacher

❖ Machen Sie es sich zur Gewohnheit, kleinere Fehler öffentlich einzugestehen. Das ist nicht nur ein Zeichen der Souveränität, sondern zugleich eine hervorragende Taktik: Von jemandem, der kleinere Fehler eingesteht, wird angenommen, dass er auch größere Fehler zugeben würde. (Diese Aussage ist als »Verkaufsargument« zu verstehen: Wir möchten Ihnen schmackhaft machen, dass das Eingestehen von Fehlern keine Katastrophen nach sich zieht – so lange Sie nicht öffentlich behaupten, der totale Versager zu sein.)

❖ Es wäre naiv zu glauben, Fehler zugeben wäre in allen Betrieben möglich. Dennoch haben wir nur wenige Unternehmen kennen gelernt, deren Unternehmenskultur es tatsächlich *unmöglich* machte, auch nur die geringste Schwäche zu offenbaren. Machen Sie es sich also nicht zu leicht mit der Behauptung, ausgerechnet Ihr Unternehmen gehöre dazu.

Positive Glaubenssätze aufstellen

Irrationale Glaubenssätze wurden vor allem von Albert Ellis (1987), dem Begründer der rational-emotiven Therapie (RET) beschrieben. Ellis vertritt einen Ansatz, den die Autoren dieses Buches mit ihm teilen: Gefühle kommen nicht auf direktem Wege durch Ihre Umwelterfahrungen zustande. Sondern vor Ihre Gefühle sind individuelle *Interpretationen* aufgrund Ihrer Einstellung geschaltet. Der Mensch besitzt so eine nicht zu unterschätzende Kontrolle über seine Gefühle – indem er seine Einstellungen bewusst verändert. Was macht eine Einstellung zum »Glaubenssatz«? Ein Glaubenssatz zeichnet sich durch seine Unumstößlichkeit und seinen Anspruch auf Allgemeingültigkeit aus. De facto haben wir bereits einige irrationale Glaubenssätze, die sich in dieser Form auch bei Ellis finden, bereits abgehandelt. Um nur einige Beispiele zu nennen:

Glaubenssätze sind Wahrnehmungsfilter

❖ Der Glauben, dass Ihr Stress allein durch die äußeren Umstände entsteht und Sie keine Möglichkeit haben, Ihr Gefühl aktiv zu kontrollieren.

❖ Die Vorstellung, dass Ihr Selbstwertgefühl von Ihrer Leistung und der Anerkennung durch andere Personen abhängt.

❖ Die Idee, dass Ihr Glück durch passives Abwarten vom Himmel fällt.

❖ Die Idee, dass Probleme sich auf der Stelle lösen lassen.

In der rational-emotiven Therapie diskutiert der Therapeut diese und ähnliche Glaubenssätze mit seinem Klienten aus. Da die Glaubenssätze nun einmal irrational sind, hat der Therapeut leichtes Spiel und löst sie sukzessive auf. Aufgrund der Einwegkommunikation bietet sich im Rahmen eines Arbeitsbuches die Möglichkeit zum Disput nur bedingt. Ellis hat jedoch eine spezielle Form irrationaler Glaubenssätze beschrieben, die uns hier von großem Nutzen sind. Er bezeichnet diese Überzeugungen als »muss-turbatorisch«, weil in ihnen das verheerende Wörtchen »muss« enthalten ist.

❖ »Ich *muss* von allen Menschen ernst genommen werden!«
❖ »Ich *muss* besser als meine Kollegen sein!«
❖ »Ich *muss* eine gute Mutter sein!«
❖ »Wenn ich Hunger habe, *muss* ich sofort etwas zu essen bekommen!«

Praktisch jeder Mensch verfügt über derartige unrealistische Erwartungen an sich selbst. Deswegen behandeln wir Sie nicht ungerecht, wenn wir sagen: Durch Erwartungen dieser Art, verpassen Sie sich selbst ein beengendes Korsett. Ihre Handlungsalternativen sind extrem eingeschränkt, es gibt aus Ihrer Sicht nur einen Weg (und der ist wahrscheinlich nicht gangbar!). Diese Ausweglosigkeit erzwingt geradezu Stress.

Viele solcher Glaubenssätze übernehmen wir von unseren Eltern. Andere Glaubenssätze bilden sich erst mit der Zeit. Zum Beispiel durch Gespräche mit Freunden, durch die Massenmedien oder aufgrund von *Unzufriedenheit*. Uns interessiert: Wie entsteht der Anspruch auf Allgemeingültigkeit, den der Glaubenssatz stellt?

Nehmen wir an, Sie seien unzufrieden mit Ihrer Arbeitsstelle. Die Unzufriedenheit bezieht sich am Anfang auf spezielle Aspekte der Arbeit (»Dokumentation langweilt mich«). Erregen weitere Aspekte Ihr Missfallen (»Mein Chef ist ein Choleriker«) kann es geschehen, dass Ihre Einstellung zur Arbeit undifferenziert wird. Die Unzufriedenheit beginnt, auf vormals neutrale oder gar positive Aspekte zu »generalisieren«. Im Extremfall überträgt sich Ihre Frustration auf alles, was auch nur im Entferntesten mit Ihrem Unternehmen in Verbindung steht. Wir nennen es das »Zahnputzsyndrom«: »Wenn ich nur sehe, wie du dir die Zähne putzt, kommt mir das kalte Grausen!«

Wie die folgende Abbildung veranschaulicht, lässt sich dieser Generalisierungsprozess mit dem Gesellschaftsspiel »Othello« vergleichen: Die münzgroßen Spielsteine besitzen je zwei Seiten, eine schwarze und eine weiße. Die Spielregeln von Othello sind denkbar einfach. Als Spieler entscheide ich mich für eine Farbe – schwarz oder weiß. Bin ich am Zug, darf ich einen neuen Stein ins Spiel bringen. Schaffe ich es, mit diesem Stein gegnerische Steine einzuschließen (horizontal oder vertikal), nehmen alle Steine, die sich innerhalb des eingeschlossenen Gebietes befinden, durch einfaches Umdrehen meine Farbe an.

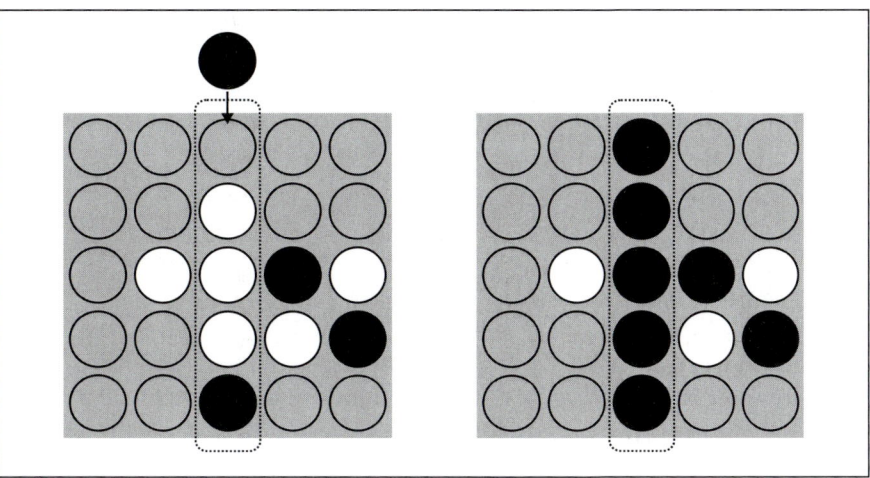

Der Othello-Effekt: Im linken Teil der Abbildung können positive Aspekte (weiß) und negative Aspekte (schwarz) unabhängig voneinander existieren. Doch ein neuer negativer Aspekt bahnt sich an (Pfeil). Der rechte Teil der Abbildung veranschaulicht den Othello-Effekt. Jene positiven Aspekte, die von zwei negativen Aspekten eingeschlossen werden, wechseln ihr Gesicht und nehmen ebenfalls eine schwarze Farbe an.

In unserer Metapher stehen die schwarzen Steine für die negativen, die weißen für die positiven Aspekte einer Situation oder Person. Der »Othello-Effekt« besteht nun darin, dass aufgrund von Frustration die negativen Aspekte einer Situation oder Person auf die positiven Aspekte übergreifen. Das Ergebnis ist ein Entweder-oder-Denken, ein Schwarz-weiß-Malen.

Eine plausible Erklärung für das Schwarz-weiß-Denken (Wozu-Frage) ist, dass der Mensch einfache Strukturen und Klarheit bevorzugt. Dies gilt insbesondere unter Stress. Einfachheit gibt Sicherheit und diese Sicherheit mindert Stress. Die Zwickmühle, die sich damit auftut, lässt sich folgendermaßen beschreiben: Auf der *formalen* Ebene vereinfachen Verallgemeinerungen die Situation und mindern auf diese Weise Stress.

Angenommen wir kämen zu dem Schluss »Der Mensch ist von Natur aus böse!«. Wir reduzieren die Komplexität seiner Umwelt und brauchen uns mit der Einzigartigkeit jedes einzelnen Menschen nicht mehr auseinander zu setzen. Unser Leben wird formal einfacher. *Inhaltlich* jedoch entsteht durch die negative Verallgemeinerung praktisch unbemerkt neuer Stress. Denn mit einem Mal erscheint uns die soziale Umwelt als feindlich. Wir sitzen in der Falle und haben selbst die Tür zugeschlagen.

*Negatives Denken
färbt ab*

Im Rahmen der morgendlichen Stimmungsabfrage behauptete ein Seminarteilnehmer, er sei nun einmal ein Morgenmuffel und könne deshalb in der Früh nicht arbeiten. Bei näherer Betrachtung zeigte sich, dass sich dieser Glaubenssatz auch auf seine Arbeit negativ auswirkte. Er geriet am Nachmittag unter enormen Zeitdruck und machte häufig Überstunden. Wir machten ihn darauf aufmerksam, dass er sich durch den Satz »Ich bin nun einmal ein Morgenmuffel« den Fluchtweg selbst abgeschnitten hatte. Wir luden ihn dazu ein, diesen Glaubenssatz zu hinterfragen und so zu formulieren, dass sich der Notausgang wieder ein Stück weit öffnete. Er konnte sich mit dem Satz identifizieren »Es fällt mir schwer, morgens zu arbeiten, aber mit etwas zusätzlichem Einsatz schaffe ich es!« und musste sogar zugeben, dass dieser Satz der Realität um einiges näher kam. An diesem und dem darauf folgenden Seminartag war er schon morgens guter Dinge und stellte am Ende fest »Ich arbeite morgens genauso gut wie am Nachmittag. Alles, was ich zu tun habe, ist, meinen Kreislauf in Schwung zu bringen!«

Zu vermuten ist, dass besagter Teilnehmer irgendwann in seinem Leben eine Serie schlechter Starts in den Tag hatte, woraus er messerscharf schloss, ein »Spätrhythmiker« zu sein. Daraufhin verbrachte er ein Leben als Morgenmuffel – ohne einer zu sein! Den Anspruch auf Allgemeingültigkeit solcher Glaubenssätze gilt es, zu hinterfragen und gegebenenfalls neue, angemessenere Glaubenssätze zu entwickeln.

Übung 80: Glaubenssätze korrigieren (fünfzehn Minuten)

1. Negative Glaubenssätze gehen häufig einer Stressreaktion voraus. Schlagen Sie zurück zu Übung 4 »Immer wenn …« (s. Seite 32f.). Durchforsten Sie die dort aufgeführten Situationen auf der Suche nach solchen »*muss*-turbatorischen« Glaubenssätzen. Nicht alle Situationen werden betroffen sein, aber mit höchster Wahrscheinlichkeit einige von ihnen. Ellis rät, die Formulierung »Ich muss« konsequent durch »Ich möchte« zu ersetzen.

2. Formulieren Sie angemessene Glaubenssätze, indem Sie unzulässige Übertreibungen relativieren. Ausschlaggebend ist, den positiven Glaubenssatz so zu formulieren, dass Sie auch daran glauben können (sonst hieße es auch nicht *Glauben*ssatz!).

Zählen Sie bei dieser Übung nicht die Minuten – Glaubenssätze begleiten Sie Ihr ganzes Leben hindurch und vermögen, es zu versauern oder aber zu versüßen.

Situation	Negativer Glaubenssatz	Positiver Glaubenssatz

3. Streichen Sie die mittlere Spalte mit den negativen Glaubenssätzen symbolisch durch.

4. Proben Sie mittels mentalem Training (s. Seite 264ff.) Ihre neu gewonnenen positiven Glaubenssätze und stellen Sie sich vor, wie Sie in den jeweiligen Situationen auf diese Formeln zurückgreifen (sieben Minuten).

Wahrscheinlich ist Ihnen nicht entgangen, dass wir in diesem Kapitel alles, was mit Müssen und eingeschränkter Wahlfreiheit in Verbindung steht, von mehreren Seiten her aufgerollt haben. Die Übergänge zwischen absolutistischem Denkstil, inneren Antreibern, irrationalen Glaubenssätzen und erlernter Hilflosigkeit sind fließend, inhaltliche Überschneidungen sind zahlreich. Wir halten das Thema Müssen jedoch für derartig relevant im Zusammenhang mit dem Stressgeschehen, dass sich eine Beleuchtung von verschiedenen Seiten mit Sicherheit bezahlt macht.

Zum Abschluss möchten wir Ihnen daher noch ein Instrument in die Hand geben, das Ihnen im Umgang mit selbst auferlegtem Müssen behilflich sein wird: der »bedingte Erlauber«. Alles beginnt damit, sich einschränkende Glaubenssätze bewusst zu machen und allmählich durch »Erlauber« zu ersetzen.

Bedingte Erlauber beinhalten, dass Sie übertriebenen Erwartungen an sich selbst eine inhaltliche Einschränkung auferlegen: Aus »Ich darf mir keinen Fehler erlauben!« wird: »Ich werde auch weiterhin mein Bestes geben und nicht etwa absichtlich schlechte Arbeit leisten. Wenn mir dennoch ein Fehler unterläuft, werde ich ihn mir und anderen Personen, denen ich vertrauen kann, eingestehen.« Bedingte Erlauber bedeuten, dass Sie sich selbst gegenüber eine gewisse Großzügigkeit walten lassen und so viel Druck von sich nehmen.

Das Positive sehen

In diesem Teil wird es verstärkt darum gehen, eine positivere Lebenseinstellung zu gewinnen. Doch das Positive zu sehen ist natürlich kein Selbstzweck. Es bringt – unter anderem – den entscheidenden Vorteil mit sich, dass Ihr Blick für jene Dinge, für jene günstigen Gelegenheiten geschärft wird, die Ihnen von Nutzen sein können – eine Voraussetzung für Ihren persönlichen Erfolg. So werden Sie beispielsweise in die Lage versetzt, die Klassiker zum positiven Denken zu lesen, ohne am zuweilen »kindlich-magischen Denken« der Autoren zu verzweifeln. Vielmehr werden Sie unvoreingenommen jene zahlreichen Aspekte aufspüren, die für Sie persönlich von großem Nutzen sein können. An Dale Carnegie (1984) imponierte uns unter anderem einer seiner Leitgedanken:

> »Das Auge gibt dem Körper Licht. Wenn dein Auge gesund ist, dann wird dein ganzer Körper hell sein. Wenn aber dein Auge krank ist, dann wird dein ganzer Körper finster sein.«
> *(Matthäus 5,23–24)*

> **»Machen Sie sich über Ihre Probleme Gedanken,
> aber keine Sorgen!«**

Eine positive Grundhaltung nutzt Ihnen auch in der Auseinandersetzung mit verschiedenen Kulturen und den großen Weltreligionen. Sie müssen nicht gläubig sein, um beispielsweise in der Bibel wertvolle Denkanstöße zu finden.

> **»Wer von euch kann mit all seiner Sorge sein Leben
> auch nur um eine kleine Zeitspanne verlängern?«**
> (Matthäus 5,27)

Übung 81: Bestandsaufnahme (drei Minuten)

Gibt es eine Jahreszeit, die Sie überhaupt nicht mögen? Wenn ja, welche Jahreszeit und weshalb?

....

....

Gibt es Arbeitskollegen oder Bekannte, die Sie absolut nicht ausstehen können? Wenn ja, wer ist betroffen und weshalb?

....

....

Gibt es Verhaltensweisen und Persönlichkeitseigenschaften anderer Menschen, die Sie zur Weißglut bringen? Wenn ja, welche Verhaltensweisen und Persönlichkeitseigenschaften sind das und weshalb?

....

....

Das Positive zu sehen wird von Entweder-oder-Denkern allzu leicht mit »Kritiklosigkeit« verwechselt. Das ist ganz sicher nicht der Fall und darf es auch nicht sein, was wir am Beispiel vom Umgang mit Fehlern zeigen möchten: Aus Fehlern lernen wir bekanntlich, darum ist es wichtig, diese wahrzunehmen und nicht zu ignorieren. Dennoch erhebt sich die Frage, wie wir Fehler *beurteilen*. Zwischen »Fehler erkennen« auf der einen Seite und »sich über Fehler ärgern«, »selbst zerfleischende Schuldgefühle entwickeln«, »sich schämen« auf der anderen Seite besteht noch immer ein bedeutender Unterschied. Beim *Lösen* von Problemen müssen Sie sich letztlich von der Fehleranalyse *lösen*. Denn in den Ursachen verbergen sich zwar Anknüpfungspunkte, aber die eigentliche Lösung finden Sie nur auf einem positiven Gedankengleis: »Was kann ich tun?« Eine negative Einstellung gegenüber Fehlern fördert nicht den Lernprozess, sondern bestenfalls das Vertuschen, Rechtfertigen, Entschuldigen und Ärgern. Eine negative Einstellung hemmt die Wahrnehmung. Eine kritiklose Haltung natürlich ebenso.

Auch anhand des Worst-case-scenarios ist deutlich geworden, dass negative Erwartungen (»Was kann mir schlimmstenfalls widerfahren!«) durchaus

> »Dumme machen immer dieselben Fehler. Gescheite machen immer wieder neue.«
>
> *(K. H. Wanggerl)*

ihre Berechtigung haben. Diese negativen Gedanken sorgen dafür, dass Sie sich auf zukünftige Probleme einstellen (solange sie *realistisch* sind). Es darf demnach nicht unser Ziel sein, jegliche negativen Gedanken aus Ihrem Gehirn zu eliminieren. Denn eine Es-wird-schon-nichts-passieren-Haltung bringt Sie auf Dauer nicht weiter. Es geht also nicht darum, Gedanken an Negatives grundsätzlich auszuschalten. Es geht darum, ein positives Gegengewicht zu negativen Gedanken zu schaffen!

Welchen weiteren Nutzen haben Sie davon, diese Welt in einem positiveren Licht zu sehen? Sie leben nicht bloß in einer objektiven Umwelt, sondern auch in Ihrer subjektiven. Die Entscheidung liegt bei Ihnen, mit Hilfe einer positiven Lebenseinstellung mehr Freude in Ihrem Leben zu finden.

»Wie es in den Wald hineinschallt, so schallt es heraus.« So wie Sie anderen Menschen begegnen, so verhalten sich diese Ihnen gegenüber. Das Stichwort dazu lautet wieder einmal »selbst erfüllende Prophezeiung«. Natürlich ist es wichtig, Menschen zu erkennen, die Sie vielleicht nur ausnutzen möchten. Es macht jedoch keinen Sinn, deshalb jegliche Beziehung im Vorhinein durch Skepsis zu belasten. Geben Sie den Beziehungen zu anderen Menschen zumindest eine Chance.

Als positiv eingestellter Mensch sind Sie Träger positiver Energie. Andere Menschen umgeben sich daher gerne mit Ihnen, so wie die Katze sich zum wärmenden Ofen legt. Als Optimist erbringen Sie bessere Leistungen. Was glauben Sie, welche Tasten trifft ein Pianist, der Angst davor hat, eine schwierige Passage nicht zu meistern? Wie Sie bereits wissen, setzt diese Angst voraus, dass der Pianist sich vorstellt, wie er die Passage *falsch* spielt. Daher noch einmal die Frage: Was glauben Sie, welche Tasten drückt ein Pianist, der an falsche Tasten denkt?

Angesichts so schlagender Argumente erhebt sich doch die Wozu-Frage. Wozu der Pessimismus? Warum verteidigen viele Menschen ihren Pessimismus so vehement? Die Frage ist leicht beantwortet: Viele Pessimisten wollen sich gegen Enttäuschungen schützen. »Besser ich habe keine großen Erwartungen. Nachher bin ich nur traurig, wenn es doch nicht so kommt, wie ich es mir wünsche.« Dazu ist zu sagen:

Es ist wahr: Pessimisten werden tatsächlich seltener enttäuscht: »Ich hab's ja schon vorher gewusst!« Aber ist den Pessimisten klar, wie viel *Vorfreude* Ihnen in Summe entgeht?

Durch optimistisches Denken verwinden Sie die Niederlagen des Lebens viel leichter als durch Pessimismus, der Sie noch lange daran knabbern lässt. Auch hier dreht sich ein Teufelskreis: Pessimisten nehmen aufgrund ihres negativen Fokus vermehrt Enttäuschungen, Reinfälle, Niederlagen etc. wahr –

51 Prozent Aktienmehrheit für positives Denken!

Pessimisten machen aus Möglichkeiten Schwierigkeiten

eine neuerliche selbst erfüllende Prophezeiung. Dass negative Ereignisse von Depressiven verstärkt wahrgenommen werden, ist hinlänglich bewiesen und findet im Konzept der »negativen kognitiven Triade« (Beck 1992) seinen Niederschlag:

- ❖ Depressive Personen beachten Misserfolge stärker.
- ❖ Depressive führen diese Misserfolge auf die eigene Unzulänglichkeit zurück.
- ❖ Depressive entwickeln daraus ein allgemein negatives Selbstbild.

Viele Pessimisten berufen sich auf Erfahrung: »Ich habe mir diese Einstellung ja nicht ausgesucht. Ich habe ganz einfach aus der Vergangenheit meine Lektion gelernt.« Moment mal! Wird nicht auch Ihre Sicht der Vergangenheit durch eine negative Brille einseitig verzerrt?

Praxistipps: Das Positive sehen

Verwandeln Sie Mist in Dünger! Für den Pessimisten gilt es demnach, den Umgang mit Enttäuschungen zu verbessern. Wir haben Ihnen dazu eine ganze Reihe von Hilfsmitteln an die Hand gegeben: Abschalten, Soforthilfen bei Stress, Lösen von Problemen, Reduktion von erlernter Hilflosigkeit etc. – und natürlich das optimistische Denken selbst!

Der Pessimist sollte lernen, Enttäuschungen bis zu einem gewissen Grad zu *riskieren* (nicht zu provozieren!). So erlangt er mehr Freude in seinem Leben. Den Umgang mit Enttäuschungen lernen Sie am besten aus …? Enttäuschungen!

Wenn Sie versuchen, jegliche Enttäuschung zu vermeiden, nehmen Sie sich selbst die Chance, von diesen Enttäuschungen zu profitieren. Selbiges gilt für Stress ganz allgemein. Angenommen Sie wären überhaupt keiner Belastung mehr ausgesetzt, so würden Sie nach einiger Zeit bereits durch die kleinste Anforderung heillos überfordert!

Schreiten wir also zur Tat. Vielleicht fragen Sie sich schon allmählich, wie und ob sich eine positive Lebenshaltung erlernen lässt? Grundsätzlich unterscheiden sich Optimismus oder Pessimismus nicht von anderen Gewohnheiten, bloß dass es sich eben um Denkgewohnheiten handelt. Optimistisches Denken lernen Sie schlicht und ergreifend durch Übung.

Übung 82: Wohnungsrundgang (fünf Minuten)

Unternehmen Sie einen fünfminütigen Spaziergang durch Ihre eigenen vier Wände und/oder durch Ihr Büro. Halten Sie ausschließlich nach angenehmen, positiven, erfreulichen Dingen Ausschau:

❖ Welche Einrichtungsgegenstände gefallen Ihnen am besten – und warum?
❖ Womit verbinden Sie angenehme Erinnerungen?
❖ Welche Farben rufen positive Gefühle in Ihnen hervor?
❖ Wo riecht es gut?
❖ Welche Gegenstände berühren oder verwenden Sie gerne?

Vergleichen Sie Ihre Einstellung zu Ihrer Wohnung vor und nach dieser kurzen Übung.

Von den eigenen vier Wänden zurück zu den Menschen, die Sie täglich umgeben. Ihre Einstellung zu anderen Menschen ist der Spiegel, auf welche Weise Sie mit sich selbst umgehen. Sie können nur bis zu einem gewissen Grad mit zweierlei Maßstäben messen. Wenn Sie ein überkritisch denkender Mensch sind, gehen Sie höchstwahrscheinlich auch mit sich selbst sehr hart ins Gericht. Innerlich klagen Sie sich an und geben sich häufig die Schuld. Wiederum ist es wesentlich einfacher, unsere Haltung gegenüber unseren Mitmenschen zu verändern als die zu uns selbst.

Übung 83: Welt, du bist mir sympathisch (zehn Minuten)

Ihre Aufgabe ist es im Folgenden, an *jedem* Menschen, der Ihnen einfällt, etwas Positives zu finden. Gehen Sie dazu Ihre Arbeitskollegen, Freundesfreunde und so genannten »Feinde« durch. Jede Minute, die Sie in diese Übung investieren, rentiert sich tausendfach in Ihrer Zukunft!

Nach Alfred Adler (1966) steht dieser Übung eigentlich nur noch im Wege, dass viele Menschen ihr eigenes Selbstwertgefühl beziehen, indem sie *andere* Menschen abwerten! Machtausübung soll Minderwertigkeitsgefühle lindern. Dadurch werden sie selbst zwar um keinen Deut besser. Aber die Methode ist dafür leicht zu erlernen, wird uns allerorten vorgelebt und erfordert kein aktives Handeln.

*So lohnt sich,
das Warten!*

Im Übrigen verhält es sich mit Denkgewohnheiten nicht anders als mit Verhaltensgewohnheiten: Sie brauchen viele Wiederholungen, um einen neuen Denkstil zu etablieren. Es ist dringend erforderlich und lohnt sich, diese letzte Übung regelmäßig durchzuführen. Es gibt so viele Zeiten des Wartens, die wir damit vergeuden, uns sinnlos zu ärgern. Diese Zeiten des Leerlaufs bieten sich für Entspannung oder eben für diese Übung an: in der Arztpraxis, in der U-Bahn, auf dem Flughafen. Stellen Sie sich vor, wie angenehm es für Sie sein wird, mit einem Mal lauter sympathische Menschen anzutreffen?

Übung 84: Übungsmöglichkeiten finden (zwei Minuten)

Legen Sie fest, wann Sie die Gelegenheit zum Einüben einer positiven Lebenshaltung (im Sinne der beiden letzten Übungen) haben:

1. ....

....

....

2. ....

....

....

3. ....

Diesen Satz denke ich so oder so ähnlich …

Das Positive sehen am Arbeitsplatz

Unser Anliegen ist es, Ihnen zu demonstrieren, dass negative Gefühle kein Schicksal sind. Jeder von uns beherrscht Münchhausens Trick, sich am eigenen Schopf aus dem Sumpf zu ziehen: Die Technik, das Gute am Schlechten zu sehen, haben Sie bereits im Zusammenhang mit dem Worst-case-scenario erprobt. Im neurolinguistischen Programmieren (NLP) spricht man von »Reframing«. Die Grundidee dabei ist: Indem Sie die positiven Aspekte des Problems hervorheben, verliert es seine Bedrohlichkeit. Sie verleihen dem Problem quasi einen neuen »Rahmen« (engl. frame). Es ist so, als würden Sie ein und dasselbe Bild an einen neuen Ort aufhängen und dadurch neue Perspektiven erzielen. Positivere Gefühle stellen sich ein

Beispielsweise empfindet beinahe jeder Seminarteilnehmer den vor ihm liegenden Arbeitsberg als extrem belastend. (Wir möchten Sie noch einmal daran erinnern, dass Sie seit Kapitel »A – Abkühlen und Aktivieren« mit etlichen Sofortmaßnahmen vertraut sind, die Ihnen in dieser Angelegenheit helfen. Speziell sind dies die Techniken: in kleinen Schritten denken, im Hier und Jetzt sein, bei einer Sache sein und bleiben.) Infolgedessen strampelt er sich ab, um diesen Berg so schnell wie möglich zu beseitigen. Aktionismus ist die häufige Folge. Wir fragen Sie nun, haben Sie sich jemals überlegt, was das Gute an diesem Haufen Arbeit ist?

Welche Vorteile hat es, wenn sich die Papierstapel auf Ihrem Schreibtisch zu einem Klein-Manhattan auftürmen?

Übung 85: Klein-Manhattan (fünf Minuten)

Die Papiertürme, die sich am Schreibtisch stapeln und eine Skyline wie in Manhattan bilden – welche Vorzüge haben sie?

. . . .

. . . .

Wir würde das Unternehmen reagieren, wenn es keinen Arbeitsberg für Sie gäbe?

. . . .

. . . .

Wie würden Sie sich fühlen, wenn Sie tagelang keine Post, keine E-Mail, keinen Anruf bekämen und niemand mehr zu Ihrer Tür hereinkäme?

. . . .

. . . .

In Hinsicht auf Ihr Konzentrationsvermögen empfehlen wir Ihnen dennoch, Ihren Schreibtisch möglichst frei von Papierkram zu halten. Innerhalb Ihres primären Blickfelds (das entspricht in etwa einem Winkel von neunzig Grad) sollten sich nur jene Dinge befinden, an denen oder mit denen Sie derzeit arbeiten. Alles andere lenkt Sie früher oder später von Ihrer Aufgabe ab, zersägt scheibchenweise Ihre Aufmerksamkeit und Energie (Sägeblatteffekt).

Praxistipps: Sondermüll beseitigen

Entsorgen Sie Ihren Arbeitsplatz mindestens einmal im Quartal vom Sondermüll. Tun Sie so, als müssten Sie am nächsten Tag umziehen. So überwinden Sie die Wegwerf-Hemmschwelle und schützen sich vor dem »Dachboden-Syndrom«.

Übung 86: Reframing (zwei Minuten)

Ein Punkt vom Beginn dieses Kapitels ist noch offen. Und zwar die Frage nach der Jahreszeit, die Sie am wenigsten schätzen. Um die außerordentlich wichtige Technik des Reframings zu festigen, ist es Ihre Aufgabe, nach Aspekten zu forschen, die Ihnen an der betroffenen Jahreszeit vielleicht doch gefallen (zum Beispiel die bunten Blätter im Herbst, der Glühwein im Winter etc.).

Sicherung der Lernergebnisse (fünf Minuten)

Welche persönlichen Erkenntnisse ziehen Sie für sich aus diesem Kapitel?

....

....

....

....

....

Welche konkreten Ziele leiten Sie daraus ab?

....

....

....

....

Übertragen Sie Ihre wichtigsten Ziele in Ihre Ideen-Schatztruhe
(s. Seite 12).

Sich für das Glück entscheiden

Der ebenso bekannte wie unaussprechliche Glücksforscher Mihaly Csikszentmihalyi (1999) vertritt die Auffassung, dass, wenn die Psychologie eine Mission zu erfüllen hat, dann besteht sie darin, den Menschen den Weg zu zeigen, um Stress zu reduzieren und mehr psychisches Wohlbefinden zu erlangen. Dabei wirft Csikszentmihalyi die berechtigte Frage auf »If we are so rich, why aren't we happy?«. Wer hat nun Recht in der alten Kontroverse, ob Geld glücklich macht oder nicht?

> »Glück ist nicht etwas, das Ihnen passiert, sondern etwas, das Sie passieren lassen!«
> *Mihaly Csikszentmihalyi*

Die Antwort? Ein klares Jein! Die vielleicht berühmteste Untersuchung auf diesem Gebiet stammt von Brickman, Coates und Janoff-Bulman (1978), die einen Extremgruppenvergleich durchführten. Sie ließen 22 Lotteriegewinner auf einer sechsstufigen Skala ihre derzeitige Lebenszufriedenheit, die Zufriedenheit in der Vergangenheit und die erwartete Zufriedenheit in der Zukunft beurteilen. Die zweite Gruppe von Befragten setzte sich aus 22 Unfallopfern mit schweren Behinderungen zusammen (Blindheit, Lähmung). Beide Gruppen lebten in derselben Gegend derselben Stadt, sodass eine optimale Vergleichbarkeit gegeben war. Zur großen Überraschung stellte das Forscherteam fest: Die Glückspilze waren zu allen drei Zeitpunkten um nichts glücklicher als die Pechvögel. Bei der Interpretation dieses Ergebnisses muss allerdings die Kausalattribution (Ursachenzuschreibung – auf welche Faktoren führen die Lotteriegewinner den Gewinn zurück?) des Lotteriegewinns berücksichtigt werden: Die Glückspilze konnten ihren plötzlichen Reichtum wohl kaum auf den eigenen Einsatz, ihren Arbeitseifer, ihre Klugheit oder Ähnliches zurückführen. Mit anderen Worten: Glück, das Ihnen zufliegt, ohne dass Sie zuvor etwas dafür getan haben, ist nicht von Dauer. Die Siege über sich selbst sind bekanntlich die schönsten. Unterschätzen nicht auch Sie Ihre täglichen »Verpflichtungen« als eine mögliche Quelle des Glücks?

Sind damit jegliche materiellen Werte als Glücksspender aus dem Rennen? Nicht ganz. Eine Zusammenschau der Forschungsergebnisse belegt sehr wohl einen positiven Effekt von Reichtum auf unser Wohlbefinden (beispielsweise Inglehart 1990). Allerdings fällt der Zusammenhang zwischen Wohlstand und Glück insgesamt geringer aus als jener zwischen einer gesunden Lebenseinstellung und Glück. Das Problem mit dem materiellen Glück sind unter anderem unsere »eskalierenden Erwartungen« oder, wie Wiswede (1991) es ausdrückt, die »Inflation der Ansprüche«. Zahlreiche Studien belegen, dass wir Menschen uns rasch an ein bestimmtes Niveau des Wohlstands gewöhnen. Schon bald jedoch steigen unsere Ansprüche erneut (Parducci 1995). Eine einfache Rechnung: Für einen Studenten ist ein Mehreinkommen von hundert Euro pro Monat eine stolze Summe – den Millionär vermag sie nicht mehr in Entzücken zu versetzen. Hinzu kommt: Die Glücksgefühle, die wir durch Geld und Konsum gewinnen, sind nur von kurzer Dauer. Dadurch gelten für Geld grundsätzlich die gleichen Spielregeln wie für jede Droge. Wir müssen die Dosis beständig steigern, um dasselbe Glücksgefühl noch einmal zu erlangen. Gefährlich wird es vor allem dann, wenn Geld zum Selbstzweck wird. Geld ist jedoch bloß Mittel zum Zweck. Sein eigentlicher Sinn besteht darin, unsere Existenz zu sichern, es sich leisten zu können, mit den eigenen Kindern spielen zu können, mit der Familie oder Freunden in Urlaub zu fahren, das Kulturleben zu genießen oder was auch immer Ihnen persönlich wichtig ist. In Hinsicht auf unsere Zufriedenheit müssen wir also die Alltagsweisheit *umkehren*:

Geld ist Zeit!

> Eine wahre Geschichte:
> Sohn: »Papa, du verdienst doch viel Geld, oder?«
> Vater: »Ja.«
> Sohn: »Ich geb' dir fünf Euro, wenn du eine Stunde mit mir spielst.«

Kaufen Sie sich regelmäßig mit Ihrem Geld Zeit von sich selbst? Ganz in diesem Sinne sind auch unsere Zeitspartipps aus Kapitel G zu verstehen: Die gesparte Zeit können Sie nirgends horten, sondern sollten sie in die wirklich wichtigen Dinge Ihres Lebens investieren: Was macht Sie *langfristig* glücklich? Aufgrund jahrelanger Untersuchungen beantworten Forscher (Diener 1984; Myers & Diener 1995) diese Frage wie folgt:

❖ Ein harmonisches Familienleben/eine gute Ehe führen.
❖ Ein hohes Selbstwertgefühl besitzen.
❖ Soziale Kontakte, insbesondere gute Freunde, auf die Sie bauen können.
❖ Zeit, um Ihren Interessen nachzugehen.
❖ Erholsamer Schlaf etc.

Auf Dauer machen indessen nicht glücklich:

- ❖ gutes Aussehen,
- ❖ Alter,
- ❖ Geschlecht,
- ❖ Bildung,
- ❖ Intelligenz.

Trotzdem lebt ein Großteil der Menschen mit der Illusion, mehr Geld würde sie glücklich machen (Campbell 1981). Wie kommt es zu dieser Überzeugung? Unmittelbar im Anschluss an jede Gehaltsaufbesserung fühlen wir uns glücklich – wir stellen uns vor, was wir uns alles gönnen werden. Auf diese Weise nimmt jedermann einen deutlich sichtbaren Zusammenhang zwischen Geld und Glück wahr.

Ganz anders verhält es sich bei Einstellungen. Eine positive Einstellung verhilft zwar langfristig zu zahlreichen Belohnungen, aber der Zusammenhang ist praktisch unsichtbar, wenn Sie sich nicht aktiv darum bemühen, ihn wahrzunehmen: Es ist so ähnlich wie beim Einnehmen von Medizin – Sie wissen nicht, ob Sie ohne Medikamente ebenfalls gesund geworden wären. Sie müssen sich also darauf gefasst machen, dass die Belohnung für eine veränderte Einstellung irgendwann erfolgt, vielleicht sogar völlig unbemerkt. Sie müssen wie bei dem Medikament einfach daran glauben.

Wenn Sie in früherer Zeit nicht Ihre Möglichkeiten genutzt haben, glücklich zu sein, dann besteht die Gefahr, dass Sie auch morgen nicht glücklich sein werden. Das Glücklichsein ist eine *Fähigkeit*. Es liegt nicht allein an den Umständen, wenn Sie unzufrieden mit Ihrem Leben sind, sondern ganz maßgeblich an Ihrer Sicht der Dinge. Wenn Sie eine positivere Lebenseinstellung gewinnen, wenn Sie den *Willen zum Glück* in sich entdecken, können Sie gleich jetzt auf der Stelle ein bisschen glücklicher sein als je zuvor.

Wenn Sie gestern nicht glücklich waren, sollten Sie heute Ihre Einstellungen überdenken, um morgen glücklich zu sein!

Praxistipps: Glücklich sein

❖ Entscheidend ist letzten Endes, auch der täglichen Routine etwas abzugewinnen. Jeden Augenblick des Lebens zu genießen lässt sich am besten bei den kleinen Dingen des Lebens trainieren: Beim Reifenwechsel, Abwaschen oder Unkraut jäten.

❖ Es besteht ein alles entscheidender Unterschied zwischen »zufrieden sein« und »sich zufrieden geben«! Um glücklich zu sein, ist es notwendig, dass Sie bereits heute die Dinge um sich herum zu schätzen wissen. Wenn Sie sich allerdings mit dem, was Sie im Augenblick besitzen oder erreicht haben, zufrieden geben, dann haben Sie mit Ihrem Leben abgeschlossen. So sieht nur das Glück eines Menschen aus, dem die letzte Stunde geschlagen hat!

> **Glücklich sind Sie, wenn Sie das bekommen, was Sie wollen, und das wollen, was Sie bekommen!**

Auch hier gilt es letzten Endes, die ausgleichende Waage zu finden.

Zusammenfassung

Sie haben vielleicht damit gerechnet, an dieser Stelle ein fertiges »Best of« vorzufinden? Wir haben mit dem Gedanken gespielt, versprechen uns allerdings – in Ihrem Sinne – mehr davon, wenn Sie das Buch noch einmal von vorne bis hinten durchblättern (vielleicht sogar Ihre Notizen und Bemerkungen am Rande durchgehen). Arbeiten Sie sodann sieben persönliche Kernthesen heraus (es dürfen auch mehr sein! Maximal aber neun. Warum? Erinnern Sie sich an die magische Zahl sieben).

Sie können sich diese Thesen auch auf ein separates Blatt Papier schreiben. Denn diese Seite mit Ihren persönlichen Erkenntnissen wird sich besonders gut über Ihrem Schreibtisch oder Bett machen und Sie gemeinsam mit Ihrem Konzentrationskreis, den wir im nächsten Arbeitsschritt erstellen werden, sicher durch den Arbeitsalltag und Ihr Privatleben begleiten.

Übung 87: Kernthesen für mehr Erfolg bei weniger Stress (fünfzehn Minuten)
1. ....
2. ....
3. ....
4. ....
5. ....
6. ....
7. ....
8. ....
9. ....

Den Konzentrationskreis nutzen

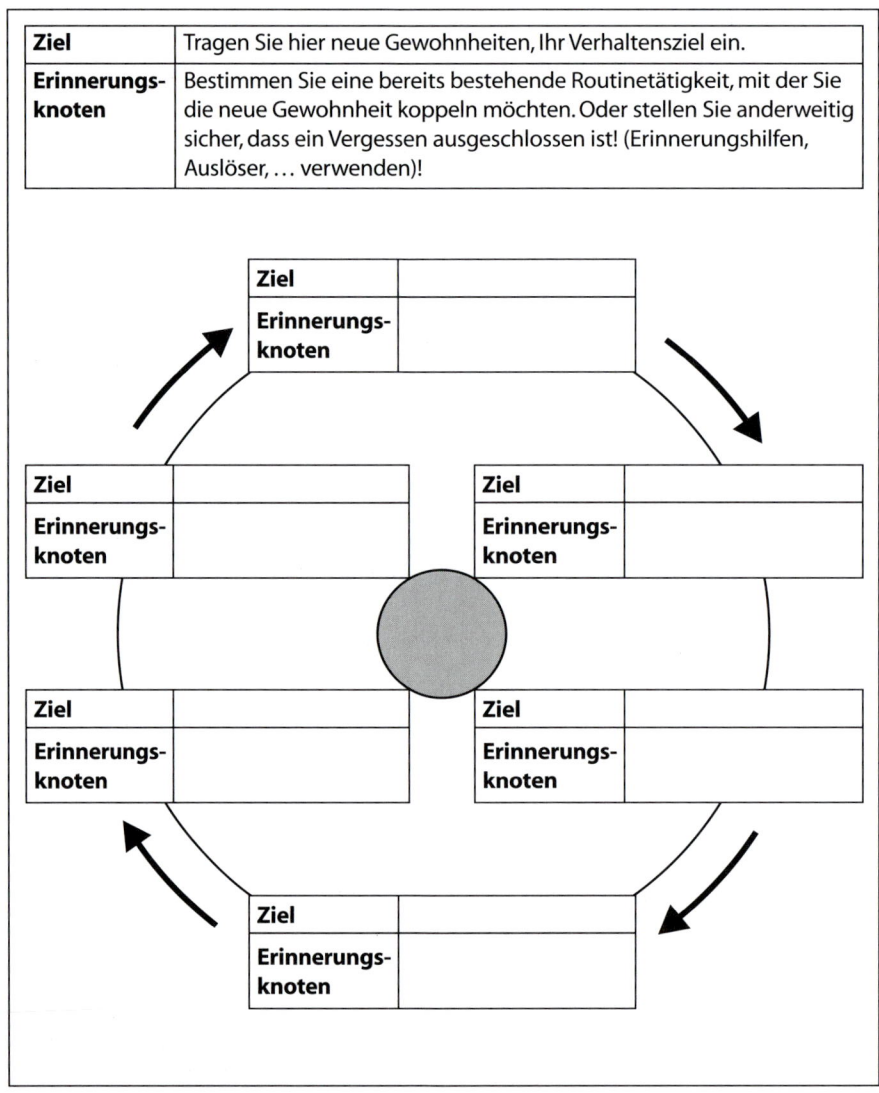

Ziel	Tragen Sie hier neue Gewohnheiten, Ihr Verhaltensziel ein.
Erinnerungs-knoten	Bestimmen Sie eine bereits bestehende Routinetätigkeit, mit der Sie die neue Gewohnheit koppeln möchten. Oder stellen Sie anderweitig sicher, dass ein Vergessen ausgeschlossen ist! (Erinnerungshilfen, Auslöser, … verwenden)!

Der Konzentrationskreis stellt sicher, dass Sie einerseits Ihre Ziele nicht aus den Augen ver-lieren. Dass Sie andererseits aber auch nicht zu viele Ziele auf einmal anvisieren, sondern Ihre Kräfte auf das Wesentliche hin bündeln.

Der Konzentrationskreis bewahrt Sie davor, dass Sie Ihre Ziele wie einen Sack Flöhe hüten: »Heute nehme ich mir dieses Ziel vor, morgen jenes …« Das ist häufig auch die Krux mit Büchern und Seminaren: je höher die Qualität, desto zahlreicher die Ziele, desto weniger wird daraus. Darum beschränken Sie sich am besten auf einige wenige Ziele, die Sie dafür mit einer umso höheren Wahrscheinlichkeit in die Praxis umsetzen. Der Konzentrationskreis wird Sie durch die nähere Zukunft begleiten und Ihnen dabei helfen, Gewohnheiten aufzubauen.

Was Sie sich nicht zur Gewohnheit machen, geht langfristig leicht wieder verloren! Häufig scheitert es einfach nur an der nötigen Konsequenz in der Umsetzung. Wir verzetteln uns – und noch ehe wir eine neue Gewohnheit aufbauen konnten, sind wir schon wieder mit etwas ganz anderem beschäftigt und vergessen unsere guten Vorsätze.

Übung 88: Weniger ist mehr

1. Bevor Sie den Konzentrationskreis tatsächlich ausfüllen, benennen Sie Ihre *sechs* persönlich wichtigsten Ziele, die Sie für sich aus dem WAAGE-Programm® ableiten. Öffnen Sie dazu ein letztes Mal Ihre Schatztruhe (s. Seite 12). Übertragen Sie Ihre Ziele in die untenstehende Tabelle.

   1. ....

   2. ....

   3. ....

   4. ....

   5. ....

   6. ....

2. Schlagen Sie noch einmal zurück zu Übung 56 »Schutz-Ziele« (s. Seite 136). Klopfen Sie Ihre sechs Ziele auf Ihre Realisierbarkeit ab! Brechen Sie Ihre Ziele gegebenenfalls so weit herunter, bis Sie zuversichtlich sind, diese auch umzusetzen. Anschließend tragen Sie Ihre wasserdichten Ziele in den Konzentrationskreis ein.

Vergessen? Ausgeschlossen!

Im nächsten Schritt werden wir Ihre Ziele konkretisieren und Erinnerungs-knoten schaffen, um zu gewährleisten, dass Sie Ihre Ziele nicht aus den Augen verlieren.

Ziel: Ihrem Gehirn muss vollkommen klar sein, worauf es in Zukunft ver-stärkt zu achten hat. Das Ziel »Entschleunigen« ist viel zu allgemein for-muliert, als dass es dem Gehirn auch nur den geringsten Anhaltspunkt bieten könnte. Besser ist da »Entschleunigen beim Autofahren«. Diese Konkretisierung hat nichts mit »kleine Brötchen backen« zu tun. Es ist vielmehr so: Wenn Sie sich eine neue Gewohnheit in einem Bereich aneig-nen, wird sich diese Gewohnheit nach einiger Zeit ganz von selbst auch auf andere Bereiche ausweiten. »Doppelleben« sind da eher die Ausnah-men.

Erinnerungsknoten: Das Aufschließen des Wagens dient Ihrem Gehirn als Signal: »Denk daran, schon auf den ersten Metern zu entschleunigen!« Diese Methode, ein unwahrscheinliches Verhalten mit einem wahrschein-lichen Verhalten zu verbinden, ist unter der Bezeichnung »Premack-Prin-zip« bekannt (Premack 1965) und wird mit Erfolg in der Verhaltensthera-pie eingesetzt.

Ziel	Entschleunigen beim Autofahren
Erinnerungs-knoten	Meinen Wagen aufschließen, Klebepunkt auf dem Schlüssel

Zusätzlich schaffen Sie sich eine Erinnerungshilfe durch einen signalfarbenen Klebepunkt, den Sie auf Ihren Autoschlüssel heften. Natürlich besteht die Ge-fahr, dass Sie den Klebepunkt mit der Zeit gar nicht mehr wahrnehmen, weil auch er zur Gewohnheit geworden ist. Bis dahin muss die neue Gewohnheit des Entschleunigens jedoch schon stehen. Um dies zu garantieren, müssen Sie sich des mentalen Trainings (s. Seite 264ff.) bedienen. Die Anzahl der Übungsmöglichkeiten, die sich Ihnen im Alltag bieten, ist häufig einfach zu gering.

Ziel: Sie möchten sich angewöhnen, öfter als bisher eine Ein-Minuten-Pause einzulegen. Sie beginnen damit, diese Gewohnheit beim Arbeiten am PC zu etablieren.

Erinnerungsknoten: Ein Post-it auf dem Bildschirm mit der Aufschrift »Ein-Minuten-Pause« tut es nicht. Sie hängen es einmal zur Seite und finden es nie wieder. Ihre Erinnerungshilfe muss narrensicher sein. Je ungewöhnlicher, desto besser. Marc Stollreiter beispielsweise wurde durch einen kleinen, knallgelben Klebepunkt mit der Aufschrift »(1 Minute)«, der mitten auf seinen Bildschirm platziert war, an die Ein-Minuten-Pause erinnert. Er konnte nicht umhin, regelmäßig über diesen Punkt zu stolpern, denn er versperrte ihm immer wieder die Sicht auf einzelne Wörter. Das war natürlich keine Dauerlösung. Aber der Übungseffekt war immens: Auch andere Personen sprachen ihn auf diesen Punkt an, was zusätzliche Wiederholungen mit sich brachte.

Das wichtigste Kriterium einer Erinnerungshilfe ist seine Merk-Würdigkeit! Wem der Erinnerungspunkt zu gewagt erscheint, der möge sich ein Stück Stoff um den Henkel seiner Lieblingsteetasse wickeln (vorausgesetzt die Tasse steht immer in der Nähe des Computers), seinen Standardkugelschreiber mit einer *kurzen* Schnur am Schreibtisch festbinden.

Ziel: Ab heute wollen Sie für jeden Arbeitstag einen Tagesplan erstellen. Dadurch entlasten Sie Ihr Gehirn. Und sie stellen sicher, dass Sie sich heute mit etwas Wichtigem und nicht nur mit Dringendem beschäftigen werden.

Erinnerungsknoten: Sie beschließen, diesen Tagesplan jeden Morgen in der S-Bahn auf der Fahrt zur Arbeit zu Papier zu bringen. Tragen Sie die Erinnerungsknoten in Ihren Konzentrationskreis ein.

Übung 89: Erinnerungsknoten schaffen (zwanzig Minuten)

Entwickeln Sie nun entsprechende Erinnerungsknoten für Ihre eigenen Ziele und tragen Sie diese im Konzentrationskreis ein. Erfahrungsgemäß benötigen Sie dazu je Ziel etwa zwei bis drei Minuten. Hier dürfen Sie auf keinen Fall mit der Zeit knausern.

Übung 90: Konzentrationskreis aufhängen (zwei Minuten)

Um sicherzustellen, dass sich aus Ihren Zielen tatsächlich neue Gewohnheiten entwickeln steht Ihnen neben den Erinnerungsknoten ein zweites Auffangnetz zur Verfügung:
Kopieren Sie Ihren Konzentrationskreis und hängen Sie ihn gut sichtbar auf. Der gewählte Ort sollte die folgenden Kriterien erfüllen:

❖ Sie halten sich jeden (Arbeits-)Tag schon in der Früh dort auf (Schlafzimmer, Küche, Badezimmer etc.). Was Sie brauchen, ist ein Vorsatz am Beginn des Tages. Das ist wichtig, denn am Abend ist der Tag gelaufen.
❖ Es ist für Sie praktisch unmöglich, an dem Konzentrationskreis vorbeizugehen, ohne einen Blick darauf zu werfen (Spiegel, Schlafzimmertür usw.).
❖ Sie haben genügend Zeit, Ihren Konzentrationskreis einen Augenblick zu studieren (Wand gleich neben dem Frühstückstisch, Innenseite des Aktenkoffers usw.).

Überprüfen Sie noch einmal, ob die drei oben genannten Kriterien erfüllt sind.

Gönnen Sie sich auch kurz vor Schluss dieses Arbeitsbuches eine Lesepause, in der Sie Ihren Konzentrationskreis aufhängen, oder packen Sie ihn in gleich jetzt in Ihren Aktenkoffer, um ihn bei nächster Gelegenheit aufzuhängen. Oder machen Sie sich in Ihrem Tagesplaner einen entsprechenden Vermerk. Schließen Sie Vergessen aus! Tun Sie, was immer Sie für nötig halten, aber tun Sie es jetzt!

Wir gratulieren Ihnen zu Ihrem Durchhaltevermögen und sind überzeugt, dass das WAAGE-Programm® auch Sie große Schritte in Ihrem Leben weiterbringen wird und Sie ab heute noch mehr Erfolg bei weniger Stress erreichen können. Nehmen Sie die Dinge selbst in die Hand. Dazu abschließend ein Ausspruch von Bertolt Brecht:

»Höre nie auf anzufangen und fange nie an aufzuhören.«

Dabei wünschen wir Ihnen viel Erfolg und weiterhin alles Gute.

Ihr Autorenteam
Marc Stollreiter, Johannes Völgyfy und Thomas Jencius

Wien/Chicago, August 2000

Anhang

PROGRAMM®

Das mentale Training

Sie müssen nicht jeden Fehler ein dutzend Mal in der Praxis machen!

Beim mentalen Training (MT) handelt es sich um geistiges Probehandeln (mens, mentis = lat. Geist). Es ist seinem Wesen nach nichts anderes als ein positiver Tagtraum – mit der Auflage, dass dieser Traum *realistisch* sein muss und sich auf konkrete Handlungen und Problemlösungen bezieht! Mentales Training richtig verstanden, läuft daher in zwei Stufen ab:

❖ **Prozess:** Sie versetzen sich im Geiste in eine herausfordernde Situation und imaginieren das Verhalten, mit dessen Hilfe Sie diese Herausforderung meistern.
❖ **Zielerreichung:** Sie stellen sich ein dementsprechendes Happyend vor.

Stufe eins, das Erarbeiten von förderlichem Verhalten, lässt sich nicht überspringen. Die bloße Vorstellung eines Happyends ist nur die »halbe Miete«! (Deshalb sprechen wir auch von »Stufe« anstatt von »Phase«.) Mit einer Beschränkung auf »positives Denken« riskieren Sie böse Überraschungen, wenn nämlich doch nicht alles so glatt läuft, wie Sie es sich vorgestellt hatten. Demnach sollten Sie mindestens 80 Prozent des MT in den eigentlichen Prozess (Stufe eins) investieren.

Ist jedoch Stufe eins gewährleistet, so hat auch Stufe zwei ihre Berechtigung. Stufe zwei beinhaltet optimistisches Denken, das Sie vor Nervosität und Denkblockaden bewahrt – mit anderen Worten: Sie bleiben in Ihrem Handeln und Denken flexibel. Das wiederum steigert Ihre Leistung.

Ablauf

Machen Sie es sich bequem. Schließen Sie die Augen.

❖ Entscheiden Sie sich für ein Verhalten, welches in Zukunft fixer Bestandteil Ihres Repertoires sein wird (zum Beispiel eine neue Verhandlungsstrategie).

❖ Entscheiden Sie sich für eine Situation, in der Sie dieses Verhalten an den Tag legen möchten (zum Beispiel ein Kundengespräch).

❖ Sie erleben diese Situation assoziiert, *das heißt aus Ihren eigenen Augen heraus*. Sie betrachten sich also nicht, wie Sie in einem Film eine andere Person von außen betrachten.

❖ Sie setzen alle Ihre Sinne ein, um dem Tagtraum Lebendigkeit und Realitätsnähe zu verleihen.

❖ Sie gehen nach dem bewährten Schema »Was denke, fühle ich und wie verhalte ich mich?« vor.

❖ Ein Durchgang genügt nicht! Wir empfehlen *mindestens fünf Durchgänge*.

❖ Lassen Sie Ihre Kreativität spielen: Das Zielverhalten oder die gewünschte Einstellung wird selbstverständlicher Teil Ihres Repertoires, wenn Sie die Situation variieren (beteiligte Personen, Umstände).

Sie profitieren in vielerlei Hinsicht vom mentalen Training:

❖ Sie bauen auf Zeit und Kräfte sparende Weise neue Gewohnheiten auf. Sie brauchen nicht darauf zu warten, dass sich Ihnen in der Praxis ausreichend Gelegenheiten bieten, um die neue Gewohnheit zu etablieren. (Im Beispiel: Sie brauchen Ihre neuen Gewohnheiten nicht erst an etlichen Kunden erproben!)

❖ Sie brauchen keine Misserfolge zu befürchten: Im mentalen Training gibt es keine Ausnahmen oder Rückfälle in die alte Gewohnheit.

❖ Überhaupt steht wenig auf dem Spiel: Im mentalen Training können Sie nach Herzenslust experimentieren, ohne Furcht von negativen Konsequenzen. Es kostet Sie lediglich etwas Zeit, ansonsten haben Sie alles zu gewinnen und nichts zu verlieren.

❖ Aufgrund der ständigen Erfolgserlebnisse wandelt sich Ihr Selbstbild in Richtung eines erfolgreichen Stressmanagers. Sie entwickeln eine positive Erwartungshaltung hinsichtlich der mental erprobten Situationen. Die sonst erlebte Nervosität (Stress) wird erheblich reduziert.

Die Wirksamkeit des mentalen Training konnte in zahlreichen Untersuchungen bewiesen werden (vgl. die Metaanalyse von Schlicht 1992). Zilbergeld und Lazarus (1987) kamen in einer Untersuchung zu dem Ergebnis, dass 60 bis 90 Prozent des Erfolges von Spitzensportlern auf mentales Training zurückgeführt werden können. Schlicht (1992) kommt zu dem Ergebnis, dass fortgeschrittene Sportler vom MT deutlich stärker profitieren als Anfänger. Einen exakten Prozentsatz zu beziffern, wie viel das MT Ihnen persönlich bringen wird, ist also nicht möglich. Dennoch sollten die genannten Ergebnisse Ihnen zu denken geben, welchen enormen Wert das mentale Training auch für Sie haben könnte.

Nutzen Sie daher am besten jede sich bietende Übungsmöglichkeit, vor allem Zeiten des Leerlaufs. Wir, die Autoren, verwenden das mentale Training gerne während Wartezeiten am Flughafen oder Bahnhof, auf der Fahrt zur Arbeit oder vor dem Zubettgehen.

Praxistipps: Mentales Training

❖ Das mentale Training eignet sich besonders zur Vorbereitung auf schwierige beziehungsweise einfach wichtige Gespräche.

❖ Sollten Sie bei der Vorstellung einer solchen Situation in Stress geraten, so seien Sie beruhigt: In wissenschaftlichen Untersuchungen ist festgestellt worden, dass beim Gedanken an eine belastende Situation häufig mehr Stresshormone ausgeschüttet werden als in der realen Situation!

❖ Um diesen Effekt abzuschwächen, ist es ratsam, dass Sie sich in eine »dissoziierte« Position begeben: Sie erleben die Situation nicht wie gewohnt aus Ihren eigenen Augen heraus (»assoziiert«), sondern sehen sich gleichsam auf einer Bühne spielen. Durch diese Maßnahme sinkt Ihre emotionale Beteiligung am Geschehen ganz beträchtlich.

Literaturverzeichnis

Die mit einem (*) versehenen Titel empfehlen wir Ihnen für Ihre Praxis.

Adler, A. (1966). *Menschenkenntnis.* Frankfurt a.M.: Fischer Taschenbuch Verlag.

Allmer, H. (1996). *Erholung und Gesundheit. Grundlagen, Ergebnisse und Maßnahmen.* Göttingen: Hogrefe.

Bandura, A. (1986). *Social foundations of thought and action: A social cognitive theory.* New York: Prentice Hall.

Bandura, A. (1997). *Self-efficacy: The exercise of control.* New York: Freeman.

* Barnard, C. (1999). *50 Wege zu einem gesunden Herzen.* St. Pölten, Wien: NP-Buchverlag.

Bono, E. de (1992). *Laterales Denken: Der Kurs zur Erschließung Ihrer Kreativitätsreserven.* Düsseldorf; Wien: Econ.

Brehm, J. W. (1966). *A theory of psychological reactance.* New York, London: Academic Press.

Brehm, J. W. & Self, E. A. (1989). The intensity of motivation. *Annual Review of Psychology, 40,* 109–131.

Brickman, P., Coates, D. & Janoff-Bulman (1978). Lottery winners and accident victims: Is happiness relative? *Journal of Personality and Social Psychology, 36,* 917–927.

Brown, I. & Inouye, D. K. (1978). Learned helplessness through modelling: The role of perceived similarity in competence. *Journal of Personality and Social Psychology, 40,* 906–916.

Calder, B. J. & Staw, B. M. (1975). Self-perception of intrinsic and extrinsic motivation. *Journal of Personality and Social Psychology, 31,* 599–605.

Campbell, A. (1981). *The sense of well-being in America.* New York: McGraw-Hill.

Cannon, W. B. (1929). *Bodily changes in pain, hunger, fear and rage.* New York: Appleton-Century-Crofts.

Carnegie, D. (1984). *Sorge dich nicht – lebe!* Bern, München, Wien: Scherz.

Cohn, R. C. (1997). *Von der Psychoanalyse zur Themenzentrierten Interaktion: Von der Behandlung einzelner zu einer Pädagogik für alle.* Stuttgart: Klett-Cotta.

* Covey, S. (1997). *Der Weg zum Wesentlichen. Zeitmangement der vierten Generation.* Frankfurt a.M.; New York: Campus.

Csikszentmihalyi, M. (1975). *Beyond boredom and anxiety.* San Francisco: Jossey-Bass.

* Csikszentmihalyi, M. (1992). *Flow: Das Geheimnis des Glücks.* Stuttgart: Klett-Cotta.

* Csikszentmihalyi, M. (1995). *Dem Sinn des Lebens eine Zukunft geben.* Stuttgart: Klett-Cotta.

Csikszentmihalyi, M. (1997). *Finding flow.* New York: Basic Books.

Csikszentmihalyi, M. (1999). If we are so rich, why aren't we happy? *American Psychologist, 10,* 821–827.

* Csikszentmihalyi, M. & Jackson, S. A. (2000). *Flow im Sport: Der Schlüssel zur optimalen Erfahrung und Leistung.* München: BLV.

Davidson, J. W., Howe, M. J. A. & Sloboda, J. A. (1997). Environmental factors in the development of musical performance skill over the life span. In Hargreaves, D. J. & North, A. C. (Eds.). *The social psychology of music* (pp. 169–206). New York: Oxford University Press.

Deci, E. L. (1972). Intrinsic motivation, extrinsic reinforcement, and inequity. *Journal of Personality and Social Psychology, 22,* 113–120.

* Dennison, P. E. (1996). Befreite Bahnen. Freiburg im Breisgau: VAK.

* Dennison, G. E., Dennison, P. E. & Teplitz, J. V. (1996). *Brain-Gym fürs Büro.* Freiburg im Breisgau: VAK, Verlag für Angewandte Kinesiologie.

Diener, E. (1984). Subjective well-being. *Psychological Bulletin, 95,* 542–575.

Doob, A. N. & Wood, L. E. (1972). Catharsis and aggression: Effects of annoyance and retalation on aggressive behavior. *Journal of Personality and Social Psychology, 22,* 156–162.

Dörner, D. (1989). *Die Logik des Mißlingens. Strategisches Denken in komplexen Situationen.* Reinbek bei Hamburg: Rowohlt.

Ellis, A. & Dryden, W. (1987). *The practice of rational emotive therapy.* New York: Springer.

Ende, M. (1973). *Momo.* Stuttgart: Thienemann.

Ericsson, K. A. (1997). Deliberate practice and the acquisition of expert performance: An Overview. In Jorgensen, H. & Lehmann, A. C. (Eds.). *Does practice make perfect? Current theory and research on instrumental music practice* (pp. 9–52). NHH skriftserie, 1997, 1, Oslo: Norges musikhogskole.

Feger, H. (1978). *Konflikterleben und Konfliktverhalten.* Bern: Huber.

Festinger, L. (1957) *A theory of cognitive dissonance.* Evanston, Ill: Row Peterson.

Festinger, L. & Carlsmith, J. (1959). Cognitive consequences of forced compliance. *Journal of Abnormal and Social Psychology, 58,* 203–210.

Feldenkrais, M. (1978). *Bewußtheit durch Bewegung. Der aufrechte Gang.* Frankfurt a.M.: Suhrkamp.

* Fensterheim, H. & Baer, J. (1993). *Sag nicht Ja, wenn Du Nein sagen willst.* München: Orbis.

Franke, H. (1975). *Das Lösen von Problemen in Gruppen.* München: Goldmann.

Gerhards, F. (1992). Ärgerausdrucks-Hemmung bei Migränekranken. *Zeitschrift für Klinische Psychologie, 21,* 262–271.

* Harris, A. B. & Harris, T. (1990). *Einmal o.k. immer o.k.* Reinbek bei Hamburg: Rowohlt.

Harvey, J. H. & Jellison, J. M. (1974). Determinants of perceived choice, number of options, and perceived time in making a selection. *Memory and Cognition, 2,* 539–544.

Herkner, W. (1991). *Lehrbuch Sozialpsychologie.* Bern: Huber.

Herrnstein, R. J. (1991). Experiments on stable suboptimality in individual behavior. *The American Economic Review, 81,* 360–364.

* Hill, N. & Stone, W. C. (1998). *Erfolg durch positives Denken.* München: Ariston.

Inglehart, R. (1990). *Culture shift in advanced industrial society.* Princeton/New Jersey: Princeton University Press.

Jacobson, E. (1924). The technique of progressive relaxation. *Journal of Nervous and Mental Disease, 60*, 568–578.

* Johnson, S. (1987). *Eine Minute für mich*. Reinbek bei Hamburg: Rowohlt.

Kobasa, S. O. (1984). How much stress can you survive? *American Health, 3*, 64–77.

Konecni, V. J. & Doob, A. N. (1972). Catharsis through displacement of aggression. *Journal of Personality and Social Psychology, 23*, 379–387.

Konecni, V. J. (1975). Annoyance, type and duration of postannoyance activity and aggression: The »cathartic effekt«. *Journal of Experimental Psychology: General, 104*, 76–102.

Lazarus, R. S. (1984). On the primacy of cognition. *American Psychologist, 39*, 124–129.

Lazarus, R. S. (1991). *Emotion and adaptation*. New York: Oxford University Press.

Lichtenstein, S. C., Slovic, P., Fischhoff, B., Layman, M. & Combs, B. (1978). Judged frequency of lethal events. *Journal of Experimental Psychology: Human Learning and Memory, 4*, 551–578.

* Litzke, S. & Schuh, H. (1999). *Stress am Arbeitsplatz. Stress beflügelt – Stress macht krank*. Köln: Deutscher Instituts-Verlag.

Loehr, J. E. (1997). *Tennis im Kopf. Der Mentale Weg zum Erfolg*. München, Wien, Zürich: BLV.

McCombs, B. & Marzano, R. (2000). What is the role of the will component? In C.E. Weinstein & B.L. McCombs (Eds.), *Strategic learning: Skill, will, and self-regulation*. Hillsdale, NJ: Lawrence Erlbaum Associates.

Meichenbaum, D. (1985). *Stress inoculation training*. New York: Pergamon Press.

Merton, R. K. (1957). *Social theory and social structure*. Glencoe, Illinois: The Free Press.

Miller, G. A. (1956).The magical number seven, plus or minus two: Some limits on our capacity for processing information. *Psychological Review, 63*, 81–97.

Myers, D. G. & Diener, E. (1995). Who is happy? *Psychological Science, 6*, 10–19.

Parducci, A. (1995). *Happiness, pleasure, and judgement*. Mahwah, New Jersey: Erlbaum.

Pennebaker, J. W., Burman, M. A., Schaeffer, M. A. & Harper, D. C. (1977). Lack of control as determinant of perceived physical symptoms. *Journal of Personality and Social Psychology, 35*, 167–174.

Richter, C. P. (1957). On the phenomenon of sudden death in animals and man. *Psychosomatic Medicine, 19*, 191–198.

Rosenstiel, L. v. (1996). *Motivation im Betrieb: mit Fallstudien aus der Praxis*. Leonberg: Rosenberger Fachverlag.

Santrock, J. W. (1988). *Psychology: The science of mind and behavior*. Dubuque, Iowa: Wm. C. Brown Publishers.

Schlegel, L. (1993). *Handwörterbuch der Transaktionsanalyse. Sämtliche Begriffe der TA praxisnah erklärt*. Freiburg: Herder.

Schlicht, W. (1992). Mentales Training: Lern- und Leistungsgewinne durch Imagination? *Sportpsychologie, 6 (2)*, 24–29.

Schulz von Thun, F. (1981). *Miteinander reden 1. Störungen und Klärungen*. Reinbek bei Hamburg: Rowohlt.

Seligman, M. E. (1992). *Erlernte Hilflosigkeit*. Weinheim: Psychologie-Verlags-Union.

Seligman, M. E. & Schulman, P. (1986). Explanatory style as a predictor of productivity and quitting among life insurance sales agents. *Journal of Personality and Social Psychology, 50*.

* Seiwert, L. J. (1998). *Wenn Du es eilig hast, gehe langsam*. Frankfurt a.M.: Campus.

Selye, H. (1983). The stress concept: Past, present, and future. In Cooper, C.L. (Ed.), *Stress research*. New York: Wiley.

Simon, H. (1957). *Models of Men*. New York: Wiley.

Soelberg, P. O. (1967). Unprogrammed decision making. *Industrial Management Review, 20*, 19–29.

* Sprenger, R. K. (1997). *Die Entscheidung liegt bei Dir! Wege aus der alltäglichen Unzufriedenheit*. Frankfurt a.M., New York: Campus.

* Stone, D., Patton, B. & Heen, S. (2000). *Offen gesagt: Erfolgreich schwierige Gespräche meistern*. München: Goldmann.

Sweeney, P. D., Anderson, K. & Bailey, S. (1986). Attributional Style in depression: A meta-analytic review. *Journal of Personality and Social Psychology, 50*, 974–991.

* Tausch, R. (1996). *Hilfen bei Stress und Belastung*. Reinbek bei Hamburg: Rowohlt Taschenbuch Verlag.

* Vester, F. (1986). *Phänomen Stress*. München: Deutscher Taschenbuch Verlag.

Watzlawick, P. (1992). *Münchhausens Zopf oder Psychotherapie und »Wirklichkeit«*. München: R. Piper & Co. Verlag.

Weinberger, M., Hiner, S. L. & Tierney, W. M. (1987). In support of hassles as a measure of stress in predicting health outcomes. *Journal of Beharioral Medicine, 10*, 19–31.

Weiner, B. (1986). *An attributional theory of motivation and emotion*. New York: Springer.

Wicklund, R. A. & Brehm, J. W. (1976). *Perspectives on cognitive dissonance*. Hillsdale, New Jersey: Lawrence Erlbaum.

Wiswede, G. (1991). *Einführung in die Wirtschaftspsychologie*. München: UTB für Wissenschaft.

Yerkes, R. M. & Dodson, J. D. (1908). The relation of strength of stimulus to rapidity of habit-formation. *Journal of Comparative Neurology and Psychology, 18*, 459–482.

Zilbergeld, B. & Lazarus, A. (1987). *Mind Power: Getting what you want through mental training*. Boston: Little, Brown.

Stichwortverzeichnis

Bildnachweis

S. 12, 61 sowie die Randspaltensymbole: Ulrike Rath
S. 67: Ralf Butschkow/Baaske Cartoons
S. 242: Erik Liebermann/Baaske Cartoons
S. 256: Mathias Hütter/Baaske Cartoons

W BELTZ WEITERBILDUNG

Regina Mahlmann
Konflikte managen
Psychologische Grundlagen,
Modelle und Fallstudien
204 S. Pappband.
ISBN 3-407-36359-1

Konflikten sind wir täglich
ausgesetzt: Entscheidungen
stehen an, im Team herrscht
Unmut, der Chef ist anderer
Meinung. Ausweichen ändert
nichts. Innere, zwischen-
menschliche und soziale
Konflikte lauern überall!
Konfliktfähigkeit ist eine
Kunst, die Sie lernen können.
Wird sie beherrscht, lassen
sich viele Konfliktherde
frühzeitig erkennen und
Turbulenzen meistern. Die
Autorin liefert das Hand-
werkszeug: Sie beschreibt
die Ursachen von Konflikten,
den möglichen Verlauf sowie
die konstruktive Handhabung.

Aus dem Inhalt:
Voraussetzungen für Kon-
fliktfähigkeit; Innere Kon-
flikte; Zwischenmenschliche
Konflikte; Soziale Konflikte;
Fallstudien.

Regina Mahlmann
**Selbsttraining
für Führungskräfte**
Ein Leitfaden zur Analyse
der eigenen Führungs-
persönlichkeit und eine
Anleitung zum »persönlichen
Change Management«.
248 S. Zahlr. Abb. Pappband.
ISBN 3-407-36338-9

Erkennen Sie mit Hilfe dieses
Buches Ihre Stärken und
Schwächen. Dazu dienen
Selbsteinschätzungstests,
Analysen von Fallsituationen
sowie Anregungen zur prakti-
schen Umsetzung. Mit diesem
Wissen entfalten Sie Ihre
eigene Vision einer guten
Führungskraft. Sie bekommen
viele Anregungen, wie Sie an
»Schwachstellen« arbeiten
können und dabei authentisch
bleiben. So gerüstet meistern
Sie den Führungsalltag.

Aus dem Inhalt:
Grundmotivationen mensch-
lichen Handelns; Strategien
für den Umgang mit Verän-
derungen; Neubestimmung
der Führungsfunktion; Coach,
Leader und Kulturmanager.

Cornelia Weiß
Professionell dokumentieren
Notizen, Protokolle, Berichte,
Produktbeschreibungen, Web-
Seiten texten und gestalten.
204 S. Pappband.
ISBN 3-407-36354-0

Je härter der Wettbewerb, je
vergleichbarer Produkte und
Dienstleistungen, desto mehr
gewinnt der sprachliche Auftritt von Unternehmen an Bedeutung. Texten und gestalten
Sie daher Ihre Firmendoku-
mente zielgerichtet und
wirkungsvoll! Cornelia Weiß
zeigt Ihnen, Texte lesefreund-
lich zu gestalten und ziel-
gruppenorientiert und sach-
gerecht zu einer Einheit zu
formen. Als oberste Maxime
gilt: Verständlich und persönlich formulieren.

Aus dem Inhalt:
Die fünf Phasen der Text-
erstellung; Texte planen; Ter-
minologiearbeit; Formulieren;
Qualität verbessern; Beispiel-
dokumente: Notizen, Protokolle, Berichte, Produkt-
beschreibungen, Web-Seiten.

Martin Hartmann / Rüdiger
Funk / Horst Nietmann
Präsentieren
Präsentationen: Zielgerichtet
und adressatenorientiert
151 S. Gebunden.
ISBN 3-407-36370-2

»Wer eine ›Dramaturgie der
Präsentation‹ sucht, wird hier
fündig! In der Verschränkung
von Ziel, Inhalt und Methode
ist dieses Buch Spitzenklasse,
immer wieder mit Gewinn zu
Rate zu ziehen.«
W. Beywl, CONTRASTE

»Das Buch ist klar und über-
sichtlich aufgebaut und führt
schrittweise durch die Phasen
der Vorbereitung und Durchführung von Präsentationen.
(...) Eine gelungene Lektüre,
die die praktische Erfahrung
der Autoren widerspiegelt.«
Der deutsche Berufsausbilder

Aus dem Inhalt:
Vorbereitung, Aufbau und
Durchführung der Präsenta-
tion; Fragen und Diskussion;
Visualisierung und Einsatz
von Medien; Checkliste.

Beltz Verlag • Postfach 100154 • 69441 Weinheim • www.beltz.de

WBELTZ WEITERBILDUNG

Axel Schlote
Zeit genug!
Wege zum persönlichen
Zeitwohlstand
166 S. Pappband.
ISBN 3-407-36365-6

Um Zeit-Probleme nachhaltig und wirksam entgegenzusteuern, ist ein Umdenken notwendig. Wer begreift, dass es alternative Möglichkeiten im Umgang mit der Zeit gibt, dem eröffnen sich neue Verhaltensspielräume. Die vielen Übungen in diesem Buch regen an, über sich, den Umgang mit Zeit, über Belastungen und Einstellungen nachzudenken. Ein ausführlicher Fragebogen hilft, die eigene Zeit-Persönlichkeit zu erkennen. Finden auch Sie so Ihren Weg zum ganz persönlichen Zeitwohlstand.

Aus dem Inhalt:
Die gesellschaftlichen Ursachen der Zeitprobleme; Zeitmanagement - die große Illusion; Ein neuer Umgang mit Zeit; Wege zum Zeitwohlstand.

Kris Cole
**Kommunikation
klipp und klar**
Besser verstehen und
verstanden werden.
212 S. 50 Abb. Pappband.
ISBN 3-407-36324-9

Kommunikative Fähigkeiten sind ein wichtiger Erfolgsfaktor. Ob mündlich oder schriftlich: Kommunikation ist Voraussetzung für jede Aktivität.

»Ein schönes Buch für Führungskräfte, die wissen, daß 70 Prozent aller Fehler im Unternehmen auf mangelhafte Kommunikation zurückgehen.«
PERSONAL POTENTIAL

»... sehr überzeugend, optisch und sprachlich einladend dargeboten, ein Füllhorn an Anregungen für erfolgreicheres Kommunizieren von morgen.«
R. Molitor, ManagerSeminare

Aus dem Inhalt:
Grundlagen der Kommunikation; Körpersprache; Professioneller Schriftverkehr.

Wolfgang Hovestädt
Sich selbst organisieren
Weg vom Zeitdruck:
Wie man sich die Arbeit
erleichtern kann.
128 S. Zahlr. Abb. Pappband.
ISBN 3-407-36331-1

Wie kommt es, dass manche Leute in den 168 Stunden einer Woche so viel schaffen? Warum erscheinen andere dagegen stets gestresst und abgehetzt? Dauerstress, Arbeitsüberlastung, Hektik und überladene Schreibtische sind Symptome, die Zeit und Energie fressen. Was fehlt, sind Techniken, mit denen man die eigene Zeit und die Aufgaben besser in den Griff bekommt. Mit diesem Buch können Sie Ihren persönlichen Leistungshemmnissen auf die Spur kommen. Anhand praktischer Beispiele hilft es Ihnen, die eigene Arbeitsorganisation zu verbessern.

Aus dem Inhalt:
Ziele setzen und einhalten; Arbeitsabläufe verbessern; Grundregeln und Techniken zur Zeitplanung.

Edith Stork
Logistik im Büro
Unordnung kostet Geld.
117 S. Zahlr. Abb. Pappband.
ISBN 3-407-36333-8

Verschwenden Sie ab sofort keine Zeit mehr mit unnützem Suchen! Mit Edith Stork optimieren Sie Ihr Ablagesystem so, dass Sie alle Schriftstücke sofort zur Hand haben. Auch andere Mitarbeiter finden umgehend die gesuchten Dokumente. Denn bei allen herrscht die gleiche Ordnung. Das andere Chaos, das kreative, das produktive, bleibt Ihnen dort erhalten, wo Sie es für Ihre Interessen und Ihre Visionen brauchen. Und dafür haben Sie dann mehr Zeit.

»Dieser Leitfaden verhilft Ihnen zu einer optimalen Büroorganisation.«
bsb aktuell

Aus dem Inhalt:
Teamfähigkeit der Ablage; Kostenminimierung; Verantwortung für Büroräume; Zeit erwirtschaften.

Beltz Verlag • Postfach 100154 • 69441 Weinheim • www.beltz.de